统一战线理论研究
（2019）

北京社会主义学院 编

学苑出版社

图书在版编目（CIP）数据

统一战线理论研究.2019 / 北京社会主义学院编. — 北京：学苑出版社，2019.12

ISBN 978-7-5077-5871-9

Ⅰ.①统… Ⅱ.①北… Ⅲ.①统一战线工作—研究—中国 Ⅳ.①D613

中国版本图书馆 CIP 数据核字（2019）第 276391 号

责任编辑： 李　耕　徐志琴
出版发行： 学苑出版社
社　　址： 北京市丰台区南方庄 2 号院 1 号楼
邮政编码： 100079
网　　址： www.book001.com
电子信箱： xueyuanpress@163.com
联系电话： 010-67601101（营销部）、010-67603091（总编室）
印　刷　厂： 北京建宏印刷有限公司
开本尺寸： 710×1000　1/16
印　　张： 19.625
字　　数： 300 千字
版　　次： 2019 年 12 月北京第 1 版
印　　次： 2019 年 12 月北京第 1 次印刷
定　　价： 82.00 元

本书编委会

主　任：吕仕杰

副主任：姜之茂　胡佳颖　陈　勇

主　编：吕仕杰

编　委：王　湖　朱洁如　李阳永

目　录

新型政党制度研究…………………………………中央社会主义学院课题组 /1

少数民族地区学生中华文化认同问题研究
　　——以青海省西宁市和黄南藏族自治州少数民族学生为例
　　……………………………………………………… 民革北京市委课题组 /20

构建新时代新型亲清政商关系研究……………………中国农业大学课题组 /34

留学归国人员统战工作研究……………… 中国医学科学院肿瘤医院课题组 /47

社会参与视角下的留学归国人员统战工作研究………… 民革北京市委课题组 /63

以宪法认同推进香港青年的国家认同…………… 农工党北京市委课题组 /82

发挥中华文化学院作用促进台湾青年文化认同路径浅析
　　………………………………………………… 北京社会主义学院课题组 /95

加强网络统战工作研究……………………………北京社会主义学院课题组 /106

北京地区知名统战人士故居现状调查及保护利用策略研究
　　………………………………………………………… 北京印刷学院课题组 /117

统一战线在中关村科学城建设中作用研究
　　……………………………………………北京市海淀区社会主义学院课题组 /136

少数民族流动人口首都北京融入问题研究……… 北京市大兴区社会主义学院 /150

提高基层宗教工作法治化水平研究………北京市顺义区社会主义学院课题组 /167

新时代提高基层宗教工作法治化水平研究
　　　……………………………………北京市东城区社会主义学院课题组 /181
年轻一代民营企业家精神培育研究………北京市昌平区社会主义学院课题组 /199
东城区年轻一代民营企业家精神培育研究
　　　……………………………………北京市东城区社会主义学院课题组 /213
年轻一代民营企业家精神培育路径及模式研究
　　　……………………………………北京市延庆区社会主义学院课题组 /227
民营企业家精神培育路径研究
　　　——基于丰台区民营企业的调查……北京市丰台区社会主义学院课题组 /242
大兴区自由职业人员统战工作研究………北京市大兴区社会主义学院课题组 /255
大兴区新的社会阶层人士统战工作研究
　　　……………………………………北京市大兴区社会主义学院课题组 /268
关于石景山区新的社会阶层人士政治参与问题研究
　　　……………………………………北京市石景山区社会主义学院课题组 /281
首都郊区街乡党（工）委统战工作研究
　　　——基于延庆区3个街道、6个乡镇的调查
　　　……………………………………北京市延庆区社会主义学院课题组 /293

后　　记 /305

新型政党制度研究[①]

中央社会主义学院课题组[②]

前　言

习近平总书记在全国政协十三届一次会议联组会上，首次明确提出了"新型政党制度"的概念。他指出，中国共产党领导的多党合作和政治协商制度作为我国一项基本政治制度，是中国共产党、中国人民和各民主党派、无党派人士的伟大政治创造，是从中国土壤中生长出来的新型政党制度。[③]

新型政党制度的提出，是中共中央对中国政党制度的时代和理论定位，说明党对于中国特色政党制度的特征和优势有了更加深刻的认识和理解，体现了党对中国共产党领导的多党合作和政治协商制度的理论自信和制度自信。从中国特色政党制度到新型政党制度，表明了我国的政党制度不仅是中国独有的仅适合中国国情的，而且是世界政党制度发展和人类政治文明发展过程中的伟大创造，是世界政党发展史上的一种崭新模式，是中国为世界政党制度提供的中国方案，是中国对人类政治文明做出的重大贡献。

研究新型政党制度，弄明白新型政党制度的基本内涵、理论与实践基础、形成与发展脉络，搞清楚新型政党制度的比较优势、面临的挑战，有助于更加深刻地认识和把握这一不同于西方政党制度的新型政党制度的历史必然性和现实合理性、制度的先进性和优越性，从而更加坚定对中国政党制度的理论自信和制度自

[①] 本文为北京社会主义学院（北京统战理论研究基地）2018年招标课题，立项编号：BJSY18101。

[②] 课题负责人：朱虹（中央社会主义学院学报编辑部编辑）。课题组成员：孙信（中央社会主义学院统战理论教研部主任、教授），钟世红（山东社会科学院科研组织处助理研究员）。

[③] 赵银平．立"新"除"弊"　习近平纵论新型政党制度[J]．理论导报，2018（3）：4—5．

信；有助于更加全面地领悟和理解并找到坚持和完善这一新型政党制度的方法和路径；有助于构建新型政党制度理论体系，从而为世界政党政治良性发展贡献中国智慧、提供中国方案。

一、新型政党制度的基本内涵

政党和政党制度的确立和发展，是衡量一个国家是否为现代国家的重要条件。政党政治是现代政治的主要运作方式，通过政党来行使国家政权已成为世界各国普遍采用的政治形式。

（一）新型政党制度的概念

政党制度一般是根据一国法律规定或长期政治实践而固定下来的政治结构模式，包括两个方面的内涵：一是一国的执政参政和党际关系模式，即政党制度的体制模式；二是政党的内部构成和活动规则，即政党的组织结构。① 西方资本主义国家，一般根据一国能够掌握政权的政党数量把政党制度分为一党制、两党制、多党制。而新型政党制度则是中国共产党领导的多党合作和政治协商制度。根据新型政党制度的运作实践和专家学者的理论研究，可以将新型政党制度的基本特征概括为：共产党领导、多党派合作；共产党执政、多党派参政。② "中国共产党的领导""多党合作""政治协商"是新型政党制度的基本特征，也是新型政党制度同其他国家一党制和多党制的根本区别所在。

特别值得一提的是，新型政党制度是一个集我国政党制度的政治前提（共产党领导）、政党关系（多党合作）和制度特征（政治协商）为一体的复合概念，是三者的有机统一，因而它是一项制度而不是两项制度的叠加。③ "多党合作"与"政治协商"都是我国新型政党制度不可缺少的组成部分，都是对我国新型政党制度的制度性规定，缺一不可。"多党合作"与"政治协商"本质上是内容和

---

① 孙关宏，胡雨春，任军锋主编.政治学概论[M].2版.上海：复旦大学出版社，2008.
② 国务院新闻办发表《中国的民主政治建设》白皮书[EB/OL].人民网，（2005-10-19）.http://politics.people.com.cn/GB/1027/3783332.html.
③ 蒋锐.中国特色社会主义政党制度的理论和实践基础——兼议中国共产党领导的多党合作和政治协商制度是两项制度说[J].统一战线学研究，2017，1（1）：47—54.

形式的关系,前者是对内容的规范,后者是对形式的规定。"多党合作"是各个政党在新型政党制度中的关系,是新型政党制度的主要内容;"政治协商"是实现多党合作的形式,反映的是新型政党制度的价值实现方式。

(二)新型政党制度的特点

新型政党制度是世界政党制度的重要组成部分,也是中国人民的伟大创造,彰显了中国政治发展的独特思路和特殊要求,具有鲜明的中国特色和创造性。

1. 新型政党制度创造了合作型的政党制度模式

根据政党之间的关系,可以将政党制度划分为竞争型政党制度、垄断型政党制度和合作型政党制度。竞争型政党制度是指一国的政党通过竞争选票或议席的方式而上台执政的政党体制模式。① 现代竞争型政党制度模式起源于西方资本主义国家,其两党制和多党制都属于竞争型政党制度模式。垄断型政党制度模式是指在国家政治生活中,法律上和事实上都不允许其他政党存在或活动,只有执政党一个党长期垄断政权。② 法西斯一党制是典型的垄断型政党制度模式。中国共产党领导的多党合作和政治协商制度是合作型政党制度模式,这种新型政党制度模式存在两种关系:一是领导关系,二是合作关系。中国共产党是执政党,处于领导地位,民主党派是参政党,处于接受领导地位。中国共产党和各民主党派之间无竞争性关系;中国共产党和各民主党派共同致力于中国特色社会主义伟大事业,是亲密合作的友党。

2. 新型政党制度创造了执政与参政相结合的政权运作方式

政党通常都以掌握国家政权为目标。西方国家的政党,要么成为执政党、要么成为在野党,没有第三种选择。在我国,中国共产党和各民主党派是执政与参政的关系。《中共中央关于坚持和完善中国共产党领导的多党合作和政治协商制度的意见》规定:中国共产党是社会主义事业的领导核心,是执政党;各民主党派是接受中国共产党领导,同中共通力合作、共同致力于社会主义事业的亲密友

---

① 孙关宏,胡雨春,任军锋主编. 政治学概论 [M]. 2 版. 上海:复旦大学出版社,2008.
② 耿百峰. 对中国特色政党制度基本内涵的解读 [J]. 中央社会主义学院学报,2012(3):23—27.

党，是参政党。① 中国共产党作为执政党，依法执政、民主执政、科学执政。民主党派作为参政党，参加国家政权，参与国家大政方针和国家领导人选的协商，参与国家事务的管理，参与国家方针政策、法律法规的制定和执行。②

3. 新型政党制度创造了和谐的政党关系

政党关系是指一个国家的各个政党在领导、控制、组织或参与国家政治生活的过程中形成的，以特定的政治权力和政治利益分配为内容的政治关系。③ 政党制度决定政党关系，新型政党制度是合作型政党制度模式，这决定了和谐是新型政党制度下政党关系的显著特点。"长期共存、互相监督、肝胆相照、荣辱与共"十六字方针是中国共产党和各民主党派和谐党际关系的真实写照。"长期共存"表明了中国共产党和民主党派和谐关系的持续性；"互相监督"点明了中国共产党和民主党派维护彼此和谐关系的方式方法，反映了双方法律地位上的平等；"肝胆相照，荣辱与共"则是中国共产党与各民主党派以诚相待、开诚布公、患难同当、荣誉共享、相互支持、相互帮助的真实写照，体现了双方关系的和谐和亲密性。

4. 新型政党制度创造了崭新的民主形式

在西方国家，受其特有的资本主义政治、经济、文化等因素的影响，以两党或多党竞争为基础的选举民主成为他们实现民主的主要形式。而我国实现社会主义民主的形式主要有两种：一是人民通过选举、投票行使权利，即选举民主；二是人民内部各方面围绕改革发展稳定重大问题和涉及群众切身利益的实际问题，在决策之前和决策实施之中开展广泛协商、努力形成共识的重要民主形式，即协商民主。④ 新型政党制度是中国特色社会主义协商民主的制度资源，是实现人民当家做主的又一制度载体。中国共产党就事关国计民生的重大问题在决策前和决策执行中，同各民主党派、无党派人士直接协商，在人民政协同社会各界人士广

---

① 中共中央关于坚持和完善中国共产党领导的多党合作和政治协商制度的意见 [N]. 人民日报，1990-02-08.

② 中共中央关于进一步加强中国共产党领导的多党合作和政治协商制度建设的意见 [N]. 人民日报，2005-03-21.

③ 耿百峰. 对中国特色政党制度基本内涵的解读 [J]. 中央社会主义学院学报，2012（3）：23—27.

④ 中共中央关于加强社会主义协商民主建设的意见 [N]. 人民日报，2015-02-10.

泛协商,通过制度化、程序化、规范化的机制集中各种意见和建议,实现决策的民主化。

二、新型政党制度的理论渊源与实践基础

新型政党制度是马克思主义政党理论同中国实际相结合的产物,是中国共产党、中国人民和各民主党派、无党派人士的伟大政治创造,是从中国土壤中生长出来的,其形成和发展具有深厚的理论渊源和实践基础。

(一)新型政党制度的理论渊源

1. 马克思列宁主义政党理论

早在科学社会主义诞生之初,马克思和恩格斯就在其经典著作中,阐述了关于多党合作的思想。"共产党人不是同其他工人阶级政党相对立的特殊政党。他们没有同整个无产阶级的利益不同的利益。"[①] "共产党人的最低目的是和其他一切无产阶级政党的最近目的一样的:使无产阶级形成为阶级,推翻资产阶级的统治,由无产阶级夺取政权。"[②] 而且,马克思、恩格斯也论述了在同其他政党合作中共产党人的地位和作用,他们指出:"共产党人同其他无产阶级政党不同的地方是:一方面,在无产者不同的民族斗争中,共产党人强调和坚持整个无产阶级共同的不分民族的利益;另一方面,在无产阶级和资产阶级的斗争所经历的各个发展阶段上,共产党人始终代表整个运动的利益。因此,在实践方面,共产党人是各国工人政党中最坚决的、始终起推动作用的部分;在理论方面,他们胜过其余无产阶级群众的地方在于他们了解无产阶级运动的条件、进程和一般结果。"[③] 马克思和恩格斯注重强调共产党相对于其他政党的独立性和先进性。

列宁在马克思和恩格斯的基础上,在俄国的革命实践中,也对政党合作和政党制度提出了自己独到的见解。他指出:"要善于把共产主义共同的和基本的原则应用到各阶级和各政党相互关系的特点上去,应用到向共产主义客观发展的特

---

① 马克思,恩格斯.共产党宣言(节选)[J].新湘评论,2018(13):56—57.
② 同上.
③ 同上.

点上去。"①"我们不怕成员广泛和复杂,而且希望是这样。"② 而且,列宁也第一次试图在苏维埃国家政权中实行社会主义多党制,在无产阶级政党的领导下,允许其他政党的存在和竞争。布尔什维克党甚至一度同左派社会革命党人组成了联合政府,但由于后来左派社会革命党人自己退出了政府,没能形成布尔什维克党领导的多党合作制度,而最终形成了一党制。列宁对多党合作的尝试对新型政党制度的形成也产生了一定的影响。

2. 中国化的马克思主义政党理论

以毛泽东为核心的党的第一代领导集体,把马克思列宁主义的多党合作理论与中国的具体国情和传统政治文化相结合,明确提出了多党合作的思想。1941年11月,毛泽东在《在陕甘宁边区参议会的演说》中指出:"国事是国家的公事,不是一党一派的私事,因此,共产党员只有对党外人士实行民主合作的义务,而无排斥别人、垄断一切的权利。"③ 在抗日根据地建立的"三三制"政权,就是多党合作制度的雏形。1950年2月,针对某些民主党派人士认为自身组织的历史使命已经结束的错误观点和党内人士对于民主党派地位的轻视,毛泽东指出:"民主党派不能解散,不但要继续存在,而且要继续发展。"④ 1956年4月,毛泽东在中共中央政治局扩大会议上的讲话中指出:"究竟是一个党好,还是几个党好?现在看来,恐怕是几个党好。不但过去如此,而且将来也可以如此,就是长期共存、互相监督。"⑤ 同年9月,中共八大《关于政治报告的决议》明确提出:"必须按照长期共存、互相监督的方针,继续加强同各民主党派和无党派民主人士的合作,并且充分发挥人民政治协商会议和各级协商机构的作用。"这为社会主义时期的多党合作奠定了政策基础。

以邓小平为核心的党的第二代领导集体,继承和发展了第一代领导集体的多党合作思想,开创了中国特色社会主义政党制度理论。他们拨乱反正,重新肯定了民主党派在中国新民主主义革命和社会主义建设过程中发挥的重要作用,明确

---

① 列宁选集:第4卷[M].北京:人民出版社,1972.
② 同上。
③ 毛泽东选集:第3卷[M].北京:人民出版社,1991:809.
④ 许德珩.为了民主与科学:许德珩回忆录[M].北京:中国青年出版社,1987:298.
⑤ 毛泽东.论十大关系[M]//毛泽东著作选读:下册.北京:人民出版社,1986:733.

了民主党派在新时期的重要地位和任务。邓小平同志对多党合作制度在我国政治制度中的重要地位做了突出强调,他指出:"在中国共产党的领导下,实行多党派的合作,这是我国具体历史条件和现实条件所决定的,也是我国政治制度的一个优点和特点。"①

以江泽民为核心的党的第三代领导集体,进一步发展了中国特色社会主义政党制度理论。在第19次全国统战工作会议上,江泽民对坚持和完善中国共产党领导的多党合作和政治协商制度做了系统而深刻的论述,为马克思主义政党学说注入了新的内容。明确了"共产党领导、多党派合作,共产党执政、多党派参政"是我国政党制度的显著特征;提出了衡量我国政党制度的四条标准。②

以胡锦涛为核心的党的第四代领导集体,面对新时期的国际国内形势,进一步发展和完善了多党合作理论。《中共中央关于进一步加强中国共产党领导的多党合作和政治协商制度的意见》(〔2005〕5号文件)成为进一步完善政党制度的纲领性文件,完善了对民主党派性质、地位和作用的表述,为进一步发展中国特色政党制度提供了理论保障。

党的十八大以来,以习近平同志为核心的党中央,始终坚定不移地巩固和发展中国共产党领导的多党合作和政治协商制度,发挥多党合作独特优势,发展社会主义民主政治。③2013年2月,习近平总书记邀请各民主党派中央、全国工商联新老领导人和无党派人士代表,共迎新春。习近平指出,各民主党派是与中国共产党通力合作的中国特色社会主义参政党。这一重大论断,进一步明确了民主党派的基本属性、历史方位、时代使命和目标追求,是多党合作理论的重大创新。④2018年3月4日,习近平总书记在看望全国政协十三届一次会议的民盟、致公党、无党派人士、侨联界委员并参加联组会时指出,中国共产党领导的多党合作和政治协商制度作为我国一项基本政治制度,是中国共产党、中国人民和各民主党派、无党派人士的伟大政治创造,是从中国土壤中生长出来的新型政党制

---

① 邓小平.各民主党派和工商联是为社会主义服务的政治力量(1979年10月19日)[M]//邓小平文选:第二卷.北京:人民出版社,1994:205.
② 王远启.辛亥革命以来政党制度更替对中国政治发展道路的影响[J].攀登,2011,30(2):17—21.
③ 赵银平.立"新"除"弊" 习近平纵论新型政党制度[J].理论导报,2018(3):4—5.
④ 韩金伟.综述:中共十八大以来多党合作事业的发展[N].团结报,2017-09-26.

度,[①]并从三个方面进行了系统解释,这是新型政党制度的直接理论来源。

(二)新型政党制度的实践基础

1. 经济基础

1840年,鸦片战争打开了中国的大门。帝国主义的入侵,严重破坏了中国自给自足的自然经济,加速了中国封建经济的解体,客观上也促进了中国资本主义因素的发展。19世纪60年代,洋务运动兴建了一批带有资本主义性质的官办企业。19世纪八九十年代,中国民族资本主义在外国资本主义和本国封建势力的双重压迫下,从夹缝中艰难地产生出来。但是他们一直受到封建主义、帝国主义和官僚资本主义的压迫,先天的不足加之后天发展不平衡,其发展速度缓慢、发展水平较低,中国的民族资本主义面临着严重的生存危机。但无论如何,民族资本主义的发展都为新民主主义革命的到来和中国各阶级的发展提供了一定的经济基础。

中华人民共和国成立后,我国的经济结构发生了很大的变化,社会主义公有制经济逐渐成为社会经济的主体,同时也存在着多种所有制经济。以公有制为主体、多种所有制并存的经济制度,是统一与多元的结合体,以此为基础建立其上的一体多元的政党制度,与这种经济制度高度吻合,体现出一体与多元的高度统一性。新型政党制度将多元经济主体的利益诉求,通过多党合作的政治协商求同存异,协调整合成共同的目标认同,达成共识,又将多元经济主体凝聚成为共同目标奋斗的合力。在多党合作和政治协商过程中,一党领导保证了意见的集中和统一,民主党派参政议政保证了不同社会阶层和群体的利益诉求得到表达,又能通过政治协商实现各方利益的有机整合与统一,避免了因政治分歧可能导致的政治分裂和因政治纷争可能出现的政治混乱。

2. 政治基础

中国传统社会政治发展具有一体多元性,上层统治的高度集中统一和基层社会的分散多元同时存在。这种传统的大一统的政治运行模式造就了中国高度集权与多元一体的政治文化。受传统政治运行模式和政治文化的影响,中国的政治制

[①] 赵银平. 立"新"除"弊" 习近平纵论新型政党制度[J]. 理论导报,2018(3):4—5.

度也必然在一体多元的政治逻辑下产生与发展。

鸦片战争以后，中国沦为半殖民地半封建社会。中华民族在寻求民族解放、国家独立的过程中，将西方政治思想及多党制、议会制、一党制等政党制度引进中国，结果却都以失败告终。在对中国传统政治文化和西方现代政治思想理论的学习融合中，先进的无产阶级深刻认识到要在环境复杂的中国开展革命运动必须要有一个坚强的领导核心，同时需要联合一切可以联合的党派、团体，建立统一战线，才能取得革命的胜利。

中华人民共和国成立后，我国成为工人阶级领导的以工农联盟为基础的人民民主专政国家，国家的一切权利属于人民。我国的社会主义性质决定了工人阶级是社会主义事业的领导阶级，由工人阶级先进分子组成的中国共产党是中国特色社会主义事业的领导核心。与此同时，人民民主专政的国体决定了国家的一切权力属于人民。国家在保证工人阶级利益的同时，也要考虑和照顾其他阶级、阶层的利益，而且国家的不断发展也需要建立广泛的统一战线和政治联盟，其他民主党派也要参与到国家事务的管理中来。新型政党制度既保证了工人阶级的领导，也体现了广泛的社会主义民主，维护了广大人民的根本利益。

3. 组织基础

第一次世界大战期间，中国的民族工业迎来了短暂春天，民族资本主义得到进一步发展，中国工人阶级的队伍也得到壮大，并推动了中国工人运动的发展。在五四运动中，中国工人阶级已经作为一支独立的政治力量登上政治舞台，成为运动的主力军。十月革命一声炮响为中国送来了马克思主义。五四运动后，马克思主义成为中国思想界的一股强大潮流，一大批先进知识分子成为马克思主义者，并努力推动马克思主义与中国工人运动相结合。共产党的早期组织也逐渐开始成立。在共产国际的帮助和指导下，1921年7月，中国共产党第一次全国代表大会召开，正式宣告了中国共产党的诞生，从此，在中国出现了一个完全崭新的、以马克思列宁主义为其行动指南的、统一的无产阶级政党，中国的革命焕然一新。

在近代中国，除了共产党和国民党之外，还存在第三种政治力量，即民主党派。它们主要是以民族资产阶级、城市小资产阶级及与其相联系的知识分子以及其他爱国分子为社会基础。各民主党派虽然在意识形态方面与中国共产党有所不同，同中国共产党的关系也不尽相同，但是它们在争取民族解放、国家独立和民主权利等方面却同中国共产党有着共同的政治目标。

社会主义制度基本确立后，无产阶级成为社会主体，在社会阶级结构中占据主要地位。随着社会的不断发展，新的社会阶层不断出现。无产阶级的不断壮大和其他阶层的多元发展为新型政党制度的形成和发展奠定了组织基础。

4.文化基础

习近平总书记指出："我国的政党制度不仅符合当代中国的实际，而且符合中华民族一贯倡导的天下为公、兼容并蓄、求同存异等优秀文化传统，为人类贡献了中国智慧。"① 新型政党制度是从中国土壤中生长出来的，植根于中国优秀文化的沃土之中，继承和发扬了中华民族兼容并蓄、求同存异的优秀文化传统。"共产党领导、多党派合作，共产党执政、多党派参政"正是这种优秀传统文化的现实展现。

中国的新型政党制度汲取和发扬中国传统"和合"文化的精神。

新型政党制度体现了"和而不同"的理念。一方面，中国共产党和各民主党派因为政治目标的一致性，相互合作共同构成了和谐稳定的政治格局，即"和"；另一方面，从性质和历史使命上来说，中国共产党和各民主党派又有所不同，它们各自代表着不同的阶级阶层，有着不同的利益诉求，即"不同"。新型政党制度是多样性与一致性的统一。新型政党制度体现了"以和为贵"的价值取向。和谐的政党关系，是新型政党制度的一大特点和政治优势，是维护新型政党制度权威和维持政局稳定有序的前提。在政党关系构建中，将"以和为贵"作为处理彼此之间关系的基本原则，保证了相互间的友好团结和政党制度的持续稳定。

三、新型政党制度的比较优势

新型政党制度是从中国土壤中生长出来的民主政治制度，是世界政党制度发展的崭新模式。新型政党制度既吸收了一党制具有的强大的组织和动员功能，又

---

① 王小鸿.新型政党制度的根基与核心[N].团结报，2018-10-09.

克服了一党制没有监督制约，一旦决策失误便万劫不复的弊端；既吸收了两党制、多党制监督制衡的有效性，又克服了两党制、多党制互相倾轧、消耗内力的弊端。[①] 与一党制、多党制等旧式政党制度相比，新型政党制度具有独特的比较优势。

（一）统一领导的优势

中国共产党的领导是中国特色社会主义事业最本质的特征，是中国特色社会主义制度的最大优势。与世界上其他国家实行的一党专政、两党或多党竞争型政党制度不同，新型政党制度以"共产党领导、多党派合作，共产党执政、多党派参政"为基本特征，中国共产党是执政党，执掌着国家政权，处于领导和核心地位，各民主党派是参政党，与中国共产党通力合作，共同致力于中国特色社会主义伟大事业。在实行一党制的国家，执政党代表的是统治阶级的利益，很难使其他成员自觉接受其领导，并集中力量办大事。在实行两党制或多党制的国家，他们实际上采用的是"否决政治"，彼此之间相互拆台、相互揭短，议而不决、决而不行等低效问题时常发生。新型政党制度坚持以中国共产党的领导为根本前提，能够充分发挥中国共产党集中统一领导的作用和优势。集中统一，是我们党的领导优势所在，是一个最大的优势。

（二）人民民主的优势

民主是全人类共同追求的价值目标，民主政治不仅是当代世界政治发展的主流趋势，而且是衡量各个国家政治合法性的基本标准。在实行一党制的国家，单个政党的代表性总是有限的，一党专制不可能代表全体人民的利益。在实行两党制或多党制的竞争型政党制度的国家，政党代表的都是特定阶级的利益，上台执政的政党永远只能代表部分群体的利益。真实性和广泛性是我国人民民主的特点。民主的真实性表现为人民当家做主的权利有制度、法律和物质的保障。中国共产党领导的多党合作和政治协商这一新型政党制度就是人民民主真实性的制度保障。民主的广泛性表现为民主主体的广泛性和民主权利的广泛性。一方面，新

---

① 孙信. 马克思主义多党合作理论中国化最新成果——学习习近平总书记关于新型政党制度的论述 [J]. 人民论坛，2018（7）：14—19.

型政党制度强调与各民主党派、无党派人士以及各族各界人士开展多层面的政治协商，实现了民主主体的广泛性；另一方面，新型政党制度充分保障了民主党派的参政权利，民主党派有参加国家政权，参与重大方针和重要领导人选的协商，参与国家事务的管理，参与国家方针、政策、法律、法规的制定和执行的权利。新型政党制度将选举民主与协商民主相结合，既通过选举让人民选举出的代表参与国家政治和社会生活管理，又通过协商民主让民主党派和代表人士参与国家政权，最大程度确保了民主的广泛性、真实性。

（三）凝心聚力的优势

政治团结是维护政治稳定、实现政治目标的前提，是国家持久发展的生命所在。在实行一党制的国家，执政党代表的是统治阶级特定的利益要求和政治意识，其他利益则被排斥在外，自然无法凝聚和团结其他力量。在实行两党制或多党制的国家，两党或多党之间是执政党与在野党的关系，不同党派为实现各自利益而竞争，为获取执政地位而竞争。利益上的冲突使不同政党之间相互攻讦、拆台，既无法达成一致的目标，也无法汇聚成统一的力量。新型政党制度建立在各政党利益诉求一致的基础上，中国共产党和各民主党派之间不存在根本的利益冲突。利益诉求的一致性有利于思想共识、行动统一和目标认同的形成。正因为如此，新型政党制度能够把广大人民群众凝聚起来，把各个政党和无党派人士紧密团结起来，为着共同目标而奋斗。新型政党制度还通过政治协商这一民主形式和渠道，凝聚共识、凝聚智慧、凝聚力量，实现了空前的"团结统一"，提升了国家的向心力和凝聚力。

（四）科学决策的优势

政党制度的优越性要通过实践来检验，决策的科学性和有效性是关键一环。在实行一党制的国家，决策体现的是执政党的利益和诉求，缺少广泛的参与和有效的监督，缺乏有效的利益表达和决策参与渠道，统治阶级制定的决策和人民的真实需求经常存在偏差。实行两党制或多党制的国家，制定决策时囿于党派利益、阶级利益、区域和集团利益，错综复杂的利益矛盾，往往使得最终的决策缺乏大局意识，甚至难以实施。而且，票决民主的基本原则是少数服从多数，但票决决策绝不等同于科学决策,在科学和真理面前不能简单靠少数服从多数,必须经过深入调研、科学论证、集思广益。①新型政党制度,一方面通过中国共产党的领导保证了决策的正确方向,另一方面,通过多党合作和政治协商吸纳各领域的专家学者和代表人士参与调研、讨论、协商,鼓励民主党派参政议政、提出真知灼见。提案制度、直通车制度、反映社情民意制度及各类协商机制,又将他们的意见输入决策程序。把政治协商纳入决策程序,就重大问题在决策前和决策执行中进行协商,最大程度保证了决策的科学性。

(五) 和谐稳定的优势

政党制度是国家政治结构和相互关系的重要体现,与国家的政治稳定和政治秩序密切相关。②实行一党制的国家,虽然可以通过政党对政权和军队的绝对控制来保障社会的稳定,但是也容易因一党专政使民众的利益诉求和愿望得不到表达,从而埋下安全隐患。实行两党或多党制的国家,则会因多党轮流坐庄、恶性竞争产生不安定因素,政策政权的频繁更替也容易造成国家的动荡。与一党制、两党制和多党制相比,我国的新型政党制度可以有效地避免它们的弊端,保证国家的和谐稳定。中国共产党执政、各民主党派参政,各民主党派紧紧团结在中国共产党的周围,既保证了社会各阶层的意见有效表达,避免了一党制因利益诉求得不到表达而带来的安全隐患,也避免了两党制或多党制带来的政局不稳、政权频繁更迭、社会的政治秩序混乱等弊端。此外,中国共产党就重大方针政策和重要事务同各民主党派进行政治协商,实行相互监督,有利于政策方针的有效落实和持续稳定,从而有利于维持国家和谐稳定的政治局面。

四、新型政党制度的坚持与完善

1905 年 8 月 20 日,孙中山先生创建中国同盟会,拉开了中国人民对政党和

---

① 杨卫敏. 中国特色政党制度的优势及对世界的贡献——"为人类对更好社会制度的探索提供中国方案"之管见[J]. 统一战线学研究,2017,1(1):15—31.

② 高秀环. 正确认识衡量政党制度的标准 构建和谐的党际关系[J]. 天津市社会主义学院学报,2005(2):10—13.

政党制度探索的序幕。在风起云涌、波澜壮阔的民族解放运动中，中国模仿西方，搞过多党制，也实行过一党制，但是都以失败告终。在实践证明多党制、一党制都不适合中国国情的情况下，中国人民选择了中国共产党领导的多党合作和政治协商制度。

从中国第一个政党的产生，到中国共产党领导的多党合作和政治协商制度的确立，再到新型政党制度的提出，政党政治在我国已有百余年发展历史。中国共产党领导的多党合作和政治协商制度，这一从中国土壤中生长出来的新型政党制度，经过70年的完善发展，展现出了诸多世界其他政党制度不具有的比较优势。但是，在看到比较优势的同时，我们也应该注意到新型政党制度也经历过发展曲折，还存在一些不足和不够完善的地方，而且新型政党制度是世界政党政治发展史上没有过的崭新制度，难免会在某些方面不被世界所了解甚至误读。因此，面对国内外政治环境和自身存在的一些不足，如何坚持和完善新型政党制度是新时代的一项重要课题。

（一）主体层面：强化执政党与参政党能力建设

新时代，坚持和完善新型政党制度，需要执政党和参政党的共同努力，既要加强执政党建设，努力提高执政能力，也要加强民主党派的建设，努力提高参政能力。

1.强化执政党建设，努力提高执政能力

加强执政党建设，是坚持和完善新型政党制度的前提，它决定着多党合作和政治协商的性质和方向。强化执政党建设，努力提高执政能力，是中国共产党实现长期有效执政的基本要求，是中国共产党增强政治领导力、思想引领力、群众组织力、社会号召力的迫切需要，是中国共产党应对国内外各种严峻挑战的必然要求，也是新时代新型政党制度进一步完善和发展的前提和保障。

党的十九大报告指出，要不断增强党的政治领导力、思想引领力、群众组织力、社会号召力，确保我们党永葆旺盛生命力和强大战斗力。[①]要加强党的政治领导力建设，为新型政党制度的坚持与完善提供正确方向。历史反复证明，当中

---

① 习近平.决胜全面建成小康社会　夺取新时代中国特色社会主义伟大胜利——在中国共产党第十九次全国代表大会上的报告[M].北京：人民出版社，2017.

国共产党的路线、方针、政策正确时，政党制度的发展就顺利兴旺，多党合作就巩固发展；反之，就会受到影响，出现曲折、停滞，甚至造成严重损失。要加强党的思想引领力建设，强化关于多党合作和政治协商的意识，让更多的人认识和了解新型政党制度的内涵和比较优势，强化新型政党制度认同。要加强党的群众组织力，学会和掌握组织群众的规律，向群众学习，把群众的利益放在第一位，扩大新型政党制度的阶级基础和群众基础。要加强党的社会号召力，用共同的价值追求和奋斗目标感召、鼓舞人，通过多党合作和政治协商，将各民主党派成员及其所联系的群众紧密团结起来，促进新型政党制度进一步发展。要勇于自我革命，加强全面从严治党，只有自身过硬，才会吸引各民主党派成员及其所联系的群众，才能同各民主党派一道将新型政党制度坚持好、发展好。

2.强化参政党建设，努力提高参政能力

民主党派作为参政党是新型政党制度的主体之一，是多党合作和政治协商的有机组成部分。强化参政党建设，努力提高民主党派的参政能力是坚持和完善新型政党制度的重要条件和客观要求。

2014年1月，习近平总书记在党外人士迎新春座谈会上指出，各参政党要加强自身建设。"希望同志们准确把握建设中国特色社会主义参政党的基本要求，继承优良传统，把握时代要求，不断提高政治把握能力、参政议政能力、组织领导能力、合作共事能力，努力把中国特色社会主义参政党建设提高到一个新的水平。"①2015年5月18日，在中央统战工作会议的讲话中，又增加了"解决自身问题的能力"。民主党派要建设成为适应新时代要求的参政党，就必须加强"五种能力"建设。一是要强化政治把握能力，善于从政治上观察、分析和处理问题，在重大问题上克服错误思想的干扰，做到头脑清醒、旗帜鲜明，自觉接受中国共产党的领导。二是要强化参政议政能力，加强对国家经济、政治、文化和社会生活各方面问题的调查研究，及时通过调研报告、提案、建议案等形式，向中国共产党和国家机关提出正确的意见、建议。三是要强化组织领导能力，提高党派领导班子的能力和素质，加强后备干部队伍建设，建立行之有效的运行机制，有效地、系统地整合党派力量。四是要强化合作共事能力，包括协商能力、协调

---

① 习近平同党外人士共迎新春［N］.人民日报，2014-01-24.

能力、团结能力等,争取处理好民主党派与中国共产党、民主党派之间的各种关系,促进政党关系和谐。五是要提高解决自身问题的能力,加强自身建设,提高自身素质和解决自身问题的本领,最终提升多党合作效能,巩固多党合作和政治协商格局。

(二)制度层面:完善新型政党制度的运行机制

制度建设具有根本性、稳定性和长期性。历史经验证明,加强制度建设是多党合作和政治协商不断完善、发展的重要保障,是激发新型政党制度效能、彰显新型政党制度优势的重要动力。新时代,加强新型政党制度运行机制建设,要从新型政党制度的制度化、规范化和程序化入手。

1. 加强配套制度体系建设

完善、健全的制度框架体系是坚持和发展新型政党制度的前提和基础,是激发新型政党制度潜能、彰显新型政党制度独特优势的必然要求。新型政党制度确立以来,多党合作和政治协商制度建设取得了很大成效,目前已形成以国家宪法为基础、以《中国共产党统一战线工作条例(试行)》和《中共中央关于进一步加强中国共产党领导的多党合作和政治协商制度建设的意见》等中央法规和文件为主体、以《关于加强政党协商的实施意见》等相关配套政策为辅助的比较完备的制度框架体系。[①] 但是我们也应当注意到,这些制度主要是战略层面、宏观层面的规定。新型政党制度运行过程中的一些方面和环节,还没有形成配套的、具体的、完备的制度体系和制度规范。新时代,坚持和完善新型政党制度建设要围绕新型政党制度的贯彻落实,逐步制定一系列配套的具体措施、规定和细则,各地要结合本地实际,制度既要符合当地特点,又要便于操作,使新型政党制度在实际运行中有章可循,使新型政党制度的比较优势更加充分地发挥出来。

2. 加强规范体系建设

无规矩不成方圆。只有坚持规矩和规则意识,维护制度的权威性和贯彻落实的坚决性,才能在新型政党制度及其配套制度体系的指导下,在多党合作和政治协商的过程中做到规范合理,才能发挥新型政党制度的效能并坚持和完善之。在

---

① 中共中央统战部.把中国新型政党制度坚持好发展好完善好——纪念中共中央发布"五一口号"70周年[J].求是,2018(9).

坚持和发展新型政党制度的过程中，对很多问题的强调还缺乏必要的刚性，对一些制度规定的贯彻落实情况还缺乏科学、有效的监督与检查。因此，要建立提升制度刚性的有效机制。在制定相关制度时，要综合考虑其普遍约束性、结构合理性、系统完整性和实践操作性，通过将具有普遍约束力的制度规定上升到党内法规等形式，提升制度约束力和刚性。要建立制度贯彻落实情况的监督机制。在新型政党制度的贯彻落实过程中，要明确规定监督机制的地位，明确监督主体及其监督权力和责任，明确监督客体与监督内容。通过规范体系建设逐步养成执政党和民主党派遵守新型政党制度规范的习惯，使之成为政党素质的重要内容，以及多党合作和政治协商中的自觉行动。

3. 规范多党合作和政治协商程序

程序化是民主政治的重要原则。在新型政党制度运行过程中，程序对执政党和参政党的行为规则、活动方式都有具体的规定。这种规定，能够使他们遵守程序，依据预设的程序行事。新型政党制度坚持和完善中的程序化，主要是指将中国共产党和各民主党派在多党合作和政治协商中的活动用程序固定下来，按照程序办事，是政党制度成熟的重要标志。政治协商是多党合作的基本形式，要充分发挥新型政党制度的优势，必须在政治协商的程序化上下功夫。要进一步完善政治协商程序。从协商议题的确定、发布，到意见、建议的提交，再到充分讨论协商、研究决定和情况反馈，每一环节必不可少，也不能省略。在提案工作中也必须按照一定的程序，认真做好每个环节的工作，做到有章可循、规范有序。

（三）理论层面：构建新型政党制度理论体系

随着新型政党制度的逐步完善和发展，其比较优势日益凸显。新型政党制度为中国政治发展提供了制度保障，也为世界政党政治文明贡献了中国智慧和中国方案。但是，长期以来，多党制、两党制、一党制等西方政党制度一直占据世界政党制度话语霸权。国际社会对新型政党制度还缺乏了解，甚至存在歪曲、误解，国内对新型政党制度的认知度和制度自信也有待加强。构建新型政党制度理论体系，增强新型政党制度的话语权已成为必须迫切考虑的时代课题。

人们对一项制度的自信和底气，不仅源于实践有效，而且源于理论自洽。或者说，一方面要用事实说话，另一方面要用道理说话（要把制度背后的道理讲清楚）。①经过70年来的发展，新型政党制度的实践成果已经十分丰富，形成了一系列的制度安排，进行了一系列的相关活动。但是，作为理论形态的政党制度理论体系尚未建立起来。理论落后于实践的现实，限制了新型政党制度话语权的提升。因此，必须从根本上加强新型政党制度理论体系的构建，为新型政党制度话语权提升提供理论基础。

构建新型政党制度理论体系要坚持马克思主义政党理论的指导地位。新型政党制度以马克思主义政党理论为理论渊源，是马克思主义政党理论的继承和发展。因此，构建新型政党制度理论体系，必须要旗帜鲜明地坚持马克思主义的指导地位，发挥马克思主义政党理论的引领作用，为中国政党理论奠定坚实的基础。构建新型政党制度理论体系要加强新型政党制度理论研究和创新。鼓励专家学者进行系统的理论研究，构建从概念到范畴再到理论的一整套理论体系，深度把握和研究新型政党制度的运行规律，清晰地阐述新型政党制度的学理基础、历史逻辑、形成和发展的必然性、逻辑架构等，防止政党制度理论研究的碎片化和空洞化。

参考文献

[1] 孙关宏，胡雨春，任军锋主编.政治学概论［M］.2版.上海：复旦大学出版社，2008.

[2] 许德珩.为了民主与科学：许德珩回忆录［M］.北京：中国青年出版社，1987：298.

[3] 王浦劬.政治学基础［M］.北京：北京大学出版社，2006：209.

[4] 列宁选集：第4卷［M］.北京：人民出版社，1972.

[5] 毛泽东选集：第3卷［M］.北京：人民出版社，1991：809.

[6] 邓小平.各民主党派和工商联是为社会主义服务的政治力量（1979年10月19日）［M］//邓小平文选：第二卷.北京：人民出版社，1994：205.

[7] 蒋锐.中国特色社会主义政党制度的理论和实践基础——兼议中国共产党领导的多党合作和政治协商制度是两项制度说［J］.统一战线学研究，2017，1（1）：47—54.

[8] 耿百峰.中国特色社会主义政党制度研究［D］.山东师范大学，2011.

---

① 黄天柱.2016年中国多党合作制度发展评述［J］.上海市社会主义学院学报，2017（2）：35.

[9] 中共中央关于坚持和完善中国共产党领导的多党合作和政治协商制度的意见[N]. 人民日报, 1990-02-08.

[10] 国务院新闻办公室.《中国的政党制度》白皮书[EB/OL]. 人民网,（2017-11-15）. http://Politics.People.com.cn/GB/1026/6533791.html.

[11] 孙信. 马克思主义多党合作理论中国化最新成果——学习习近平总书记关于新型政党制度的论述[J]. 人民论坛, 2018（7）：14—19.

[12] 杨卫敏. 中国特色政党制度的优势及对世界的贡献——"为人类对更好社会制度的探索提供中国方案"之管见[J]. 统一战线学研究, 2017, 1（1）：15—31.

[13] 高秀环. 正确认识衡量政党制度的标准 构建和谐的党际关系[J]. 天津市社会主义学院学报, 2005（2）：10—13.

[14] 胡月英. 当代中国政党制度的坚持和发展[D]. 中共中央党校, 2007.

[15] 习近平. 决胜全面建成小康社会 夺取新时代中国特色社会主义伟大胜利——在中国共产党第十九次全国代表大会上的报告[M]. 北京：人民出版社, 2017.

[16] 习近平同党外人士共迎新春[N]. 人民日报, 2014-01-24.

[17] 中共中央统战部. 把新型政党制度坚持好发展好完善好——纪念中共中央发布"五一口号"70周年[J]. 求是, 2018-04-30.

[18] 黄天柱. 2016年中国多党合作制度发展评述[J]. 上海市社会主义学院学报, 2017（2）：35.

少数民族地区学生中华文化认同问题研究[①]
——以青海省西宁市和黄南藏族自治州少数民族学生为例

民革北京市委课题组[②]

2018年9月,笔者赴青海省西宁市和黄南藏族自治州进行少数民族地区学生中华文化认同问题的课题调研。笔者选择了两地不同民族、不同学历层次的少数民族学生进行了总计400余份的问卷调查,并对相关教育局领导和学校教师进行了访谈。从调研情况看,所调研的少数民族学生不管是哪个层次,对于中华传统文化都有初步的认同,对于统一的多民族国家也都持认同的态度,并且随着年龄的增长和学历层次的提升,这种认同也在不断强化。

一、调研所反映的少数民族学生对中华传统文化认同的具体状况

（一）对省会城市各层次学校的调研

笔者调研的西宁市的几所学校,无论教育水平的高低、教育经费拨款多少,在正常的教学工作之余,也都将中华传统文化融入了学校社团活动和第二课堂之中,强化了学生对于中华传统文化的认同。在所调研过的学校,其班级和校园的布置、陈列大多突出了中华传统文化的元素,并且也大力弘扬了社会主义核心价

---

① 本文为北京社会主义学院（北京统战理论研究基地）2018年招标课题,立项编号：BJSY18103。

② 课题负责人：马军（北京社会管理职业学院讲师、博士）。课题组成员：褚玉梅（民革北京市委专职副主委、经济师）,付金梅（北京社会管理职业学院副教授、博士）,王冬梅（国家林业局管理干部学院副研究员）。

值观。

  根据调研,可以得出少数民族学生对于中华传统文化的认同,首先得益于学生从小所受的学校教育,由国家主导的教育模式将国家主义理念融汇于课程学习之中,由此将中华传统文化植根于学生心中,这一点无论是汉族学生还是少数民族学生都是如此;其次是学校环境和社会环境影响,施教者和各种媒体所传播的都是国家主义理念和中华传统文化,因此不可避免地深受影响;再次,因现实社会基本还是由中华文化主导的,少数民族文化作为中华文化的一部分,为了适应社会的现实需要,必须努力学习中华传统文化,才能融入主流社会。

  所不同的是,由于教育发展的不均衡和教育投入的差异,学校之间在校园环境布置、学生社团活动及学生第二课堂开展等方面差距明显,好的学校经费充足,学校在传统文化普及和推广方面也会下大力气;而普通学校则经费紧张,即使开展正常的教学活动都已捉襟见肘,除了一些班级和校园的简单陈列外,根本没有太多余力投入传统文化的普及和推广中。

  在西宁市调研的几所学校中,教育主管部门最关注教育经费投入最多的小学,因领导重视、经费充裕,在校园楼道陈列上也是别出心裁、效果明显,第二课堂活动也搞得有声有色,因此,传统文化教育的效果最好;而所调研的初中校因为是普通校,教育经费捉襟见肘,除了满足正常的教学活动,以及简单的校园楼道陈列外,虽然也有第二课堂社团活动的教学安排,但是很难贯彻执行下去。由于教育经费不足、学生家庭教育缺失、学生的学习能力欠缺等负面因素使得教师的成就感缺失,因此教学活动缺乏积极性,最终形成了恶性循环,该校毕业生升入重点高中的人数不多,大部分去了普通高中,也有相当一部分少数民族学生初中毕业后就步入社会,其中部分男生去了清真寺学经,女生则会与人定亲,等到适婚年龄嫁为人妇。

  在所调研的高中校,由于学业压力和经费不足,也没有专门的时间开展中华传统文化活动,只不过传统文化已经融入课程教学之中,并且学校也将中华传统文化与传统节日结合起来开展活动,强化了学生对于传统文化的认知。此外,学校还专门编订了有关青唐城文化和民族团结的教案用于学生班会。

  通过对西宁三个教育层次的比较,我们可以看出,学校传统文化教育的成效是有差异的,学校经费充足、生源好,则效果就好;学校经费紧张、生源较差,则效果就差。

（二）对于黄南州的两所学校的调研

通过对黄南州学校的调研，充分说明了城市和县城教育的差异，据黄南藏族自治州教育局何局长介绍，当地的教育存在一些问题。第一，生源质量不高，学生流失严重，三分之二的高中学生去往北京、天津、西宁地区求学；第二，因生源流失，存在小高中大初中的现象，高中阶段教育薄弱；第三，因当地牧民普遍不太重视教育，完成义务教育后，很多学生没有进一步深造。基于上述三点，可以说黄南州的教育现状不容乐观，因此对于少数民族学生的中华传统文化教育也只能融入课程教学中，虽然笔者在黄南州民族中学看到了学生们在教室里布置的传统文化教育展板，但是相比较而言还是流于形式、聊胜于无。加之农牧民不太重视教育，因此学生的基础比较差。当然，因为从小学开始汉语教学的缘故，据学校老师反映，民族中学的少数民族学生的汉语水平有逐年提高的趋势，甚至出现了汉语进步而藏语退步的现象。

笔者去调研的时候，恰好有一位天津赴青海省黄南州支教的老师任黄南州立中学的校长，在与这位校长的交流中，他反映学生都很朴实，但是因藏族人不太重视物质，更重视信仰，因此没有压力；农牧民群众普遍不太重视教育，虽然学生的民族意识不强，但是在有些老人身上民族意识还是很强烈的。

笔者选择的黄南州立中学是黄南州州府所在地的一所完全中学，有初中和高中两个学段。相比较而言，因地处州府，在笔者考察看来，黄南州立中学的教学设施、师资条件和政府教育投入在整个黄南州还属于最好的。而笔者调研的黄南州民族中学因其特殊性，整个学校建筑都是由天津市对口援建的，并且学生有国家的少数民族专项补贴。由于地处欠发达地区，地方的财政收支不平衡，完全依赖中央的转移支付，因此在教育投入上也难免有所不足。

当然在实际的调研中，笔者发现一直以来国家都很重视西部地区的少数民族学生的中华传统文化教育，也很重视西部地区少数民族学生与内地的教育文化交流，改革开放后，中国的"内地办学"有了新的发展。正如笔者调研时，黄南州的老师所说的，生源流失相当一部分人是去了内地的中学，如到北京及对口援建黄南州的天津等地求学。这也不失为强化少数民族学生中华传统文化认同和国家认同的一种重要举措。

二、少数民族地区的文化认同存在的问题

通过调研我们发现，绝大部分少数民族学生都认识到了各民族的文化都是中华文化中不可或缺的组成部分，各民族都为中华文化的形成与发展做出了自己的贡献。应该说少数民族学生对于中华文化还是较为认同的，但是其存在的一些问题值得关注。

（一）现实存在的教育分层会消解已经建立起来的文化认同

鉴于现实存在的教育分层，在九年义务教育完成之后，如果不能升入更高层次的学府学习，之前教育所起到的对传统文化的认知和认同，也会在学生初中毕业进入社会后消失殆尽，因为一个人的三观在高中阶段才能初步确立，过早踏入社会则对其三观形成产生不利影响。笔者作为本地人，到内地上大学至今已有20年，一直以来的观察就是，现今西宁市城东区的街头与20年前没有太大的变化，依然是穆斯林装扮的市民，每到周五的礼拜，街头依旧满是虔诚"朝觐"的身影。在我的认知里，他们依然故我地认同本民族的文化。在我看来，这有部分原因是回族对于教育的重视程度不够，所以回族的学生普遍受教育水平不是很高。[①]（当然，如果可以升入更高层次的学府抑或接受了大学教育并进而通过教育改变了自身的命运，那么他们对于中华文化的认同或者说对统一多民族国家的认同就会得到强化。这一点与之前的数据有了些许变化，因为在2005年陈其斌所做的调研中，回族高学历的人数与其他民族相比较少。）

（二）阶层固化，贫穷的代际传递消解对传统文化的认同

通过对不同年龄层次的调研发现，社会学所关注的阶层固化实际上也在影响少数民族学生对中华文化的认同，父母的教育背景、经济实力、所处的社会阶层在某种程度上影响了子女的学习能力和其未来的发展，也就决定了少数民族学生

---

① 陈其斌，杨文炯. 西宁市城东区回族教育发展现状的人类学调查与研究[J]. 民族研究，2005（6）.

对于中华传统文化的认同乃至对国家的认同。例如，前面说笔者所调研的西宁初中学校有很多学生初中毕业后就步入了社会，其中有很多男孩子去寺院里念经；究其原因是很多孩子家境不好，父母文化层次不高，家庭收入有限，因此大多喜欢把孩子送到寺院里以减轻家庭负担。换句话说，如果教育不能挽留人，并且改变学生的命运，那么他们就被送到寺院，之前的努力就付诸东流了。

要知道西宁市作为青海省首府，它的教育投入和教育水平要远优于青海省其他州县，九年义务教育的完成率也要远高于其他地区，在这种情况下每年都有大量的学生在完成九年义务教育后，步入社会或去寺院。可想而知其他地区会是什么情形。笔者母亲的家乡循化撒拉族自治县是信仰伊斯兰教的少数民族自治县，早在笔者幼年时，汉族人数将近3万人，现在30年过去了，汉族人口已经下降到了7000多人。笔者在循化游玩时发现，虽然县城开发得不错，但是整个县城又新修了几家清真寺，联系到该县的人口和义务教育发展情况，可以想象，在基层地区，中华传统文化教育犹如杯水车薪、独木难支。因为在落后地区，贫穷家庭的家长限于视野和格局，普遍不太重视教育，也不知道如何教育子女，因此造成贫困的代际传递，形成了阶层固化，因此也会消解其对中华传统文化的认同。

（三）教育投入的差异化会造成文化认同的差异

如前所述，不同的年龄和学历层次、不同的地域及学校的优劣，使学生对中华文化的认同有着较为明显的影响，而当地教育对重点和非重点学校的差别扶持，也会使得少数民族学生对于中华文化的接受水平不一。从社会心理学的角度讲，所接受的教育对于学生认知有很重要的影响，良好的教育会强化学生对于中华传统文化的认识，并进而强化对国家的认同。重点学校有良好的师资和充足的办学经费，因此学生享有的教育资源优于普通学校学生，在现有的应试教育背景下，更有可能升入高一级学校，并进而有机会接受大学教育抑或接受排名靠前的大学教育，最终通过教育改变了命运，由此强化了对中华传统文化的认同和对统一多民族国家的认同；但是普通学校的某些学生则有可能沦为阶层固化的受害者，并由此弱化了对中华传统文化的认同，强化了本民族意识。

（四）地区经济不发达，也会弱化对中华传统文化的认同

青海省是西部欠发达省份，经济发展滞后于中东部沿海地区，人均年收入在全国排名也算靠后。因此，如调研所反映的，因经济欠发达，家庭人均可支配收入不高，贫困人口较多，很多少数民族学生一是因为家庭贫困，综合素养不高，二是即使升入了相应的学校并毕业，但是因经济欠发达，就业机会不多，或者找到工作也没有较高的收入，不能改变自身的命运，自身境遇的不幸也会使其投入宗教势力的怀抱，甚至产生较为极端的思想。前段时间有文章专门探讨了中国西部少数地区基层政权的伊斯兰化，这是值得我们高度警惕的，但是这种现象出现的原因恐怕就是长期以来西部地区的经济滞后，消解了对中华传统文化的认同和对统一多民族国家的认同。

三、提升少数民族地区学生中华传统文化认同的路径探寻

加强少数民族地区学生的中华文化认同，对于加快西部地区的经济发展、打击民族分裂势力和恐怖势力的威胁、促进国家稳定繁荣的发展有着积极的意义。笔者以青海为例，结合西部地区的历史和现实，提出以下建议。

（一）构建"多元一体"的中华文化认同

1. 正确认识中华文化与少数民族文化的关系

由于历史原因，我国长期以来一直是一个以汉族为主、众多少数民族并存的大国。在文化上，则形成了融汇中华文化而又长期保持国内各民族文化特色的文化格局。

长期以来，在中国正统的道统观念上是非常看重"夷夏之辨"的，"非我族类，其心必异"之说言犹在耳。当然这种情况其来有自，古代华夏族群居于中原，为文明中心，逐渐产生了以华夏礼仪为标准进行族群分辨的观念，区分人群以礼仪，而不是以种族，合于华夏礼俗者并与诸夏亲昵者为华夏、中国人，不合者为蛮夷、化外之民。

中国历史上"华夷之辨"的衡量标准大致经历了三个演变阶段：血缘衡量

标准阶段；地缘衡量标准阶段；衣饰、礼仪等文化衡量标准阶段。① 后来南宋理学以君臣大义取代华夷之辨。② 但是，汉民族和少数民族之间的心理隔阂一直存在。孙中山在早期一度把"中国人"称为"一个民族"，"中国人的本性是一个勤劳的、和平的、守法的民族"③。后来他又提出"合汉、满、蒙、回、藏诸族为一人——是曰民族之统一"④，即当时流行的五族共和的提法。蒋介石继承了孙中山的提法，1943年，蒋介石在《中国之命运》一书中，提出"国族同源论"，称汉族为"国族"，把汉族之外的少数民族称为"宗族"，认为他们是汉族的"大小宗支"。只有"汉、蒙、满、回、藏"有明显的文化和人种差异，而提出了五族共和。可见，由于文化差异和宗教差异使得民族与民族之间的隔阂是现实存在的。

中华人民共和国成立之后，20世纪50年代我们开展民族识别工作的重要原因是：第一，在一些边疆地区的民族族群比较复杂，如滇贵川桂地区，一直以来缺乏对这些族群长期、科学、系统、深入的调查研究，了解和识别他们是增强对他们现时社会组织发展形态的认识，并使他们逐步整合进入现代社会的一个条件；第二，1949年以后我国实行户籍制度，并把贯彻民族平等政策与之相联系，每个居民必须申报、填写自己的正式"民族成分"，填报后如没有得到政府批准则不能改变原报的"民族成分"，每个人的民族成分必须十分明确，不能含混处之。这种政策环境下，如果对现有的各个民族族群不进行详细识别、确认，就无法进一步明确每个成员的具体民族成分，而政府关于民族平等的各项政策也就无法具体落实。⑤

现如今有一种说法：民族识别对促进民族意识的增长和民族身份的强化起了很大作用，但这绝不是民族身份强化的全部原因和根本原因，因为它无法解释民族意识在当今世界各国，包括没有进行过民族识别的多民族国家都在增长这个事。中国的民族自觉是自近代以来一直延续的客观趋势，是和世界民族过程同步的。

---

① 柳岳武. 一统与统一——试论中国传统"华夷"观念之演变[J]. 江淮论坛, 2008(3).
② 张佳. 明初的汉族元遗民[J]. 古代文明. 2014(1)：58—67.
③ 孙中山. 中国问题的真解决[M]//孙中山选集. 北京：人民出版社，1981：63—67.
④ 孙中山. 中华民国临时大总统宣言书[M]//孙中山选集. 北京：人民出版社，1981：90.
⑤ 马戎. 关于"民族"的定义[M]//民族与社会发展. 北京：民族出版社，2001.

可以说汉民族与少数民族的差异是客观存在的，但是如何很好地消弭这种差异，强调民族与民族之间的趋同性，对于国家长治久安有着重要的意义。

1988年，费孝通先生在香港中文大学参加学术会议期间发表了其在国际人类学、民族学、社会学界引起巨大反响的著名论文《中华民族多元一体格局》，其主要论点可概括为以下几点。

第一，中华民族是包括中国境内56个民族的民族实体，这些加在一起的56个民族已结合成相互依存的、统一而不能分割的整体，在这个民族实体里所有归属的成分都已具有高一层次的民族认同意识，即共休戚、共存亡、共荣辱、共命运的感情和道义。这个论点后被陈连开先生引申为民族认同意识的多层次论。对"中华民族"的提法一方面肯定了中华民族是当代中国56个民族的总称，另一方面又认为中华民族是一个自觉的民族实体。多元一体格局中，56个民族是基层，中华民族是高层。

第二，形成多元一体格局有一个从分散的多元结合成一体的过程，在这过程中必须有一个起凝聚作用的核心。汉族就是多元基层中的一元，但它发挥凝聚作用把多元结合成一体。

第三，高层次的认同并不一定取代或排斥低层次的认同，不同层次可以并存不悖，甚至在不同层次的认同基础上可以各自发展原有的特点，形成多语言、多文化的整体。所以，高层次的民族可以说实质上是一个既一体又多元的复合体，其间存在着相对立的内部矛盾，是差异的一致，通过消长变化以适应多变不息的内外条件，而获得这共同体的生存和发展。①

应该说费孝通先生"中华民族多元一体格局"理论的提出，既是对中华民族历史经验的总结，又是对现实社会的高度把握，它不仅对解决我国的民族问题、理解包括民族政策在内的诸多政策具有极大的启发性，而且对已经进入21世纪的中国和世界具有同样重要的现实价值。此外，它也为处理民族问题找到了理论依据。通过该理论，加强了汉民族与少数民族的联系，消弭了差异，找到了共同点，即各少数民族都是中华民族的一分子，各民族之间平等相处、互相尊重。

在具体操作上，如何处理好"多元"和"一体"的关系是当前必须解决的问

---

① 费孝通.中华民族多元一体格局［M］.北京：中央民族大学出版社，1999.

题。一方面，要突出民族文化"多元"的特点。中华文化的内容十分丰富，它包含着从古至今各族人民创造的一切优秀的文化。第一，中华文化包括了国家的主流文化、主流价值观，以及国家和民族的历史文化。一个社会的主流文化源于历史进程中积极文化因素的沉淀，它倡导人类文明进步、推动社会和谐、提升公共价值标准；国家主流价值观对于现在社会上出现的妨碍大学生进步的腐朽垃圾文化起到价值规范的作用；在多元文化背景下，对国家和民族历史文化的了解是使少数民族大学生产生中华文化认同的根本方式。第二，中华文化包括优秀的汉族和少数民族的文化。学习汉文化和少数民族文化是因为"这种相互承认形式也与社会生活语境假设相联系，社会成员通过走向他们共同目标的构想，形成一个价值共同体"①，即有利于各族学生的团结。

另一方面，要增强中华文化"一体"性。如果只强调中华文化中的"多元"化而忽略"一体"性，就会失去中华文化认同的基础，阻碍中华民族凝聚力的形成。中华文化认同的"一体"必然包括价值观念的一体化，价值观是文化认同的核心。当今少数民族学生价值观念的差异性仍比较明显，在这种复杂多样的价值观交织碰撞时，如果没有主导的价值观体系，就没有共同的规范和准则，少数民族学生的思想和行为就难以统一。所以，西部地区必须加强少数民族学生核心价值观教育，不断增强各民族学生价值观念的共同性，构建正确的主导价值观念体系。

需要特别指出的是，"多元"和"一体"两者并重，不可偏颇。因为"多元"是中华文化的源泉，也是各民族平等和谐的基础。只有实现中华文化的"多元"，才能构建和谐的民族关系。而增强中华文化的"一体"性并不是把所有民族的文化不加区分，它是要把各民族符合中国特色社会主义先进文化要求的、有各自特色的优秀文化融入中华文化中，以促进国家的统一和稳定。

2. 以社会主义核心价值体系指导少数民族学生的文化价值认同

当今世界已经进入了一个多元文化的时代。伴随着改革开放和现代化的进一步发展，我国文化价值观念领域产生了深刻的变化，突出的特点是单一的文化价值观念被打破，各种各样的文化价值观念交织在一起，逐渐形成了多元并存的文

---

① 阿克塞尔·霍耐特. 为承认而斗争［M］. 上海：上海世纪出版集团，2005：32.

化格局。在社会变革时期，长期积累的深层矛盾和问题会比较集中地显现出来，受种种因素影响，对政治社会化不足的少数民族学生而言，他们的政治心态极有可能出现某种程度的偏颇和失衡。

当今社会多元化的价值观念，有着较为深刻的社会经济基础。我们在尊重现状的同时要适应我国现阶段的国情，在实践中弘扬我们党倡导的以爱国主义为核心的民族精神和以改革创新为核心的时代精神，弘扬集体主义、社会主义及"全心全意为人民服务"的主导价值观，促进和谐社会的形成。在多元文化环境中，建立以社会主义核心价值观为统领的文化观，防止社会主义意识形态出现混乱。在当前开放性和多样化的境遇中谋发展，必须要有强大的凝聚力，齐心协力、旗帜鲜明地去坚持和反对、倡导和抵制。

因此，增强少数民族地区学生的中华文化认同，首先要以社会主义核心价值观强化中华文化认同。社会主义核心价值观是以马克思主义为指导，集中反映了当代社会最基本的价值取向和行为准则，具有明确的主导性。其次要坚持和加强集体主义价值观教育，构筑少数民族学生共同的价值取向，确立其核心价值观。民族精神和时代精神统一于民族的整体价值观，成为少数民族学生人生目的的指南、行为选择的根据和凝聚心灵的力量。再次，要教育和引导少数民族学生正确认识价值取向多样化的现实意义与价值。社会对个体具体价值理想与目标的尊重，以及对个性特征和独立精神的张扬，与社会主义市场经济的发展规律相契合，是社会的巨大进步。最后，要尊重多样、包容差异。针对社会转型期利益结构的调整、价值主体趋于多元的现实，要尊重少数民族学生的个性差异和价值选择，以占主导地位的价值意识观念来感召和引导支流价值，并在多元价值取向之间保持合理的张力，这是马克思主义主流意识形态和价值观念在新时代发挥社会整合作用所使然，是新时期的意识形态具有宽容性、开放性的必然体现。我们要通过创意的情景和开放的环境，体现出社会主义核心价值体系的科学合理性，并在多元文化互动中保持其时代的主流精神，增强少数民族学生的中华文化认同。

3. 以社会主义先进文化引领少数民族地区学校的校园文化建设

（1）培育中华传统文化土壤，孕育优秀的校园文化。文化是学校的内涵，要通过学校来传承和发展。优秀的校园文化有助于学生成才，并加强对中华传统文化的认同,进而加强对国家的认同。在笔者调研的过程中,发现好的学校都将其校园文化建设渗透于学校的教学、管理、生活及各种校园活动中,而它是学校素质教育和精神文明建设的重要组成部分,是推进学校和谐发展的重要载体。

(2)注重人文素养的培养。人文素养是培养健全人格、提升人口素质的重要举措。通过推广中华传统文化提升西部少数民族的综合素养,有助于他们适应全球化浪潮所带来的科技、文化、思想观念等方面对于固有文化造成的种种冲击,使他们更好地适应现代社会的种种变革,强化他们的"国族"认同,更好地融入统一的多民族国家,并进而更好地参与到中华民族伟大复兴的事业中来。

(二)加强少数民族地区学生中华文化认同的具体措施

1. 在少数民族地区普及十二年义务教育

(1)普及十二年义务教育是加强中华文化认同的重要举措。一直以来义务教育都是我国的基本国策,1986年4月我国颁布了《中华人民共和国义务教育法》。这是我国首次把免费的义务教育用法律的形式固定下来,即适龄的"儿童和少年"必须接受九年义务教育。这一国策奠定了中国经济发展和社会进步的基础,但是笔者这次在西宁市和黄南州所做的调研都发现了一个问题,即很多学生的父母普遍只有小学学历。可见我们的义务教育在执行过程中有所偏差,这也直接影响了人口素质。为了提升人口素质,应该在中西部少数民族地区普及十二年义务教育,通过教育强化对中华传统文化的认同。

(2)普及十二年义务教育是强化国家认同的重要步骤。通过延长义务教育的时长,使西部少数民族学生可以提高学习能力和汉语能力,并且通过教育也可以强化他们对于国家的认同,如前所述,从发展心理学的角度讲,一个人三观的形成时期正好是12—18岁。此外,普及十二年义务教育也会提升他们适应社会的能力,由此获得更多的就业机会和职业发展,并进而通过知识改变自身的命运。当一个人事业获得成功时,自然也会对国家产生强烈的认同,这一点笔者在与青海民族大学的藏族副院长交流中也得到了印证,在青海各农牧业地区,那些曾受过高等教育的少数民族学生普遍职业发展良好,他们对统一的多民族国家也都持认同的态度。

（3）普及义务教育是推动当地经济发展、社会进步的重要前提。在进入21世纪后，少数民族地区传统的略显滞后的经济模式和组织模式在遇到现代化冲击时会产生很强的不适感，并进而故步自封，将自己封闭起来。因此，普及十二年义务教育，通过教育培养开放、包容的文化心态，有助于提升少数民族学生对现代文化的适应能力，积极学习先进文化和科技，进而推动地区的经济发展和社会进步。

2. 加大少数民族地区的教育投入，积极开展对少数民族地区学生的教育帮扶

（1）强化家校联系。家庭教育是学校教育成功的关键，家庭教育缺失也会使得学校教育成为无根之水。因此，要加大教育投入，大力提倡家校联系。具体举措为：有条件的学校开办家长学校，为家长教育子女出谋划策；以物质奖励的方式鼓励教师积极开展家访，做好教书育人工作。

（2）对贫困家庭给予教育救济。家庭教育缺失是很多孩子学业困难的主因，因此通过教育投入，可以以政府购买服务的形式，聘请社会组织开办四点半课堂，对没有能力和时间辅导孩子学习的家庭开展教育帮扶，使其避免陷入代际贫困的陷阱；并且通过对其家庭开展经济方面的帮扶，使其摆脱困难的局面。

（3）通过与校外机构合作的形式对基础薄弱的少数民族学生给予帮扶。对于基础薄弱的少数民族学生，也可以通过与校外机构合作的方式，对他们进行课外辅导，提升他们的学业能力。当然，对于合作机构可以教育附加费减免的方式引入合作，以避免增加地方财政的压力。

（4）选派优质师资以支教形式开展教育帮扶。选派优质师资赴西部少数民族地区支教，这是一直在做的事情，将东部成熟的教育理念和优质的教育模式引入西部，对于西部少数民族学生的学业能力和综合素质的提高起到了重要的作用，但是力度还不够大，可以轮岗的形式，每三年一拨对西部少数民族地区的学校开展教育帮扶。之前的帮扶都以两年为期，实际上，这种时间安排有时流于形式，并不能很好地将东部的教育理念和教育模式引入并植入西部少数民族地区的学校中。此外，也可以选派内地优秀大学毕业生补充到西部少数民族地区学校中，以带动教育理念和教育模式的变革。

3. 建议有条件的省份优质教育资源广泛招收少数民族地区学生赴内地就读

（1）普通教育。国家自1984年开始创办"内地西藏班"，通过报名考试，选拔西藏小学毕业生到内地城市特定学校完成初中、高中学业，毕业后进入大学，大学毕业后返回西藏自治区工作。2014年，全国21个省区市的32所中学办有"内地西藏班"，上海复旦大学附属中学等56所示范性高中招收西藏"散插班"，广州市卫生学校等44所中职学校开办西藏"中职班"。自2011年起，内地西藏班初中招生规模每年稳定在1550人，高中招生规模为每年3000人。截至2015年，内地西藏班累计招生超过10万人，累计毕业人数已达3万余人。自2000年开始，国家为新疆学生创办"内地高中班"，办学单位从2000年的12个城市13所学校增加到2013年的45个城市91所学校。15年来内地新疆高中班累计招生约8万人。① 上述情况仅限于西藏地区的藏族同学，但是对于青海、甘肃等省的藏族学生却没有这些举措。因此，国家应该鼓励有条件的省份的优质高中和初中阶段教育资源广泛招收少数民族地区（不仅限于西藏）的学生赴内地就读，通过这些教育措施，使他们更好地掌握文化知识，了解先进的文化和思想观念，并获得学习能力和综合素养上的提升，进而产生对中华文化的认同和对统一多民族国家的认同。

（2）职业教育。2019年国务院《关于印发国家职业教育改革实施方案的通知》颁布，国家开始大力发展职业教育，这恰恰顺应了经济发展的需要。在少数民族地区大力发展职业教育，适逢其时。对于学业能力不是很突出的少数民族学生，应该鼓励内地优质的职业教育资源进行对接，使他们能掌握一技之长，具备一定的职业技能和职业能力，为就业打下坚实的基础。

4. 对于少数民族大学生就业和创业给予扶持，解决就业问题

通过调研笔者了解到，有很多少数民族大学生大学毕业后，因专业的就业面较窄，因此就业困难，面临很大生存压力。对于这种情况，国家应出台相应的帮扶措施，对于少数民族大学生的就业和创业进行扶持，鼓励用人单位接收少数民族大学生，也可以鼓励内地的用人单位接收符合条件的少数民族大学生到内地就业，并定居下来。此外，还可以鼓励少数民族大学生自主创业，通过提供创业的

---

① 马戎. 内地办学的运行机制与社会效果——内地西藏班、新疆班专题研究 [M]. 北京：社会科学文献出版社，2016.

技术和资金支持，使其能够掌握自身命运，获得更多职业发展的机遇，进而带动当地经济和社会的发展。

总之，通过种种举措尽可能强化少数民族学生对中华文化的认同和统一多民族国家的认同，以实现社会稳定、民族团结、国家统一的目的，为实现中华民族伟大复兴的中国梦奠定坚实基础。

构建新时代新型亲清政商关系研究[①]

中国农业大学课题组[②]

政商关系既是一个古老的命题,又是当前我国社会各界关注的热门话题,也是为政者必须做出回答的时代命题。

政商关系内涵丰富,概括而言,包含三个层面:广义的理论层面是政治与经济的关系,也就是上层建筑与经济基础的关系;中义的组织层面就是政府与企业的关系;狭义的人际层面就是领导干部与企业家、企业界人士之间的关系。

政商关系亦可简化为政企关系、权钱关系、政资关系、官商关系等,可以从多角度进行研究。本课题研究的着力点是狭义的人际层面的政商关系,也就是党政领导干部与企业家、企业界人士之间的关系。

一、新时代新型亲清政商关系的实质和意义

构建新时代亲清新型政商关系是习近平总书记十八大之后,在全面从严治党的新时代背景下提出来的。

中共十八大以来,为了筑牢预防官商勾结的"防火墙",中央出台了一系列法规制度。中组部相继出台《关于进一步规范党政领导干部在企业兼职(任职)问题的意见》和《关于规范退(离)休领导干部在社会团体兼职问题的通知》,

---

[①] 本文为北京社会主义学院(北京统战理论研究基地)2018年招标课题,立项编号:BJSY18104。

[②] 课题负责人:周琬(中国农业大学马克思主义学院副教授)。课题组成员:褚玉梅(民革北京市委专职副主委、经济师),陈东琼(中国农业大学马克思主义学院副教授),李桂华(中国农业大学马克思主义学院副院长、副教授),于桂兰(中国农业大学马克思主义学院副教授)。

从制度上解决官员"脚踏两只船"的问题；2015年2月，中央全面深化改革领导小组第十次会议审议通过了《上海市开展进一步规范领导干部配偶、子女及其配偶经商办企业管理工作的意见》；2016年4月，中央全面深化改革领导小组第二十三次会议决定，在上海先行开展试点的基础上，在北京、广东、重庆、新疆也开展规范领导干部配偶、子女及其配偶经商办企业行为的试点等。

在这样的大背景下，一些领导干部与非公经济人士在交往过程中出现了不敢交往、不会交往，或者"亲"而不"清"，或者"清"而不"亲"，对企业"敬而远之""谈商色变"，该见的人不见，该办的事不办等问题，影响了经济发展。针对这些问题，2016年3月4日，习近平总书记在出席全国政协十二届四次会议的工商联委员座谈会时首次提出，要建立新型政商关系。

习近平强调："我们要求领导干部同民营企业家打交道要守住底线、把好分寸，并不意味着领导干部可以对民营企业家不理不睬，对他们的正当要求置若罔闻，对他们的合法权益不予保护。为了推动经济社会发展，领导干部同非公有制经济人士的交往是经常的、必然的，也是必需的。这种交往应该为君子之交，要亲商、安商、富商，但不能搞成封建官僚和'红顶商人'之间的那种关系，也不能搞成西方国家大财团和政界之间的那种关系，更不能搞成吃吃喝喝、酒肉朋友的那种关系。"①

新型政商关系应该是什么样的？习近平指出："概括起来说，我看就是'亲''清'两个字。对领导干部而言，所谓'亲'，就是要坦荡真诚同民营企业接触交往，特别是在民营企业遇到困难和问题的情况下更要积极作为、靠前服务，对非公有制经济人士多关注、多谈心、多引导，帮助解决实际困难，真心实意地支持民营经济发展；所谓'清'，就是同民营企业家的关系要清白、纯洁，不能有贪心、私心，不能以权谋私，不能搞权钱交易。对民营企业家而言，所谓'亲'，就是积极主动同各级党委和政府及部门多沟通多交流，讲真话，说实情，建诤言，满腔热情地支持地方发展；所谓'清'，就是要洁身自好、走正道，做到遵纪守法办企业、光明正大搞经营。企业经营遇到困难和问题时，要通过正常渠道反映和解决，如果遇到政府工作人员故意刁难和不作为，可以向有关部门举报，

---

① 习近平.毫不动摇坚持我国基本经济制度，推动各种所有制经济健康发展[N].人民日报，2016-03-09.

运用法律武器维护自身合法权益。靠旁门左道、歪门邪道搞企业是不可能成功的，不仅败坏了社会风气，做这种事心里也不踏实。"①

2017年10月，习近平总书记将构建亲清新型政商关系写入党的十九大报告，强调："要构建亲清新型政商关系，促进非公有制经济健康发展和非公有经济人士健康成长。"②

2018年3月7日，习近平总书记在参加十三届全国人大一次会议广东代表团审议时强调："对企业来说，构建亲清政商关系才是阳关大道。"

2018年11月1日，习近平总书记在主持召开民营企业座谈会时提出的六个方面要求中，将构建亲清新型政商关系专门作为一条加以强调。他要求："各级党委和政府要把构建亲清新型政商关系的要求落到实处，把支持民营企业发展作为一项重要任务，花更多时间和精力关心民营企业发展、民营企业家成长，不能成为挂在嘴边的口号。"强调："我们要求领导干部同民营企业家打交道要守住底线、把好分寸，并不意味着领导干部可以对民营企业家的正当要求置若罔闻，对他们的合法权益不予保护，而是要积极主动为民营企业服务。"要求"各相关部门和地方的主要负责同志要经常听取民营企业的反映和诉求，特别是在民营企业遇到困难和问题的情况下更要积极作为、靠前服务，帮助解决实际困难。对支持和引导国有企业、民营企业特别是中小企业克服困难、创新发展方面的工作情况，要纳入干部考核考察范围。人民团体、工商联等组织要深入民营企业了解情况，积极反映企业生产经营遇到的困难和问题，支持企业改革创新。要加强舆论引导，正确宣传党和国家大政方针，对一些错误说法要及时澄清"③。

习近平关于构建亲清新型政商关系的论述，抓住了政商关系的要害与关键，切中时弊，对亲清政商关系做出了明确界定。

"亲"，明确了领导干部同民营企业家、非公有制经济人士交往的性质。"亲"，就是政商之间要有亲近感，坦诚交往、互帮互助、相互支持。"亲"是贯

---

① 习近平.毫不动摇坚持我国基本经济制度，推动各种所有制经济健康发展[N].人民日报，2016-03-09.

② 习近平.决胜全面建成小康社会，夺取新时代中国特色社会主义伟大胜利——在中国共产党第十九次全国代表大会上的报告[M]//党的十九大报告辅导读本.北京：人民出版社，2017：39.

③ 习近平：在民营企业座谈会上的讲话[N].人民日报，2018-11-02.

彻中国共产党全心全意为人民服务宗旨，落实立党为公、执政为民根本理念的实践要求，体现的是积极作为、责任担当、主动交往的态度，折射的是阳光心态与行动自觉。"亲"对领导干部而言，就是在与民营企业家、非公有制经济人士交往过程中，不能"谈商色变"，要消除唯恐招来"授受不亲"、怕这怕那的重重顾虑，不能搞"敬而远之"，应大胆地同民营企业家、非公有制经济人士坦荡真诚地交往，在民营企业遇到困难和问题时要积极作为、靠前服务，多关注、多谈心、多引导，帮助解决实际困难，真心实意地支持民营经济发展，"清"不忘干事，"清"不忘责任；对民营企业家而言，就是要积极主动同党委政府多沟通、多交流，讲真话，说实情，建净言，满腔热情地支持地方发展。

"清"明确了领导干部同民营企业家、非公有制经济人士交往的原则，界定了双方交往的边界。"清"就是党政干部同民营企业家、非公有制经济人士的关系要清白、纯洁，清清爽爽，不勾肩搭背。领导干部在同民营企业家、非公有制经济人士交往时要牢记宗旨，守住底线（法律底线、纪律底线、政策底线和道德底线），把好分寸，不能有贪心、私心，不能以权谋私，不能搞权钱交易，"亲"但不携私，"亲"中有界限，"亲"而有度。民营企业家要洁身自好、走正道，遵纪守法办企业、光明正大搞经营，"亲"但不"围猎"。"清"是根本，是前提，"亲"只是手段，是媒介。正常的政商关系应该是既保持正常的联系和交往又各安其道，"近"但不能"黏"。

新型政商关系的提出，亮出政商关系的底线，画出了红线，明确了政商正当交往的健康之道，解决了公职人员如何明辨是非、廓清边界、积极有为地支持非公经济发展的重大问题，解决了民营企业家走什么路、非公有制经济如何发展的大问题，明确了建立亲清新型政商关系的目的，就是安商、富商。构建新时代新型亲清政商关系的理念提出，意义深远。

首先，明确了领导干部与民营企业家、非公有制经济的关系性质，解决了政府"不敢为"的问题，有利于形成政府与企业良性互动、共谋发展的格局。

其次，厘清了领导干部与民营企业家、非公有制经济人士交往的界线，解决了"不会为、不能为"的问题，有利于营造公平环境，各尽其责，各显其能，保持经济强劲动力和活力。

最后，增强了广大非公有制经济人士对中国特色社会主义的信念、对党和政府的信任、对企业发展的信心和对社会的信誉，有利于进一步发挥企业家才能，促进非公有制经济的健康发展和非公有制经济人士的健康成长，进一步巩固和发展党在新时期领导的爱国统一战线。"亲""清"关系营造了政商精英集团的良性互动与成长的良好环境，并有利于避免上层政商精英与下层民众的断裂。①

二、建立新型亲清政商关系面临的瓶颈问题

政商关系既是政府与企业的关系，也是公职人员与企业家、企业工作人员之间的关系，因此，政商关系处理得好不好，最直接地表现在政商两方面人员的关系上。

影响政商关系的因素是多方面的，当前，建立新型亲清政商关系还面临着诸多瓶颈问题。

（一）体制瓶颈导致政商"亲""清"边界不清

体制问题是影响政商关系健康发展的重要因素。改革开放以来我国体制改革不断深入，体制中的弊端逐步得到改变，为营造健康良好的政商关系提供了体制保障。同时，我们也要看到，一些体制性问题仍然制约着健康良好的政商关系的建立。

随着我国行政体制改革的不断深入，行政改革从"简单放权式"转向"清单式管理"，从放宽对市场主体的审批束缚转向着力于事中事后监管，从简化程序、压缩时限转向"互联网+"在线办理与监管等，市场在资源配置中的作用不断提升，政商关系的边界逐步厘清。但是，行政体制改革依然滞后于经济社会发展的需要，为此提出将市场资源配置中的基础性作用提升到决定性作用。但是，市场在资源配置中的决定性作用依然没有真正形成，重要原因就是政府与市场的权力边界依然存在诸多不清晰的地方。

为了加快市场在资源配置中的决定性作用，科学合理界定政府与市场的权力边界，党的十八届三中全会强调要加快建立政府权力清单。提出权力清单制度以

---

① 靳浩辉，常青.习近平倡导的"亲""清"新型政商关系：权力与资本良性互动的指南针［J］.学习论坛，2017（4）.

来,各地"清权、减权、制权、晒权"等方面做了大量工作,但是"权力清单"不清的问题还是比较突出,权力究竟应该干什么,不能干什么,到底怎么干,等等,还不是很清晰,也缺乏统一的标准。

国家治理权力结构失衡,放权有限,政府与市场、国家与社会之间的边界尚未完全厘清,仍然存在审批事项和权限取消或下放不彻底、部门职能转变及服务不到位、相关法律法规及配套改革未及时跟进、权力追责问责制度不完善等问题,加之政府赋权的轻易性导致权力过多过滥,权力蔓延,权力"自我扩张",致使政商关系处于难"亲"难"清",或者"亲"而不"清","清"而不"亲"的怪圈之中。

影响构建新型健康政商关系的最主要因素集中在体制方面,公职人员认为,建立新型健康的政商关系第一位的就是要让"公共权力运行公开透明",占比达到82.14%,其次是政府与市场权力边界清晰,占比达到75.25%。[①]企业家的看法则完全一致:建立新型健康的政商关系第一位的就是要让"公共权力运行公开透明",占比达到71.82%,其次是政府与市场权力边界清晰,占比达到58.64%。[②]

影响新型健康政商关系建立的另一个体制性因素是多部门执法,综合执法滞后。一个企业,归工商、税务、派出所、城管、公安、消防、食药、卫生、环保等各个部门同时监管。一个企业,如果随便哪个职能部门都来卡,企业受不了。所以,规范执法行为、一次性执法、综合执法的推进至关重要。

不管是政府职能改革、公开公平公正市场环境的建立,还是权力的监督和约束,以及公共权力运行,政府与市场、政府与部门之间权力边界的确立等,都与体制相关。因此,构建亲清政商关系,首先还需从体制上入手,从界定政府与市场权力入手,明确政府与市场主体的权力边界,这样才能"清"有依据,"清"有界线。

(二)政策制度瓶颈导致政商"亲""清"空间弹性

政府掌握权力资源,具有垄断性、排他性;市场提供经济资源,具有开放性和可替代性。如果涉及政治权力与经济权力的相关制度存在制度性漏洞,或者缺

---

① 庄聪生,王忠明. 政商关系纵横谈[M]. 北京:中华工商联出版社,2015:181.
② 庄聪生,王忠明. 政商关系纵横谈[M]. 北京:中华工商联出版社,2015:247.

乏合理的"臂距",政府权力就可能过度嵌入市场,或者政府权力就可能出现变异,异化为私利。经济权力也可能过度嵌入政治,或者让政府权力出现变异,产生寻租等现象。制度因素、政策因素特别是政策漏洞、政策弹性,以及政策执行不到位等因素,成为影响政商关系的重要原因。

第一,政策制度漏洞为政商关系不"清"提供了空间。

政是政,商是商,两者虽然在工作上会产生"交集",但在"交集"过程中本来应该各行其道,不能有"交换""交易",不能搞"一手交钱、一手办事""投之以桃、报之以李",或者"入股生利、皆大欢喜"。但是,由于政策制定约束刚性不足,那些手中握有较大公权力的党政干部,对于自己该干什么,不该干什么,哪些该承诺,哪些不该承诺,并不是十分清晰,他们常常在权与钱之间、政与企之间寻找空间。政策制度漏洞对政商关系不"清"提供机会,打制度的"擦边球"或找制度的"空白点",为建立不健康政商关系提供了空间。

第二,政策制度弹性为政商关系不"清"提供了保护层。

目前,我国市场准入限制仍然较多,在我国存在诸多各种额外的配额、优惠、补贴、减免税、政策性贷款、大型工程,以及各种收费、证照等,这些政策由于权力不清、办事流程缺乏刚性,导致公职人员在与企业互动时给谁不给谁,给多给少,早给晚给有很大的自由裁量权,这就为权力寻租提供了弹性空间,导致政商不"清"。

第三,政策制度激励刚性不彰使政商关系不"亲"。

党的十八大以来,随着反腐倡廉力度的加大,"不敢腐"渐成气候,政商关系中的不健康因素得到一定的扼制,但也出现了新的形态:一方面,政商"圈子"变得更为谨慎,"亲"的方式更为隐蔽了;另一方面,政商关系疏远了,出现了"背对背"现象,一些官员为了避免"负责任""受牵连",对企业搞"软拒绝",或者是"不担当""不敢为""礼不收了、饭不吃了,但该做的事也不做了",这样,在政策执行中,就出现了大量的"玻璃门""弹簧门""旋转门",民营企业、民营企业家在经营过程中常常遇到"三座大山":市场的冰山、融资的高山、转型的火山。

如果缺乏政策制度意识,缺乏执行政策制度的激励措施,为与不为一个样,为好与不为好一个样。那么,在执行相关政策制度时,就会出现选择性执行,或有利的执行，无利的搞变通，因此，即使政策制度设计得再严格、再完美也会成为纸老虎和稻草人。在企业办事时，往往是"门难进、脸难看、话难听、事难办"，不给好处不办，好处给少了拖着慢慢办，这对企业来讲有时是致命的，在"时间就是金钱"的商道上，行政审批繁杂的程序和公职人员拖拖拉拉的办事效率，迫使一些企业通过"贿赂"或其他不正当途径将事情搞定。

第四，政策制度约束刚性不足使政商关系过"亲"。

全国工商联的调查显示，在出现不健康政商关系的主要影响因素，公职人员认为，首先在于权力缺乏有效监督，占比达到78.04%，其次是行政审批繁多，占比达到72.46%，再次是行政执法随意性大，占比57.69%，市场监管不到位，也超过50%，占比达到52.76%。① 企业家在前两项与公职人员的看法完全一致，分别占比65.62%、61.80%。②

出现"官商勾结"的原因，党政官员的权力缺乏约束和监督，也排在首位，占比达到74.84%，③ 其次才是政府主导资源配置的权力过大，公平竞争的市场环境还没有形成，法治不健全，等等。企业家的观点则与公职人员惊人的一致，也认为出现不健康政商关系的主要影响因素，第一位的是权力缺乏有效监督，占比达到65.62%，其次是行政审批繁多，占比达到61.80%，第三、第四位略有差异，占第三位的企业家认为是政府部门服务意识差，占比45.75%，行政执法随意性大排到了第四位，占比41.55%。④ 出现"官商勾结"最主要的原因是党政官员的权力缺乏约束和监督，占比70.11%，⑤ 其次也是政府主导资源配置的权力过大，公平竞争的市场环境还没有形成，法治不健全，等等。

第五，以政府为主导的政商沟通机制导致政商沟通不平等、不均衡、不畅通。

长期以来，中国传统政商关系的治理结构呈现内敛性和封闭性，政府习惯于通过制定政策、规则对经济社会事务进行单一向度的管理，忽视与企业的互动和对话。在政商之间，管理主体和管理对象不平等，政强商弱。沟通欲望不均衡，

---

① 庄聪生，王忠明.政商关系纵横谈[M].北京：中华工商联出版社，2015：179.
② 庄聪生，王忠明.政商关系纵横谈[M].北京：中华工商联出版社，2015：246.
③ 庄聪生，王忠明.政商关系纵横谈[M].北京：中华工商联出版社，2015：178.
④ 庄聪生，王忠明.政商关系纵横谈[M].北京：中华工商联出版社，2015：246.
⑤ 庄聪生，王忠明.政商关系纵横谈[M].北京：中华工商联出版社，2015：243.

政府沟通的欲望低,但话语权强;企业沟通的欲望高,但话语权低。沟通的渠道不畅通,政府常常只是把企业作为自己管理的对象。比如,在我国行业协会制度建设方面,行业协会的法律地位不独立,缺乏对自利倾向的规制,非法律惩罚机制不完善。这些问题,严重制约了行业协会发挥沟通企业与政府、企业主与政府官员的桥梁纽带作用,阻碍行业协会市场治理功能的实现,也制约了新型政商关系的构建。[1]

(三)文化瓶颈:传统政商关系的掣肘

重情文化扭曲政商关系。中国人重情,遇事偏好托关系、找门子,喜欢私下摆平。商人长期缺乏社会认同和主体认同感,中国封建式的权威、等级和服从思想使其对权力极度渴望,他们对官僚体系的依附,甚至是与官员的勾结,成为一种寻求生存空间、获得地位提升的传统,"红顶商人"盛行。现实中,商对于政的公权力需求强烈,一些"商"习惯依靠"寻求关系、建立关系、维护关系、利用关系、发展关系"来寻求机会保护企业、发展企业,把政商关系变成权钱交易的利益同盟,逾越了公与私的界线、法与纪的红线,形成一种独特的生存之道。

三、构建新时代新型亲清政商关系的对策建议

亲清政商关系的构建,涉及政治与经济、权力与资本、政府与市场、行政部门与企业、公职人员与企业家等多个维度,必须形成多中心、开放式的治理结构,发挥政府、企业、社会多元合作治理主体作用,搭建协同治理通道。具体而言,构建新型亲清政商关系,需要从规范主体角色功能定位、建构科学合理的法治框架、加强道德规范支撑、建立完善相关的制度机制,以及培育良好的社会环境等多方面着力。

(一)加快建立健全权力清单

法治是现代国家治理的本质保障,要严格按照法律法规的规定,对各级政

---

[1] 杨睿,杨建军.法治视域下政商关系新生态的重塑路径[J].商洛学院学报,2018.

府及其工作部门的权力进行仔细审核确认，厘清每一个部门、每一个岗位到底有多少权力，对超越法律法规范围的权力坚决依法予以取消，对不符合法律法规要求的权力坚决予以调整，对行政处罚、行政确认、行政强制、行政征收、行政检查、行政给付、行政奖励等行政行为的裁量权进行全面细化，制定明确的量化标准，并在此基础上把经过清理的各项权力列出权力清单，编成权力目录，厘清政治底线、政策边线、制度红线，让干部和企业家清楚什么应该做、什么碰不得，确保政府不越位、不错位、不缺位，为建立亲清新型政商关系划定界限，明晰边界，推进公平、公正、开放的现代治理体系。

（二）加快建立健全财政专项资金管理清单

明确各项资金的使用范围、支持对象、补助标准、申报审批程序、验收检查、绩效评价等要求，对财政专项资金设立、分配、使用状况进行管理、监督和绩效评价，增强财政专项资金分配、使用的科学性和公正性，提高资金使用效益。

（三）建立完善企业投资负面清单

权力暗箱操作，就容易导致权力滥用，引发权钱交易，政商勾结。建立完善企业投资负面清单，可以强化权力公开机制，避免政商暗箱操作。要按照公开是常规、保密是例外的准则，除涉及国家机密和法律规定必须保密的事项之外，依法公开各级政府及其工作部门的决策权、执法权、审批权等职责权限、法律依据、法定程序、工作时限、服务承诺和责任追究，将权力目录与权力流程公之于众，把权力运行的每一个环节都置于阳光下，使隐性权力公开化、显性权力规范化，接受社会全方位、全过程的监督，确保各项权力规范有序运行。

（四）加快建立完善党政干部责任清单

厘清责任边界，明确责任内容、责任事项和责任主体，完善监管和问责、追责机制，强化公职人员的责任意识、服务意识、廉洁意识，倒逼公职人员想干事、干成事、干净干事。出台奖励制度，激励公职人员主动帮助企业家跨越市场的冰山、融资的高山、转型的火山，让企业真正从政策中增强获得感，激发其发展的生机活力。

(五)严密绘制权力运行流程图

逐项分析权力运行过程,找准各项权力运行的关键节点,厘清各个节点的内在联系,优化固化权力运行流程,严密绘制权力运行流程图,明确权力运行的方法步骤、时限要求与具体边界,使权力运行明晰化、规范化、便捷化。法律法规有明确规定的权力运行流程,要按照法定程序编制;法律法规没有明确规定的权力运行流程,要按照便捷原则编制,能并联办的要并联办、能集中办的要集中办、能简化办的要简化办。对于不合法、不合理的权力运行流程,要进行流程再造,减少内部流转环节,规范限制自由裁量,实行权力运行流程法定;对于部门职权交叉的事项,原则上由一个部门牵头办理,力求避免多头管理、多层执法或监管空白。

(六)优化政务服务网

通过大力推进政府职能转变,深化行政审批制度改革,进一步简政放权,减少政府不必要的行政审批事项,把一些不应该由政府审批的事项或者可以由企事业单位承担的职能进行剥离,减少政府对微观经济活动的干预,强化市场在资源配置中的决定性作用,减少公职人员寻租空间,在政商之间建立相互尊重、相互支持、平等和谐的关系,充分释放主体活力。同时,优化政务服务网,建立统一、开放、透明的市场体系,在市场准入前除了负面清单所列的领域之外,让民营企业享受平等进入市场,获得产业扶持、税收优惠和金融支持等的机会,同时,充分运用信息化手段解决企业和群众反映强烈的办事难、办事慢、办事繁的问题,加快推进政务服务"一网通办"(一网),企业和群众办事线下"只进一扇门"(一门)、现场办理"最多跑一次"(一次),让企业和群众到政府办事像"网购"一样方便。

(七)制定出台《政商关系行为守则》等

制定出台《政商关系行为准则》,同时出台《商会建设指导意见》《商会工作指导办法》等,明确法律的"高压线"不能碰,道德的"警戒线"不能违,把守法诚信作为安身立命之本,依法经营、依法治企、依法维权,推动政商形成正确的价值观。使政商双方共同遵纪守法、依法办事、依法经营，敬畏法律、敬畏社会良知而非敬畏权力、敬畏金钱，重信用、重市场而非重关系，形成风清气正的法治生态、政治生态、商业生态、社会生态和市场经济生态。

（八）加强对企业家的培养

构建新型政商关系，企业家肩负义不容辞的责任。习近平指出："非公有制经济要健康发展，前提是非公有制经济人士要健康成长。广大非公有制经济人士要认识到这一点，加强自我学习、自我教育、自我提升。"习近平还指出，促进非公有制经济健康发展和非公有制经济人士健康成长，要坚持团结、服务、引导、教育的方针，一手抓鼓励支持，一手抓教育引导，关注他们的思想，关注他们的困难，有针对性地进行帮助引导，引导非公有制经济人士特别是年轻一代致富思源、富而思进，做到爱国、敬业、创新、守法、诚信、贡献。[①] 要学习贯彻落实好中共中央、国务院出台的文件精神，帮助非公企业突破发展、营销、研发、人力资源管理等瓶颈的同时，引导企业从业人员遵纪守法办企业、光明正大搞经营，使他们自觉成为亲清政商关系的建设者、践行者。

（九）建立阳光化、机制化政企对话渠道

构建"亲""清"新型政商关系，必须推动政商两者良性互动、理性合作、协同发展。政商沟通要淡化个人色彩组织化，将非正式的松散政商人际关系交往转化为集体的、正式的、有固定渠道的沟通渠道，逐步建立一套为各利益群体共同认可并遵守的理性协商或博弈机制，通过召开企业家和政府部门联席会议，举办政企对话会，开展民营企业评议党政部门等活动，推动政商交往程序化、机制化，从根本上化解传统的、特殊化的政商纽结。

（十）建立"菜单式"服务企业机制

通过落实扶企政策、畅通企业反映问题渠道、建立问题分类转办机制、搭建短信服务平台、促进各类产品销售、提高技术创新能力、提供企业融资支持、加

---

① 陕西社会主义学院教研室课题组.积极构建新型政商关系，促进非公有制经济健康发展和非公有制经济人士健康成长[J].陕西社会主义学院学报，2018（3）：31.

强企业用工保障、优化企业发展环境等措施，发挥服务功能。

（十一）加强反商业贿赂法制建设

构建新型政商关系涉及两大主体，在加强对党政机关和党政干部监督约束的同时，加强对企业和企业从业人员的监督约束也尤为重要，只有两条腿走路，两手都要硬，新型政商关系才能在两股力量的同时作用下尽快形成。目前，我国对党政机关和党政干部的监督约束日益规范并不断加强，而对企业和企业从业人员的监督约束却显不足，这严重影响到新型政商关系的构建。而导致权钱交易、政商关系不清的一个重要方面就是行贿。我国现行反行贿的有关法律和行政法规，对贿赂的震慑力和执行力还不够强。应尽快制定我国统一的《反贿赂法》，充分揭示贿赂政府官员、谋取不正当利益的法律风险，引导商界通过正当合法的渠道和法律程序克服、消除在与政府互动中可能发生的各种违法违规问题。

（十二）试点创设"亲清指数"

"亲清指数"的设立可以以营商环境评价体系和营商环境第三方评价工作为基础，创设政商交往"正面清单"和"负面清单"，评估政府、企业和党政干部、企业人员"亲""清"度。对有行贿记录或以不廉洁行为搞不正当竞争的企业和企业人员实行黑名单制，在市场准入、税收征免等方面进行限制，对廉洁记录良好的予以表彰鼓励扶持，教育引导企业家把守法诚信作为安身立命之本。

（十三）发挥好工商联的桥梁和纽带作用

工商联是党领导的以非公有制企业和非公有制经济人士为主体的，具有统战性、经济性、民间性有机统一基本特征的人民团体和商会组织，是党和政府联系非公有制经济人士的桥梁纽带，是政府管理和服务非公有制经济的助手。工商联要密切同非公有制经济人士的联系，深入了解他们的意愿和要求，确实履行好政治协商、民主监督、参政议政的职能，推动非公经济有关方针政策、法律法规的制定和贯彻执行。

留学归国人员统战工作研究①

中国医学科学院肿瘤医院课题组②

一、研究现状及意义

习近平总书记指出，留学人员是人才队伍的重要组成部分，也是统战工作新的着力点。这是党中央对留学人员统战工作的新思想、新要求，对于进一步做好留学人员统战工作具有重要意义。

在《中国共产党统一战线工作条例（试行）》中也对留学人员统战工作提出了明确的要求，但如何广泛团结留学归国人员，精准、定向做好服务，积极引导、发挥他们的作用是值得认真研究并重点解决的问题。本课题组针对调研中留学归国人员反映的诸多问题，并与心理健康及意识形态相结合，分析研究后提出一些相应的对策，对于做好留学归国人员的统战工作具有一定的指导意义。

（一）留学归国人员群体规模庞大，增速明显，已成为实现中华民族伟大复兴的一支有生力量

改革开放以来，我国人才发展环境进一步优化，赤子计划、千人计划、万人计划等人才计划有力地促进高端人才引进和培养，据人力资源和社会保障部数

---

① 本文为北京社会主义学院（北京统战理论研究基地）2018年招标课题，立项编号：BJSY18105。

② 课题负责人：侯惠荣（民建中央委员、民建北京市朝阳区委副主委、中国医学科学院肿瘤医院卫生管理研究员）。课题组成员：李瀚宇（中国纺织科学研究院研究员、博士）、孙莲英（北京联合大学教授、博士）、刘峰［中护航（北京）信息科技有限公司董事长］、郑福双［新奥特（北京）视频技术有限公司董事长］、杨思洋［丰田汽车金融（中国）有限公司市场部及战略创新部副总监］、孔群（中国医学科学院肿瘤医院统战部部长、副研究员）、周彩虹（中国医学科学院肿瘤医院党委办公室副主任、研究员）。

据，2017年度我国各类出国留学人员总数达60.84万人，各类留学回国人员总数达48.09万人。改革开放至2017年年底，我国累计已有519.49万人出国留学，其中374.08万人已完成学业，313.2万人选择在完成学业后回国发展，占已完成学业群体的83.73%。中共十八大以来，已有累计231.36万人学成归国，《中国留学回国就业蓝皮书2015》中指出80.70%的留学回国就业人员具有硕士研究生学历，9.49%为博士研究生学历，9.81%具有本科和专科学历。总之，我们可以看到，海归群体规模庞大，增速明显，积极推动我国同其他国家各领域交流合作，为推动我国经济社会发展做出了重要贡献，成为实现中华民族伟大复兴的一支有生力量。作为科技创新的开拓者，留学人员在实施科教兴国战略中发挥着重要作用。目前，8个民主党派中央主席中7人有海外留学或访学经历。此外，还有一大批留学人员成为各级人大代表、政协委员和各领域代表人士，在促进党和政府科学民主决策方面发挥着重要作用。

（二）多年来针对留学人员特别是高校留学归国人员的研究较多

广大留学回国人员积极投身改革开放和社会主义现代化建设，积极推动我国同其他国家各领域交流合作，为推动我国经济社会发展做出了重要贡献。与此同时，留学人员回国发展过程中遭遇的阻力与困难也呈现在我们面前，如国家提供的留学人员相关优惠政策"享受难"，优秀的、完整的科研创新团队"组建难"，国内社会现状、具体产业现状"融入难"等一系列问题。如何解决这些问题，为广大留学回国人员提供一个不断创新创业的平台是统战工作面临的问题。

多年来学术界及各级统战部门对留学人员的统战工作进行了广泛的研究，尤其针对高校留学归国人员的研究比较多。知网中关于留学归国人员统战工作研究的文献中，2001—2018年共有相关文献395篇，主要集中在留学归国人员现状和问题的分析研究、管理创新，统战机制的研究，等等。从课题的研究现状来看，部分学者试图通过留学归国人员的社会适应度、满意度调查来进行对策研究，以期解决如何更好地发挥他们的作用，而结合思想引导和心理引导的相关研究成果较少。本课题组已有大量的前期积累，通过调查问卷、现场实证调研、大数据分析等多种形式开展，重点了解留学人学的现状及特点，以及价值取向、利益诉求、心理状况、参政渠道、需要改善的方面和途径等。

二、课题研究目的、方法和内容

（一）研究目的

了解留学归国人员社会现状，深入了解他们的思想状况和利益诉求，在大统战格局中找准留学归国人员人才培养工作与统战工作的连接点，完善留学归国人员人才培养管理的统战工作引导机制，搭建综合平台，形成工作抓手，创新人才机制，培养留学归国人员人才中的优秀骨干，发挥他们的热情和积极性，并带动一些犹豫者、观望者、懈怠者成为参与者和创造者，形成一种留学归国的良性循环，为我国的各项事业发展竭忠尽智。

（二）研究方法

1. 文献研究法

本课题研究紧扣主题，围绕留学归国人员统战工作等相关内容进行检索，设计调查问卷，对与留学相关人员所关注的社会问题进行数据分析，为半结构化访谈提纲设计提供重要理论支持。

2. 半结构化访谈法

本研究访谈设计围绕留学归国人员的基本情况及思想意识形态两个层次的问题开展，在访谈过程中及时修改自己的访谈纲要及修订访谈人群，以便能更好地获取信息并纠偏。

3. 大数据分析研究法

通过电子和纸质调查问卷、现场调研、大数据分析等形式做了大量工作，调查回收的有效问卷2902份，研究中采用了聚类方法对样本进行聚类、分析，采用贝叶斯法进行留学归国人员的主导因素分析，为探讨解决问题的政策建议提供支撑。

（三）研究内容

本次调研网上有效问卷2902份，历时4个月，共涉及留学人员、留学归国人员、留学归国人员直系亲属3个维度，33个指标，同时组织20多场现场调研会，通过定性到定量的方法揭示留学归国人员的问题。

1. 基本情况分析

本课题主要从三个层面设计问卷，即从基本信息、社会因素、意识形态方面进行调研分析。调查数据显示如下。

（1）性别分布。本次调查对象男性占49%，女性占51%。

（2）户籍分布。本次调研主要设置了北京市、外埠、外籍三个选项，北京稳居首位，同样也反映了出生于北京的留学归国人员居多，占56%，外埠占37%，外籍占7%。

（3）年龄分布。数据分析结果表明：留学归国人员的年龄相对集中，在25—45岁之间，说明留学归国人员具有较好的年龄优势。其中，25岁及以下占6%，26—35岁占48%，36—45岁占29%。数据分析表明在留学归国人员中本科毕业出国人员占多数，这个阶段也是世界观、人生观和价值观形成的特殊时期。

（4）学历情况。关于留学归国人员出国前所处的教育阶段分布情况，其中本科学历出国者比例最高，占比为45%，其次是高中和硕士研究生阶段，占比均为19%，博士研究生占比15%，初中以下占比2%。通常，高中阶段学生的年龄是15—18岁，大学阶段是18—22岁，这两个阶段是一个人的世界观、人生观和价值观形成的特殊时期，深刻影响着他们的人生价值取向。

研究过程中，我们针对回国人员的学历分布与出国时分布情况做的对比分析表明：出国留学人员在国外期间具有明显的学历提升，只有1%的初中及以下人员不能达到本科学历水平。

（5）婚姻状况。调查数据显示，留学归国人员中已婚占比61%，未婚占比34%，其他（包括离异、丧偶等）占比5%。在未婚人员中，25岁以下者占16%，26—35岁占71%，36—45岁占10%，46岁以上未婚占比3%。

由前面分析可知，高中和大学本科两个阶段是出国留学人数最多的，他们多年来在国外学习、生活，所形成的朋友圈在国外，如果回国，需要时间建立、融入新的朋友圈。

（6）政治面貌。留学归国人员政治面貌分析表明：中共党员占27%，民主党派人士占19%，群众占38%。现场调研发现群众中有90%以上都有政治诉求，但不了解相关渠道。73%的非中共党员的比例，说明对于统战部门来说，发现并培养具有代表性的留学回国人员积极发挥作用还有较大的空间。

（7）海外生活情况。调查对象在海外累计生活时长不等，7年以上占16.4%，5—6年占15.6%，3—4年占22.6%，1—2年占37.8%，1年以下短期出国只占7.7%。海外生活时间与学历情况关联分析表明：在总体趋势上，时间和学历趋势基本一致，多数人集中在大学毕业到国外就读硕士学位。这与留学生学历教育的周期有关，如美国硕士研究生学习周期一般为2年，英国硕士研究生学习周期一般为1年。

研究发现，如果一个人长期在异域文化中生活、学习，其文化身份的自我认同就会受影响。这种跨文化身份大大增加了留学生爱国主义教育的难度。

2. 社会环境分析

（1）留学情况。留学的国家主要集中在欧洲和北美洲。留学的专业主要分布在管理学（19.26%）和经济学（19.16%），医药学占比15.08%，工学占比12.08%，哲学、历史、农学最少，占比小于1%。

（2）供职单位、职务分析。留学归国人员目前供职的单位：私营企业占比22.51%，国有企业及事业单位占比22.20%，医疗机构占比12.81%，高校/科研机构占比12.81%，其他占比9.63%，无业占比7.24%，机关单位占比2.51%。

目前承担职务的情况：普通员工占比43.87%，中层管理人员占比26.98%，高层管理人员占比11.08%，归国创业者占比10.08%，其他占比7.99%。

（3）社会融入度分析。针对留学归国人员在海外期间的社会融入度分析发现，19.8%的人员完全适应，46.5%的人员比较适应，30.15%基本适应，仅有3.36%的人员不能适应国外生活。

目前工作及生活环境的融入情况，80.42%的人员都能适应国内的生活，其中39.46%完全适应，40.96%的人员比较适应，15.06%基本适应，只有4.51%的人员不能适应国内的生活。对比分析发现：不能适应海外生活的人同样不能适应国内的生活，大多数人回国后适应度明显降低。

社会融入度的问题与个体的心理健康问题紧密相关，这就要求我们在做统战工作时充分考虑到这一点。在工作、生活等多方面给予这部分人员更多的关心和帮助，使他们尽快融入社会生活，实现人生价值。

（4）目前所面临的问题。留学归国人员目前面临的主要问题：最突出的就是住房问题，占 18.08%；其次是收入分配（15.3%）、养老（14.85%）、就业发展（14.75%）、医疗（14.09%）、教育公平性（12.58%）等问题，婚恋家庭问题考虑的不多，只占 7.5%。

通过前面的分析可知：留学归国人员中 26—35 岁的人员占 48%，36—45 岁的人员占 29%；普通员工占 43.87%，中层管理人员占 26.98%。这部分人员无论从年龄还是从工作岗位来说，都面临着工作、生活的双重压力。因此，住房、收入、养老、就业、医疗、教育与个人发展、生活幸福程度等方面的问题仍然是他们当前面临的最主要问题。

三、意识形态方面的问题

（一）西方文化的认同程度

研究发现，对西方文化的认同程度与出国时的年龄具有密切的关联关系。改革开放以来，人们生活的各个领域都不同程度地受到外来文化的影响。圣诞节、情人节、感恩节、万圣节等不属于我们国家的节日也在逐渐深入我们的生活。调查显示：21.57% 的人员认为情人节和圣诞节比中国的端午节和中秋节都重要很多。这与出国时的高中及以下学历比例（20.28%）相当。由此也可以看到文化对个体思想意识的影响力。

（二）回国原因分析

回国的主要原因是国内的经济形势及政治环境对个人发展有利。本次研究中针对现在有一种"越留学越爱国"的说法进行了调研，试图了解留学归国人员回国的原因。调研发现：30% 的人认为祖国是坚强的后盾，20% 的人认为中国经济发展的优势对个人发展有利，13% 的人久居他乡对祖国思念，9% 的人很难融入国外主流社会。距离产生美、国外反华现象的刺激等因素影响较小。

改革开放 40 年，我们国家越来越强大，国内的发展环境和机遇为广大留学归国人员创新、创业提供了一个广阔的平台和发展空间。同时，一些国家的工作签证和移民门槛提高，也加速了"海归潮"的形成。

（三）新媒体所引发的新的意识形态风险

1. 日常生活信息来源渠道

网络和微信朋友圈成为人们日常生活中信息交流的主要形式。随着互联网和新媒体技术的发展，人们的生活方式发生了巨大的变化，信息获取和传播手段也起了很大的变化。调查发现日常生活中了解所关注问题的渠道主要有：网络占37.24%，微信朋友圈占25.62%，看电视、听广播占19.62%，读书看报占9.08%，单位传达占4.41%，手机短信占3.92%。但是，非主流文化在网络上盛行以及西方思潮通过网络渗透，对年轻留学生价值观的养成是一种挑战。

2. 新媒体下针对热点问题的态度

对于网络热点问题，大多数留学归国人员会发表意见并转发。调查数据表明：针对网络热点问题，51.75%的人员会转发，其中有些人会附上相关的评论。还有38.26%的人员只看不转发，但现场调研中了解到他们是对与自己没有任何关系的不会转发，若与切身利益相关就极有可能转发，仅有9.65%的人员不会去转发。

3. 日常生活关注问题目的性和目标性明显

调研发现：留学归国人员日常关注时政新闻类占28.31%，社会政策类占22.18%，与自身职业、专业有关的网络热点问题占20.12%，热点社会新闻、司法案件占16.61%，文体娱乐类占12.50%，从总体上讲，无论是时政新闻还是社会政策，都与自身发展有关，同时表明了政策引导是解决留学归国人员问题的主要手段。

4. 政治诉求情况分析

（1）表达政治诉求的方式。综合分析发现：84.99%的留学归国人员会主动采取个人认为合适的方式发表自己的意见，只是采取的形式是否合适需要加强引导（图1）。

（2）引导性工作情况。针对调查对象的研究发现：留学归国人员参加各种教育活动，有助于他们更好地理解国家相关政策、法律、法规，有助于培养爱国热情。参加社会主义核心价值观教育宣传活动、中国特色社会主义理论宣传普及活动，以及社会公德、职业道德、家庭美德、个人品德教育活动比例相当，如图2所示。这也与是否了解十九大精神的调研情况相符合，如图3和图4所示。

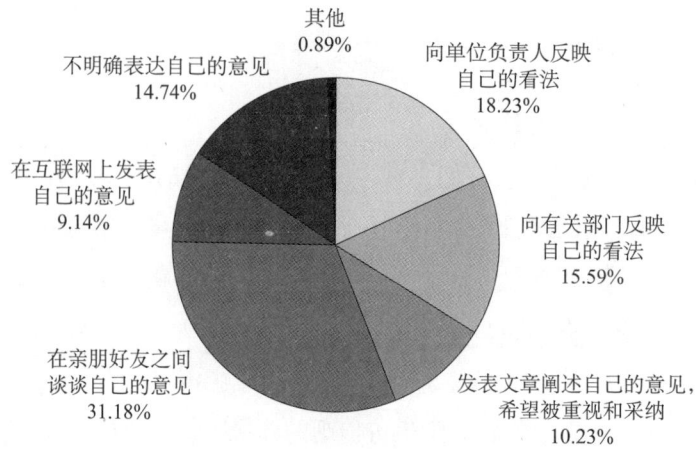

图 1　留学归国人员表达政治诉求的方式

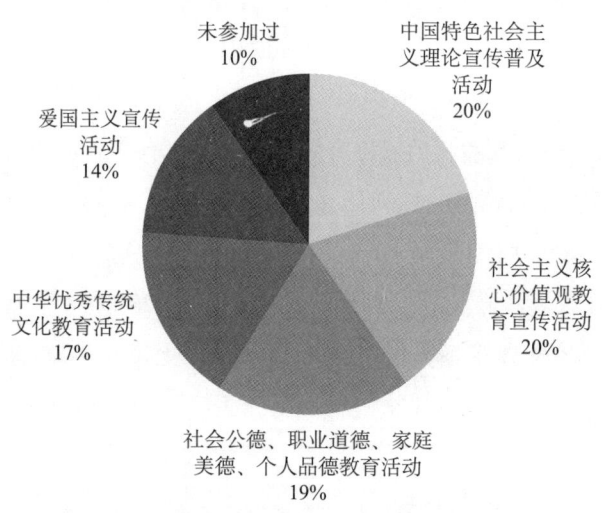

图 2　留学归国人员参加教育活动情况

（3）参政议政的思想意识。调查数据表明：留学归国人员中 90% 以上的人员想加入各类党派。其中，24% 的人认为可以得到更多参政议政机会，为社会做出更大贡献，也有 13% 的人认为可以在升迁和提拔上走捷径，有功利心。

（4）统战工作情况。参加教育活动的方式主要以自主参加为主，占 57.77%，单位组织占 33.62%。留学归国人员自主性较强，他们在进入新的单位或组织后，会利用各种媒介，积极主动地搜集信息，有意识地学习、熟悉工作环境中的沟通习惯、工作方式、人际交往模式等，并在这一过程和组织中产生互动，建立起对

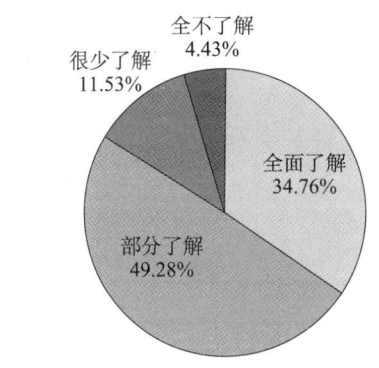

图3 留学归国人员了解十九大精神情况

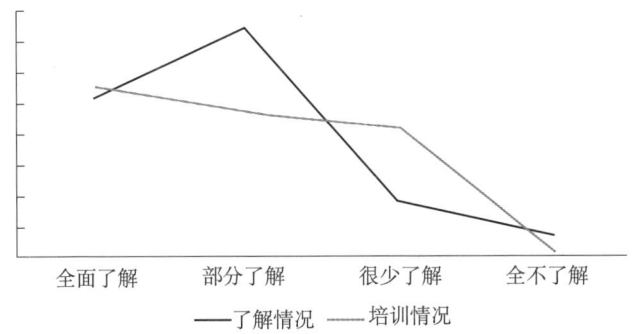

图4 留学归国人员培训情况和对十九大报告的了解情况对比分析

于组织的依赖与情感。这一特点为我们统战工作的开展提供了良好的前提与管理的基础。

①调研数据表明：50%以上的人对统战不太了解，33.63%的人基本了解统战工作。除本职工作外，他们不知道通过何种方式去为国家的发展尽一份力量；通常会没有归属感。

②对于统战部门支持留学归国人员发挥作用的办法，28.87%的人希望统战部门能反映留学归国人员的意见建议，完善有关政策；27.74%的人希望搭建更多议政建言的平台；21.65%的人希望组织参与社会服务活动；21.02%的人希望帮助协调解决工作生活中的具体困难。

③加强留学归国人员思想政治工作的有效方法：帮助解决实际困难进行引导占24.27%，组织参与社会公益性活动占22.36%，各级组织和个人定期学习和深入交流占21.87%，开展国情、民情考察调研占19.70%，赴革命传统教育基地参

观学习占 11.19%。这也就意味着统战部门要多角度、全方面地开展工作。

四、留学归国人员存在问题的集中表现

本次研究主要针对留学归国人员的基本情况、存在的问题、社会环境和意识形态等多方面进行调研分析。通过调研发现，研究对象由于职业发展、经济收益、权益保障，以及学历、收入、受到的教育等方面的差异，所带来的问题表现不同。

（一）政治归属感和认同感差异较大

对于留学归国人员来说，由于文化素质相对较高，希望在政治协商、民主监督、参政议政、社会服务等方面贡献自己的力量。但一些成员只希望以"参与"而非"参政"的形式来表达他们的利益诉求，这与当前国家和社会发展的主流价值主张与价值观存在差异，或者说是缺少共同价值认同。

（二）自主意识强，个人的价值体现期望较高

近年来，随着我国社会经济的发展，多数留学人员归国主要原因是国内的经济形势及政治环境对个人发展有利，少数人员对中国特色社会主义缺乏认识、缺乏信心，对民主政治的参与度不高。他们与当前国家和社会发展的主流价值主张与价值观存在差异，或者说是缺少共同价值认同。

（三）学历水平高、技术能力强、心理诉求高、社会风险高

留学归国人员拥有高学历、掌握新技术，精通各类信息交流手段，拥有国内外各类生活与工作圈，影响力较大。他们在工作和创业过程中多处于"体制外"，在感受到不平等，或者没有达到他们理想的目标时，他们会将所拥有的物质及精神资源，如财富、收入、权力及受尊重、威望、被接纳等感知与传统阶层进行比较，由此产生不公平感、剥夺感、受挫感和危机感，并引发广泛的社会焦虑。而这种焦虑会通过新媒体技术广泛传播，是导致各种矛盾冲突发生的重要诱因。同时，部分人缺少有组织的系统培训和教育，表现出淡薄的政治参与意识，远离国

家政治生活，长期的政治边缘化生存状态，使他们产生了明显的政治游离感。此外，传统意识形态的阻碍，对国家政治生活现实的不满加上自卑、逆反的心理，造成目前部分归国人员成为社会不安定因素。

（四）海外留学期间的爱国主义教育存在缺失的现象

近年来，我国海外留学生数量激增，且呈现低龄化趋向。随着国家的强大、国内发展环境和机遇的增多，留学归国人员逐年增多。但通过前面的调查可以看出，缺乏对留学生爱国思想和情怀的主动培育，他们所得到的爱国主义教育与实践微乎其微。

（五）国内科研工作的体制机制仍需完善，科研政策存在不连贯性，科研环境仍需改善

在调查中发现，从事科研工作的留学归国人员普遍谈到以下几个问题。

（1）在科研项目经费和创业资金支持方面，刚回国的留学人员由于不了解国内科研项目申请的政策和申请机制，缺乏必要的科研启动基金和研究条件，科研起步比较困难；并且在后续的科技成果转化过程中，存在后续资金跟不上，融资、贷款渠道不畅通的问题，从而影响、降低了他们研发高科技产品的积极性。

（2）科研体制机制仍不够完善，科技、产业政策配套性不强，科研急功近利的现象仍然存在，这些都消耗着留学人员的创业热情，也在一定程度上导致人才回流。

（3）在科技文献检索方面，我国目前使用较多的百度学术网络同留学人员在海外常用的谷歌学术网络相比还有较大的差距，主要表现在搜索数据量、结果的相关性、搜索效率、引用及作者的个人学术档案等方面，这些差距影响了他们对最新、前沿科技文献的查阅和追踪。

因此，如何从政治上引导、事业上支持、生活上关心这一群体，调动他们参与我国各项事业发展的热情和积极性，是当前统战工作的重要任务。多为留学归国人员"接地气"创造条件，增强服务意识，关心留学归国人员工作、学习、生活，反映愿望诉求，维护合法权益，为留学归国人员广辟用武之地、多开报国之门。采取适合他们特点的方式方法，引导他们深入了解国情，形成开展留学归国

人员工作（包括统战工作）的合力，让留学归国人员深切感受到祖国人民对他们的关怀和重视，激发他们回国创业、振兴祖国的热情，以充分施展自己的才华。

五、做好留学归国人员统战工作的建议

关于留学归国人员统战工作的研究，就是找准问题，找到最为合适的方式方法来达到统战工作的目的和效果。也就是说，要积极团结留学归国人员，发挥他们的主观能动性，使这个群体能够更好地实现自身价值，为祖国建设做出贡献。目前，留学归国人员依靠他们自身的知识和经验，实现了狭义层面的自我价值，然而并没有实现广义的或者说是更高层面的自我价值，这就包含了对国家和社会发展建设的贡献，这是统战研究的着力点。

（一）加强"人才+统战"的留学理论体系研究，形成良性的生态系统

留学归国人员是推动我国经济建设的重要力量。改革开放以来，我国出国留学事业取得空前发展，这是在我国独特的文化传统、基本国情和社会形态状况下演进的，是经历多年的留学实践与探索形成的局面，当然，在留学人才的培养或者说专业领域的分布上存在着被动性。留学工作是一个复杂系统问题，不能单纯依靠"你来我往"，当前我国已进入中国特色社会主义新时期，有必要实现留学工作的主动部署，加强出国留学年龄、专业、国家、全方位护航和相关的文化及产业对接，归国后的培养、支持和平台搭建、发挥潜能等生态系统的理论体系研究，构建开放的留学工作体系建设，既能推动留学工作的开展，也是对中国特色社会主义理论体系中相关问题的探索。

（二）加强留学人员在海外留学期间的爱国主义教育，培养文化自信

留学人员在海外学习期间正是世界观、人生观形成的关键时期，多年在海外求学、生活或工作，难免会被西方文化和意识形态潜移默化地影响渗透。调研发现，少数留学归国人员对中国特色社会主义缺乏认识、缺乏信心，海外留学期间的爱国主义教育存在缺失，接触国内信息的渠道狭窄，存在热爱祖国和疏离祖国的摇摆情绪。因此，要重视海外留学人员的爱国主义教育。建议充分发挥中国驻

外使领馆文化参赞的作用，密切联系海外华人团体、留学生组织，调动一部分具有组织能力的留学生，经常组织中华文化的交流活动，让文化不仅落地，更要走心。创作展现中华文化的优秀作品，如《解读中国》系列节目，通过孔子学院等海外中华文化传播渠道，直接输出到全球各个地方，让中华儿女实时了解中国，同时让他们身边的外国人也能感受到中国文化，当中国文化成为跨越肤色和种族的世界文化时，作为中华民族的一分子，文化自信很自然地就建立起来了。

针对海外留学生的心理特点和实际情况，在他们脱离中国这个文化大环境时，是需要为他们营造文化环境和文化归属感的。开展易于留学生接受的爱国主义教育，保持文化认同甚至文化自信，能源源不断地产出富有中国文化特色的精品文化。

搭建互联互通平台，指导成立统一的中国留学生组织，完善定期联络机制和信息交流平台，使之成为留学生爱国主义教育的民间阵地。开拓海外中华文化传播渠道，将更多展现中华文化的优秀作品向世界各地输出，营造文化环境，展现文化自信。

（三）多纬度、全方位地对留学归国人员开展思想政治引导工作

问卷和现场调研发现有90%以上的人都有政治诉求，73%的人是非中共党员。各级政府相关部门尤其是统战部和民主党派基层组织及学会、协会的党支部，要进一步加强对留学归国人员的思想政治引导，通过开展国情、民情考察调研，定期组织学习和深入交流，赴革命传统教育基地参观学习，组织参与社会公益性活动等各种方式和途径加强对留学归国人员的思想政治教育，引导他们正确认识党的各项路线方针政策和中国特色政党制度，宣传解读党对留学归国人员的各项方针政策，帮助他们解疑释惑，进一步坚定政治方向，夯实建设有中国特色社会主义的共同思想政治基础，引导他们将实现个人价值与促进祖国各项事业的发展、实现中华民族伟大复兴的"中国梦"相结合，进一步增强责任感、使命感和奉献精神。

（四）政策导向公平，社会舆论不能异化

调研数据显示，留学归国人员群体是一支包括专、本、硕、博及访问学者

等各个层次的人才队伍，由于他们所留学国家的教育体系不同，所学专业与国内高校的对应程度不一致，获得学位的要求不同，导致人才的素质参差不齐，与国内千差万别的职位要求存在着差异性。留学归国人员常常把自己放在了高大上的"海归"框架内，形成了"海归＝高端人才＝高收入"的误区，严重误导社会舆论。

政策导向应该公平公正，社会舆论应该倾向公平竞争，让留学归国人员能够在和谐的氛围下充分发挥潜能，为国家进步和发展贡献力量。

（五）重用人才，积极发挥留学归国人员的作用

习近平总书记提出要建立海归人才库，要求归国人员"发挥作用"，积极做好政府的"智囊团"，做好建言献策工作。本次调研数据显示，留学归国人员大多有较强的参政议政愿望。大约50%的留学归国人员会对热点问题进行转发评论，80%的留学人员积极表达自身诉求。留学归国人员中党外人士90%以上愿意加入党派、留联会等组织。因此，建议统战部门一是要加强与留学归国人员的联系和沟通，广泛联系各方面、各阶层、各行业、各领域的留学归国人员，在留学归国人员比较集中的企事业单位和社会团体中建立信息反馈机制，搭建动态的建言献策交流平台，与政府相关部门建立对口联系制度，听取留学归国人员高质量有价值的意见、建议。二是要对那些在参政议政工作中做出杰出贡献的人士进行大力表彰和宣传，通过展示其真实的业绩来带动、激励、鼓舞更多的留学归国人员参与国家各项事业。三是要给党外代表人士特别是优秀留学归国人才搭梯子、压担子，该培养的培养，该重用的重用，从而推动他们在国际、国内发挥更多作用。在广交、深交留学归国人员朋友的基础上，重点培养、造就一支专业造诣深、政治素质好、年富力强、知名度高的归国人员代表人士队伍。

（六）切实改善科研环境，促进我国科技创新事业的不断发展

要多渠道不断引进国内外优秀科研人才，加强科技创新，推动高新技术的研究和应用，攻克关键核心技术，从而推动我国实体经济的发展。建议尽快完善科技体制机制，改善科研环境。

①在科研项目申请和创业资金支持方面，建立协调机制，形成工作合力。增加科研经费的保障途径，简化项目申报程序，建立针对归国留学科技人员的投资

贷款等绿色通道，为科研项目提供资金支持。

②建立健全知识产权保护制度，加大对侵权盗版行为的打击力度，有关部门要各负其责、主动配合，强化知识产权行政执法和司法职能。

③扩大服务范围，由单一服务方式向决策咨询、产业导向、资产管理、产权保护等专业型服务延伸。

④尽快完善、增强我国自己的学术搜索网络。一方面，提高百度学术搜索的数据量、结果的相关性、搜索效率、引用及作者的个人学术档案等方面的水平；另一方面，在"宣传有纪律"的前提下，通过技术手段屏蔽不可行、不必要、不正确的网络文章，适时开发谷歌学术功能，解决科技文献检索方面的问题，及时了解国际前沿技术动态，全面掌握国际最新信息，有助于正确决策。

通过政策的落地和实施，吸引更多的海外科技人才回国发展。一方面，搭建国内科研与国外研究机构的链接，促进国际交流和对外开放，促进我国基础科研水平的提升，推动我国科研事业的发展，解决制约我国发展的关键核心技术，助力实体经济的发展。

课题组认为，在中国共产党领导下，借助各个党派影响力和社会组织的凝聚力，对留学归国人员在思想、爱国主义信念上开展润物细无声的统战工作。让归国留学人员归有所依、归有所成、归有所得，吸引更多高水平留学人员回国工作、为国服务，以最大程度留住人才，发挥留学归国人员的真才实干，努力建设一支矢志爱国奉献、勇于创新创造的优秀人才队伍。

参考文献

[1] 吴飞, 张海芳. 新形势下做好高校留学归国人员统战工作 [J]. 河北联合大学学报（社会科学版），2016.

[2] 侯斌. 海外留学生爱国主义教育需要系统谋划 [J]. 中国德育，2017.

[3] 王克群. 努力推动留学人员统战工作迈上新台阶——学习习近平在中央统战工作会议上的讲话 [J]. 陕西社会主义学院学报，2015.

[4] 赖林冬. 赴美国留学人员统战工作问题研究 [J]. 重庆社会主义学院学报，2016.

[5] 许睢宁. 发挥统战部门优势 做好留学人员工作 [J]. 中国统一战线，2004.

[6] 马明阳, 张伟. 高校中归国留学人员统战工作问题研究 [J]. 辽宁省社会主义学院学报，2012.

［7］侯惠荣，李瀚宇，黄轶.做好新时代新的社会阶层人士工作［N］.团结报，2018-04-04.

［8］苗丹国，管秀兰，杨晓京.改革开放40年出国留学事业的回顾与前瞻［J］.江苏师范大学学报（哲学社会科学版），2018.

［9］习近平在全国组织工作会议上强调 切实贯彻落实新时代党的组织路线 全党努力把党建设得更加坚强有力［J］.北京人大，2018.

社会参与视角下的留学归国人员统战工作研究①

民革北京市委课题组②

统一战线是党的事业取得胜利的重要法宝。党的十九大报告中，习近平总书记强调要巩固和发展爱国统一战线。随着改革开放的不断深入和"一带一路"倡议的稳步推进，我国各类高层次人才出国留学深造、交流访学的队伍日渐庞大。③根据国家有关教育主管部门统计数据显示，近年来我国超过七成的海外留学人员有意愿在学成之后归国为祖国服务。毋庸置疑，我国通过近几十年的发展，已从最大规模的人才流出国，逐渐成为全球规模最大的人才流入国。在2015年中央统战工作会议上，习近平总书记指出"留学人员是统战工作新的着力点"④，并提出了"支持留学、鼓励回国、来去自由、发挥作用"的统战工作思路，对新形势下留学归国人员统战工作具有重大且深远的指导意义。⑤留学归国人员普遍具有年轻化高学历、专业素养深、创新能力强、具有国际视野等诸多优势，如何进一步激发他们的主动性和创造性，积极引导他们利用自身优势为社会

---

① 本文为北京社会主义学院（北京统战理论研究基地）2018年招标课题，立项编号：BJSY18106。

② 课题负责人：张俊峰（民革党员、北京大学第一医院丰台医院教授、主任医师、博士）。课题组成员：褚玉梅（民革北京市委专职副主委、经济师），李杉杉（中国地质大学博士研究生在读），许晓亮（教育部留学服务中心国际合作处项目主任），张智新（首都经济贸易大学副教授、博士）。

③ 康晓丽. "大统战观"视域下港澳台侨统战工作问题研究：以美国留学生为例［J］. 福建省社会主义学院学报，2017（1）：99—107.

④ 李晓东. 高层次青年归国留学人员统战工作研究［J］. 辽宁省社会主义学院学报，2018（2）：26—33.

⑤ 李阳，薛文云. 高校归国留学人员思想现状及统战工作路径［J］. 淮北职业技术学院学报，2017（4）：9—10，54.

发展服务,是当前统战工作面临的重要任务。①

所谓社会参与视角下留学归国人员统战工作研究,主要是对统战部门指导留学归国人员参与社会工作进行研究。社会参与是指主体对社会工作的全面参与,如在政治生活、社会管理、公共服务、参政议政等方面的参与,以及对活动的关心、了解与行为投入,统战部门需要对其进行充分的引导和适当的指导。在对留学归国人员的统战工作中,目前各基层党政单位及社会部门对这项工作认识不够、参与不足,并没有发挥各自的作用。

目前,针对留学归国人员统战工作的研究成果已屡见不鲜,留学归国人员普遍存在着政策保障缺位、价值观念冲突、期待值有落差等问题,统战工作的研究虽具有一定的普遍性,但也存在一些特殊性,然而长期以来的研究并未考虑地域因素的差异。因此,本研究从社会参与的角度,将留学归国人员的社会参与问题与北京城市功能定位的特殊性背景相结合,针对北京市的具体情况进行研究,提出相关意见、建议,为加强北京市留学归国人员统战工作奠定基础,为北京打造国际一流的和谐宜居之都提供人才支撑。

一、新形势下留学归国人员现状

(一)新形势下留学归国人员结构变化

1.留学归国人员人数逐年增加

1978年年底,我国派出了第一批赴美留学生共计52人,开启了中国留学史的新时代。②在此后十年中,我国每年向海外公派留学生3000名。随着改革开放的不断深入,国家逐渐取消对出国留学人员的限制,涌现出留学热潮。同时,教育部制定一系列激励机制鼓励学生出国深造。据统计,2007年我国出国留学人员总数高达14万人,比1978年增长了近168倍。此后,我国出国留学生人数逐年增加,2015年我国出国留学生人数达到52.37万人,比2014年同期增加了

---

① 吴飞,张海芳.新形势下做好高校留学归国人员统战工作[J].河北联合大学学报(社会科学版),2016(3):75—78.

② 张俊,莫岳云.论新中国成立以来我国留学归国政策的历史演进[J].党史研究与教学,2018(5):60—69.

6.39万人，其增长率达13.9%。与此同时，留学回国人员的比例也呈现逐年上升的趋势。相关数据显示，自1978年至2015年，出国留学回国人数由248人增至40.91万人，年平均增长率高达22.46%。①

2. 留学归国人员顶尖人才聚集

目前，留学归国人员聚集了一批顶尖人才。其主要原因包括两方面：一是由于我国有近85%的出国留学人员选择去往西方发达国家，这里为学生提供了良好的学习环境和顶尖的科研平台；二是由于出国留学生在国外学习时间充裕，一般两到三年，多者四到六年，为留学生长期进行科学研究或提升科学技能提供保证，同时也为自身素质的提高打下坚实的基础。因此，归国留学生具有更加开阔的视野、活跃的思维、较高的外语水平和很强的适应能力，并且留学生对国际化操作比较熟悉，在自主思考和创新上更具优势。据统计，我国57%的海归创业企业都属于高新技术行业，其中有44%的企业拥有自主知识产权。以2011届出国攻读硕士研究生的学生为例，毕业后海归自主创业的比例约是国内同期毕业生的3.3倍。②

3. 留学归国人员趋于高学历、年轻化

据资料显示：在留学归国人员当中，有超过八成的人具有硕士及以上学位，其中9%具有博士学位。同时，留学归国人员的专业也更加多样化，根据2014年的统计，我国留学生出国学习选择的专业包括工商管理（22.19%）、工程技术（15.66%）、数学与计算机科学（8.57%）、社会科学（8.04%）、医学（7.62%）、生命科学（6.66%）、艺术与应用艺术（5.66%）等多个领域。留学归国人员的年龄在30—40岁之间的占到60%—70%，其中30岁以下的留学归国人员比例也比过去提升了15个百分点。并且很多留学人员都有在发达国家高等院校、科研机构和顶尖企业工作的经历。③

---

① 赵君章，葛金.关于加强留学归国人才队伍建设解决河北人才需求的建议[J].河北企业，2016（8）：120—121.

② 师洪文.关于加强留学人员统战工作的探析[J].四川省社会主义学院学报，2017（1）：30—33.

③ 李晓东.高层次青年归国留学人员统战工作研究[J].辽宁省社会主义学院学报，2018（2）：26—33.

4. 高层次留学人才回流率低

尽管我国留学归国人员的人数逐年递增,但当前我国留学归国人员的主体主要是已具有硕士学位和仍在海外攻读硕士学位的学生。根据 2016 年的统计,留学回国人员中获得硕士学位的人员占 81.45%,但获得博士学位的人员所占比例仍然很低。对 4000 多名留学归国人员抽样调查显示,博士学历人员占比 11.9%,硕士学历人员占 88.1%。① 另外,对归国留学生的就业情况调查结果表明,留学归国人员中硕士学历人员主要选择进入企业工作,而博士学历人员主要进入高等院校或国家事业单位工作。随着我国综合国力的不断攀升,国内的发展环境得到逐步改善,留学归国人员的人数剧增,但拥有博士学位且已在海外有一定学术影响力的高层次人才的回流率仍有很大的提升空间。

(二)留学归国人员在社会发展中的地位作用

在 2015 年中央统战工作会议上,习近平同志明确指出,留学人员是我国新时期统战工作的着力点,留学归国人员的统战工作怎么做,能不能做好,都与党和国家的路线、方针、政策是否落到实处直接相关,同时也关系着我国文化精神和经济建设的传承与发展。

1. 留学人员归国创业,对于我国经济发展具有非凡意义

近年来,由于我国经济水平不断提高,减弱了对劳动力的吸纳力度,所以党的十七大报告提出,要"实施扩大就业的发展战略,促进以创业带动就业"。考虑到通过创业不仅能解决一定的就业问题,还能够培养出更多、更好的创业主体,这也正是留学归国人才发挥才能的平台。许多留学生出国后眼界开阔了许多,在国外的生活经历导致其充分了解了国外生活的现状,可以客观地看待周围的环境,从而激起他们的爱国热情。留学归国人员具有海外生活经历,因而国际视野和创新视野得到了拓展,他们的创新能力很强、海外资源丰富,是全民创业的领军人物。

2. 留学归国人员也是科技创新的领军人物,前沿科技的引领者

正如习近平主席在中国科协第九次全国代表大会上提出的:建设世界科技强

---

① 北京高校归国留学人员研究课题组.北京高校归国留学人员有关情况调查分析报告[J].北京教育(高教),2017(12):59—61.

国，人才是关键。通过对留学归国人员进行走访发现，这部分人群爱国热情都很高涨，这些爱国热情在回国后，会在一段时间内充分释放，一方面会投入对祖国的建设之中，同样也会有一方面在社会服务中寻求释放途径。[①] 在新中国大国崛起的过程中，科研攻关与技术突破大多依靠留学归国人员这一群体，如果有他们的加入，就能让科技进一步为发展助力。

3. 留学归国人才是教育事业的股肱之臣

高等院校是高级人才培养基地，是留学归国人员倾向选择的。留学生由于受不同环境的影响，因此思想普遍多元化。作为承担着为祖国建设输送人才的高校，"兼容并包，思想自由"，从为往圣继绝学，到文化形态的创新，从人才的培养，到学术的创新，高校会因为高层次留学归国人员的加入而更加辉煌。

4. 留学归国人员受多元化思想影响，迸发出大量的爱国情怀

留学生在出国后，东西方文化、政治体制、生活元素等多方面存在差异，年轻的留学生们深处国外的环境，由于受到不同环境的影响，从而使得他们的思想普遍多元化。[②] 许多留学生出国后眼界开阔了许多，在国外的生活经历使他们充分了解了国外生活的现状，可以客观地看待周围的环境，从而激起他们的爱国热情。

二、现阶段工作存在的主要问题

（一）缺乏对留学归国人员社会参与的引导，使之无法全面地参与社会工作

做好留学归国人员统战工作，使其能更加积极主动地投入社会工作中，增强其社会参与感，可以提升社会公共福祉。课题组调研发现，很多社会工作中并没有专门针对留学归国人员参与的途径。

例如，北京市民政局此前发布数据显示：全市 3177 个城市社区全部建立议事厅，已经实现城市社区议事厅全覆盖，逐步打通"民声"的最后一公里，实现

---

① 刘芳彬. 港澳台和海外统战工作的新思维——深入学习中央统战工作会议精神 [J]. 广西社会主义学院学报，2016，27（1）：21—24.

② 王亚杰. 抓好新时期统战工作 促进学校科学发展 [J]. 北京教育（高教），2016（4）：57.

以民为本、集中民智、汇聚民力、维护民利、凝聚民心。2019年春节前夕，习近平总书记走进了草厂社区的小院议事厅，正好赶上社区召开"街区更新与院落提升改造居民恳谈会"。当天的议题是"街区更新与院落提升改造"，讨论居民提出的"院内杂物如何清理"和"厨房、储物、卫浴功能如何更加齐全"等问题。为了提高解决问题的效率，前门街道"吹哨"，同时邀请到了区商务委、规土分局、街区责任规划师、项目实施主体天街集团相关部门负责人，以及社区书记、小巷管家、社区专员共同参加会议。

通过调研发现，此类议政厅就建立在居民身边，而参与其中进行讨论的城市居民鲜有留学归国人员，或是因为留学归国人员不知道议政厅的事，或是因为工作、时间调整不开。而社区等单位也没有主动邀请过社区内的留学归国人员参加，更加没有考虑到居民的结构，调整过议政厅议政的时间。

类似的事情在基层十分普遍。从基层民主到公共服务，从基层建设到参政议政，并没有把留学归国人员单独作为一个特殊的智力群体所使用。街道办事处和社区的工作人员反映，在基层，并不掌握留学归国人员的基础信息。基层只对身处境外的侨眷有所统计，但对留学归国人员并不掌握其具体信息，这也就造成基层无法直接联络辖区内的留学归国人员，更无法把留学归国人员的优势完全发挥出来。

通过对留学归国人员的抽样调查发现，他们拥有境外生活经历、所学知识，以及浓烈的爱国热情，很希望为祖国、为身边的社区做出自己的贡献。例如，某澳大利亚留学归国人员，出国前曾在街道办事处的社区服务中心工作，每天从事为社区居民的公共服务工作。后来出于个人意愿，出国深造。归国后想将三年的国外生活学习经验和所学知识分享给街道和社区，将所学知识用于化解之前在社区工作时遇到的社会矛盾，继续参与到社会工作之中。但是，街道告知其参与社会工作的途径只有做治安志愿者之类的工作，如果想参与具体工作，或者重新考取公务员，或者考社工到居委会工作。而该留学归国人员的意愿只是分享经验和力所能及地提供社会管理的智力支持。街道提供的社会参与途径与其意愿大相径庭。最后，只得将其所学所想及建议形成文字材料，由地区人大代表带到区人大会议上，之后便失去了对社会参与的积极性。

通过大量的走访、调研、座谈，发现基层单位有对留学归国人员的使用需求,在社会建设、公共服务、志愿服务、知情议政等方面,都需要留学归国人员为其提供智力支持。同时,留学归国人员也有较强的社会参与意愿,只是由于信息不对称,缺少统战部门的牵线和沟通。留学归国人员自身抱有很大的热情,而这个热情却无法发挥作用,这其中缺乏统战部门的合理引导,统战部门应在留学归国人员的社会参与中做好居中指挥的角色。

（二）基层组织和部门缺乏统战意识,留学归国人员对基层组织的需要没有得到很好的呼应

基层统战意识薄弱,缺乏必要的顶层设计和相应的制度建设。调研发现,留学归国人员在回国后最先接触的是基层组织,同时也居住、生活在基层社区里,基层党组织有义务做好留学归国人员的统战工作。当留学归国人员出现生活上的困难时,首先应该接触的就是基层党组织和基层单位。基层党组织作为直接接触归国留学生的单位,留学归国人员统战工作还存在一些空白点。

1.留学归国人员基层统战工作缺乏顶层设计和制度建设

基层整体统战意识薄弱,对其管理缺乏在整体上的顶层设计、制度建设等,也没有切实可行的管理措施和办法,从而形成了管理空白。[1]对于以留学归国人员为对象的统战群体特征、特殊性等缺乏理论研究,面向留学归国人员的统战工作比较松散,缺乏系统性和实践效果,从而导致基层党委和最基层党组织对于统一战线工作的认识模糊,使得统战工作在基层缺位。由于中央缺乏对基层的绩效定制与考核指标,缺乏对基层工作的指导,而各级统战部门又对基层缺乏统一的要求和考核,进一步导致基层对于统战工作的疏忽,同时基层没有建立整体的留学归国人员服务体系和统战体系,工作没有抓手。在面对统战工作中针对留学归国人员的统战工作时,基层党组织没有形成明确的责任体系,对于工作到底该怎么做,并没有一个明确的考核指标。

2.基层领导统战工作意识不强,对国家相关制度、政策缺乏了解

客观地讲,就留学归国人员这项统战工作而言,基层开展的工作还有很多不足。许多基层党组织的一把手,对统战工作完全不熟悉,从根本上缺乏统战意

---

[1] 张晓黎,钟棉棉.推动统战工作重心下移 构建大统战工作格局[J].北京教育(高教),2018(Z1):117—119.

识；大部分基层干部和工作人员，缺乏对统战工作重要性的客观认识，以及对统战对象和统战工作的了解，造成统战工作在基层基本不能自觉开展。有些统战对象集中的区域，统战资源投放得也就充足，而更多的统战任务不重的区域，基层根本不关注统战对象，加之基层单位工作琐碎繁重，它们更多关注基层组织建设和生活管理等工作，缺乏统战方面的工作意识。

3. 由于缺少与有关单位的沟通途径，导致基层对区域内留学归国人员的分布、基本情况和所需服务没有掌握

近年来，随着出国留学的热潮不断升温，留学生规模不断增大，留学人员所赴求学的国家也各不相同。不但所赴国家的情况不一样，而且每个归国人员的实际情况也各不相同，由基层单位自觉掌握存在很大的困难，同时还存在由统战对象分散性和流动性所造成的统战障碍。教育国际化程度的不断加深，留学归国人员的教育程度也在不断提高，基层工作人员在与其交流时，也时常遇到困难。有些留学生长期生活在国外，已经完全适应国外的生活环境，回国后对于国内的环境显得比较陌生，往往需要指导性服务。有些国家的公共服务体系十分发达，志愿者、社区工作者群体建设比较完善，而国内有些地方建设才刚刚起步，有些留学归国人员所需的服务不但无法提供，连需求登记平台也没有，这导致日后在完善公共服务体系时，还需要重新做需求统计。

4. 基层针对留学归国人员的公共服务缺位

根据前期调研情况显示，留学归国人员在回国定居的最初期，需要一段很长的适应期，而这个时期却没有得到基层部门的帮助和关注。这种不适应一般体现在要重新适应居住环境、社区环境、人际交往习惯，更主要的是要重新熟悉国内的政策法规、办事流程，以及社区公共服务配套等。回国后有许多手续需要办理，却不知道去哪儿办、如何办。也就是说，留学归国人员在回国初期，因为很长时间不在国内生活，从而导致对国内的政策了解脱位，甚至在国外生活较长的人员，还习惯性地根据在国外的政策思维去理解，这些都对归国人员造成很大的困扰。

另外，留学归国人员在与社会及政府部门的交往中存在认知偏差时，缺乏及时有效的沟通，缺乏疏解渠道，造成不必要的基层矛盾。有些留学归国人员，出国留学时的年龄很小，人生观、价值观还没有形成，对于国外的舆论宣传和获取

的信息真实性的判断能力存在明显的不足。面对一些国外媒体的敌对反华宣传信息时，没有能力辨别真伪，有时候往往深信不疑，从而导致对国内形势的误判、对国内社会的真实情况存在误解、对国内的大环境并不十分了解。基于这些很长时间形成的误解，在社会活动中，尤其是在有关部门办事过程中遇到问题时，往往首先想到的是国外那些带有敌意的罔顾事实的虚假宣传，从而戴着有色眼镜去看国内社会。这其中缺少一个了解社会真实情况的人，在其归国初期要经常为其介绍国内的真实情况，使其尽快摆脱对社会的误解，从而有效地避免矛盾的产生。

（三）缺乏针对性强的公共服务政策，给留学归国人员造成一定的困扰

在针对留学归国人员的整体公共服务供给方面，存在着供给失衡的问题，现行政策更偏重于对高精尖人才的照顾，而对更多中层水平的归国人员没有侧重，这些问题主要体现在就业、住房保障、健康医疗和教育服务等方面。

1. 在就业方面留学归国人员存在水土不服的现象

留学归国人员缺乏社会整体干预和心理帮助。根据调查数据显示，中央和地方对于留学归国人员的统战工作主要集中在对精英人才的关注上，如关注公派留学生多于自费留学生、关注精英人才多于大多数留学归国人员。而且更多的优惠政策、奖励政策、扶持政策也不由自主地向精英人才倾斜。这就造成了各级部门对一般层次的留学归国人员关注不够，而这些一般层次的人才，才是留学归国人员群体中的绝大多数。正是因为这种关注度和政策的倾斜，导致大部分留学归国人员在就业方面并没有得到过多的关心。加之留学生在回国前对国内行业、职业探索和调研不够，由于大面积的信息不对称，导致目前留学归国人员在就业中存在较大压力。很多留学生归国后选择了高校、科研单位、国企，或者金融行业、财会行业、企业管理岗位等，但对民营企业、制造业岗位选择不多。

2. 缺乏因人而异的住房保障制度

除了就业问题外，留学归国人员在住房保障问题中也遇到巨大困难。北京在住房问题上远远难于其他城市，除了极少数的国内高校能够为高精尖留学归国人才提供优质住房条件以外，大多数留学归国人员都面临着住房简陋、生活经费缺乏、创业项目难以落地的难题。另外，国外的居住氛围、收入和支出的比例会让

留学归国人才难以适应国内环境，极大地限制了人才优势力量的发挥和更广泛的人才流动。

留学归国人员回国后，并不拥有连续的社保记录等客观条件，因此在保障性住房申请时，也遇到了很大的困难，导致很多优秀人才不能享受政策性住房。政府在通盘考虑保障性住房政策时，是对高端人才有所倾斜的，但大多也受工作年限、社保年限、岗位任职年限限制，这样就对选择自由职业和小规模自主创业的留学归国人员显得略失公准。

3. 医疗和教育方面存在着一定的困难

由于住房问题存在的困难，在居住地无法稳定的前提下，健康医疗和子女教育等问题也相继凸显。由于留学归国人员在就业择业和稳定住房等方面存在着问题，因此直接导致其无法正常参与到社会保障体系之中。[①] 例如，有些留学归国人员在出国前档案直接放在了学校，觉得办档案手续很困难，导致回国之后无法及时厘清档案关系，因此无法马上衔接社保关系，从而导致身份关系无法认定，医疗保险无法缴纳，看病难以报销的问题凸显。同时，因为没有固定居所，子女入学也变得困难，北京核心区的基础教育学位紧张，常驻居民已经很难安置，而留学归国人员的子女多属于插班生，在回国前后没有对接课程，导致学校不愿意收，孩子不愿意上，归国人员无法安顿子女的困境产生。

（四）留学归国人员自身在社会参与方面存在巨大的优势和潜力，但是在基层社会服务工作中却没有被有效调动

留学归国人员除了在学业方面具有优势以外，在社会交往方面、祖国统一方面、国际合作及人文交流方面都有较强的优势，但这些优势的元素目前没有发挥它最大的作用，尤其是在基层社会服务方面，很多留学归国人员的能力并没有体现，其国外的社会生活经验并没有为国内基层社会提供服务和带来改善。由于基层统战意识的不足，留学归国人员缺乏直接参与基层社会服务的平台，无法使他们的价值得到最大限度的体现。留学归国人员的社会服务优势主要体现在以下几个方面。

---

① 大连高新区党工委. 精准服务高端人才 提升统战工作效能 [J]. 中国高新区，2017（6）：38—40.

首先，目前出国留学人员的出国年龄普遍较低，很多是十七八岁就独自出国留学，在国外学习生活的时期，也是其人生观、价值观初步形成的时期，其对于多元文化有较强的接受能力，在长时间的学习、工作、生活之中，他们会对西方世界的社会生活产生深刻的了解、对不同社会制度下的社会生活产生思考。留学归国人员在回国后急于体现个人价值，所以对参政议政、社会服务等方面有很强烈的参与意愿。因此，他们回国以后除了创业、就业以外，还可以在社会服务中发挥他们的重要作用。

其次，留学归国人员长期在海外生活，对于西方较为完善的公共管理体系比较熟悉，很多先进的经验非常值得国内借鉴。而目前各级统战部门组织留学归国人员参与活动，往往以会议、聚会为主，基层单位联系留学归国人员为其所辖区域提供智力服务和经验分享的活动基本没有。这就使得留学归国人员的宝贵经验无法为基层管理服务，对基层公共服务体系的建设也是一种损失。

最后，留学归国人员长期在海外学习，对于海外的学术资源比较了解，其掌握的海外学术体系的情况信息应该被广泛挖掘。留学生长期在海外学习，对于海外院校的学术体系、师资背景、专业建设体系、试验环境、教学方法、学术制度都有很深的了解，这些情况并不在其自身的学术能力上体现，完全是一种情况信息的了解，这些信息对国内的教学科研、学术发展都有着很大的借鉴意义，建立好渠道获取这些信息，可以大大节省学术体系研究人员的财力、物力、人力，应有合理的渠道挖掘整理这些宝贵的信息。

（五）留学归国人员自发的社会参与团体过多，统战部门缺乏对其监管

留学归国人员是一个特殊的群体，由于其长期在海外生活、求学、工作等经历的特殊性，故而其中很大一部分人群在回国后会参与很多的校友会和地区联谊会的活动。而这些校友会和地区联谊会多数是民间自发组织，很多都没有机构框架和官方的注册备案。往往是一人牵头多人呼应，最后逐渐形成规模团体。而如果任由这部分团体自行发展下去，其团体整体的言论导向将很可能出现问题，从而对统战工作不利。

由于此类小型组织众多，因此统战部门并没有对其完全掌握，从而缺乏对此方面真实情况的了解，更谈不上直接的干预和指导。而如果利用好这些松散组

织，很容易在统战管理上有所突破，通过一些代表人士的直接管理和引导，或者自身影响，很容易带动具有相同属性的归国人员，从而为统战工作做出贡献。[①]

三、政策建议

（一）做好留学归国人员的社会参与工作，增强社会凝聚力

做好留学归国人员统战工作，使其能更加积极主动地投入社会工作中，增强其社会参与感，可以提升社会公共福祉。例如，引导其参与志愿活动、公共服务、公共建设，以及社情民意征集、参政议政等工作。留学归国人员积极参与社会活动的行为可以凝聚全社会的力量，能够使其树立起积极的社会责任心，并且能够加速其融入主流的、正向的社会集体生活，这是构建社会活动创新的重要一环，并对公共事务改革创新起到积极的作用。留学归国人员参与社会活动拓宽其视野，使其全面了解各社会阶层的发展现状，有助于培养其社会交往能力，尤其是加强了其与其他社会组成部分、社会阶层之间的全面联系，提升了整个社会接触的丰富性与普遍性。更多的社会参与和交往，打通社会之间的屏障和隔阂，使社会阶层更加融合，有效地防范社会的分裂和对立。

做好留学归国人员的社会参与工作，能增强社会凝聚力。其主要机制归纳为以下几种。

其一，赋予其正当身份。在社会化活动中，应以留学归国人员这一称谓代表其团体人群整体身份。在社会活动中，其既不代表单位又不代表组织，仅以个人意愿参加活动，通过社会参与，确立其参与社会活动主体地位，解决其身份的尴尬。

其二，提升留学归国人员的社会影响。基层要重视对留学归国人员的使用，同时加强对其社会贡献的明确，宣传其对基层的突出贡献，树立正确的社会参与途径，增加其社会参与的热情和信心。同时，也激励更多的优质人群参与社会工作，以期产生以点带面的效果。

其三，通过社会参与，建立一种互惠互利、相互依托的关系。例如，基层

[①] 李娜. 基于实效性的高校海外青年统战工作创新研究［G］// 本溪市统一战线理论研究会. 本溪市统一战线理论研究会2017年度结项课题汇编. 2018：5.

部门引导留学归国人员广泛参与社会工作，可以激发留学归国人员的社会参与热情，通过更加深入的了解后，可以引导其留在基层为基层服务。或者将工作选择从好高骛远拉到切合实际需求，也可以引导留学归国人员就区域内薄弱行业进行创业，如教育、养老、文化、健康等产业，着眼基层的创业项目，非常需要拥有海外学术背景的饱学之士加入。通过引导留学归国人员广泛参与社会工作，可以将优质的资源沉淀到基层，有助于更好地缓解基层的矛盾。

加强制度建设，整体增强基层统战意识的同时着力提升留学归国人员的社会参与度。

其一，推动统战工作重心下移，全面激活基层统战工作。《中国共产党统一战线工作条例（试行）》中针对留学归国人员统战工作应坚持广泛团结、热情服务、积极引导、发挥作用的方针，这对统一战线工作的顶层设计有很强的指导。[①] 各级统战部门要全面认识新时期留学归国人员统战工作的特点和任务，制定好工作框架，明确工作责任，及时将工作重心下移，使基层明确统战工作的重要性，了解针对留学归国人员的统战工作方式方法，充分激活基层党组织的统战意识，从而全身心地参与到统战工作中来，团结、关怀和保护归国人员群体。

其二，抓紧针对留学归国人员统战工作的制度建设。要适时完善基层党组织针对留学归国人员的统战机制。要针对留学归国人员的群体特殊性和普遍性，开展有针对性的区域调研工作。来自不同国家的留学归国人员的群体有一定的共性，而回国后聚集在一个地区的留学归国人员群体也带有一定的共同特点。针对这些不同的特性，对统战对象充分研究，制订合理的工作方案。明确基层党组织的任务和绩效考核指标，明确基层的第一责任人，明确基层统战工作负责人、调查员、信息员、统战专员，使人员分工明确、各司其职。加强基层党组织各个岗位的统战人员的定期学习和工作指导，健全理论学习、工作指导、任务考核等工作体系，做到年初有计划、年底有总结，形成一个基层统战工作管理的完整链条。

其三，全面提高基层领导的统战工作意识。要努力提高基层领导统战意识，加强对中央关于留学归国人员统战工作政策的学习。2015年以来，中央统战工

---

① 施雪华，胡祥. 近年来中国共产党执政能力建设的举措、问题与对策[J]. 中共福建省委党校学报，2012（8）：4—16.

作会议召开,《中国共产党统一战线工作条例(试行)》颁布,条例规定基层要狠抓落实,[①]要明确落实基层党组织附有的统战工作职责,推动基层党组织的上级主管部门建立有关统战的地区总体工作制度,形成由各级党委统一领导,各级统战部门统一指挥,将做好留学归国人员的统战工作绩效纳入组织、人事等有关部门的考核之中的自上而下的统战格局,只有这样才能从根本上提高基层领导的统战工作意识。要定期组织基层党组织一把手统战工作会议,横向交流统战工作经验,纵向传达统战工作最新动态,时刻把统战工作作为基层工作的重心来抓,使留学归国人员的统战工作能时刻在基层得以开展。

其四,加强基层组织和干部的统战工作学习。基层党组织要深入学习习近平总书记关于统战工作的讲话精神,结合中央统战工作会议和统战工作条例的精神和要求,使基层工作人员明白统战的意义和统战工作的重要性。要从中央的高度去看待留学归国人员的统战工作必要性,从而做好此类人群的统战工作。基层党组织要加强与留学归国人员的日常联系,通过日常交流,联系工作实际,找出不足,从而加强业务学习和经验交流,发挥基层统战工作的重要作用。通过统战工作经验交流、绩效评议、表彰奖励、案例分析、成绩报告会等方式,做好基层组织和干部的统战业务学习工作。

提升基层统战人员的自身能力。对待具有高学历高素质的留学归国人员,基层一线的统战人员除了要拥有过硬的政治素质以外,还需要努力提升自身的素质和能力。不能因为基层统战人员的个人素质过低,而导致与统战对象无法交流。留学归国人员的统战工作具有一定的特殊性,需要更多的知识储备和工作技巧,这就需要进行相关的培训。基层单位要在平日政治学习和统战业务学习的基础上,加强统战工作人员的个人素质培养,不一定在学术上、专业上、知识上有所突破,但要保证基层工作人员不会因为自身素质问题导致统战对象对其反感,这些问题在一些基层十分普遍。要端正基层统战工作人员的基本态度,要明确统战对象不是落后分子,不能盲目地说教,要结合实际需要,讲好方式方法,适时开展统战工作。

---

① 左定超.统一战线的春天——学习中央统战工作会议精神[J].民主,2015(7):11—13.

(二)适时调整公共服务政策,为留学归国人员参与社会活动提供可靠保障

1. 统战部门挂帅,统一指导针对留学归国人员的公共服务政策制定

基层统战部门要结合实际,在出台留学归国人员具体的优惠政策上发挥好参谋助手作用,应该时刻关注留学归国人员的思想状况,引导他们坚持正确的政治方向。首先,要做好服务工作,基层统战部门做好服务的基础是做好调研,务必将留学归国人员的一手资料掌握清楚,包括其学习的专业及学业水平,应对这些人员回国后选择就业或创业的一些具体想法做到心中有数,并就他们对区域经济和社会发展的契合度等问题有清晰的认识。这样才能比较全面地把握留学人员归国工作和创业方面存在的普遍性问题,有的放矢地进行引导。①

2. 全面掌握留学归国人员信息,做好信息交换工作

建议在有条件的地区率先建立统战工作数据库,将留学归国人员的信息存储其中。利用大数据技术,将留学人员信息存入,从意向留学时、出国前期、回国探亲阶段就开始接触工作,通过对留学人员的全程关注,最后在其留学归国后给予最大的帮助。面对不断扩大的留学规模,原始的数据记录、各自为战的工作模式已经制约了新时期的统战工作发展,要结合地区优势,在一定区域开展统战信息记录的新尝试。同时,基于统战部门的数据存储,与民政部门、公安部门、海关部门等多方信息联动,做好信息交换工作,及时将统战部门掌握的数据分发给其他部门,更重要的是及时将其他部门的详尽信息抓取到统战部门的数据库中,使之可以更加及时、主动地开展统战工作。

3. 及时向有关部门反映留学归国人员的普遍问题

建议统战部门及时协调有关部门,将留学归国人员存在的普遍问题及时反馈,对于有针对性的问题加强跟踪反馈,遇到问题及时解决。对于就业等直接关系到留学归国人员生活的重要问题,及时与有关部门沟通,帮助建立信息支持平台,做好宣传,加强引导,使归国人员不再茫然,做到有政可查、有问可答。

建议统战部门协调有关部门针对公租房等住房保障性政策向留学归国人员做适当的倾斜。尤其是在留学归国人员的高频活动地区,归国人员的住房问题从

---

① 王洪元. 利用办学特色 做好新时期统战工作[J]. 北京教育(高教), 2016(5): 53.

北京市缩小到了三四个区。而这些区域的高科技附加值企业,由于长期聘用留学归国人员,从而在心理上更加喜欢使用留学归国人员,也更能发挥归国人员的优势。因此,在这些地区,解决好居住问题,则更能帮助北京留住人才。

4.统战部门要针对留学归国人员做好指引工作

各级统战部门要针对留学归国人员做好精神层面的思想引导工作。留学归国人员具有智力优势,是在一段时间内要担负祖国建设重任的,因此在其留学归国初期,一定要做好思想引导工作。留学归国人员年少出国,受到西方价值体系的影响,可能涉及一些敌对势力的反面宣传,回国时或多或少对国内带有一些负面情绪。[①]统战部门要及时掌握这些情况,并对此类统战对象开展工作,纠正其思想认识的偏差,从而使其认识到国内的真实情况,以便将来更好地为祖国建设做出贡献。要通过考察、座谈、调研等手段进行影响,少说教,因为留学生在海外所接受信息的渠道和数量更加丰富,简单的说教只会显得没有说服力。有条件的地区可以安排统战对象参与到参政议政调研之中,通过对具体事情的调研,横向反映出社会的全貌,从而以点带面地进行引导,使其能够消除对国内的偏见,以健康的心态融入社会工作之中。

同时,国内有些方面的发展已经远远超过了国外,如互联网服务、金融支付手段、信息交互途径等,对于西方很多国家来讲,这些都是平时生活中所无法想象的。留学归国人员回到祖国后,统战部门要多组织留学归国人员对这些国内做得好的方面进行介绍、宣传,一方面可以帮助统战对象更加快速地融入社会,另一方面也可以通过其自身与海外的联系,影响到海外华人甚至是西方社会,将我国社会发展、科技发展、文化发展的优秀一面,真实地传达给全世界,消除在西方意识形态的干扰下西方民众对中国的误解。

对于留学归国人员回国后出现的种种不适和面对社会出现的心理不适,政府也可以通过购买服务的形式,购买一些公共服务产品,如心理咨询服务、法律咨询服务、人才中介服务等,供留学归国人员使用,从心理上解决其身体回国而思想还未融入祖国的问题。

---

① 于泉蛟,韩静.新时期统战视域下海归留学人员对党的思想政治教育认同问题研究[J].理论观察,2016(6):24—25.

（三）基层统战单位加强对留学归国人员的培养，充分发挥其在社会服务与参政议政工作中的优势

当前，国内经济水平飞速提升，随着经济的发展，一些社会问题也随之出现，迫切需要为社会服务的发展提供新保障。为此，留学归国人员也可以贡献自己的一份力量，他们大都具有广阔的视野和投入社会的热情，具备较强的改革意识和创新能力，在社会服务中所起的作用将进一步增大，成为社会服务的生力军，能为中国社会发展带来新的活力。

突出组织关怀，加大对留学人员政治吸纳的力度。党的十八大发出了"广开进贤之路，广纳天下英才"的号召，强调要"充分开发利用国内国际人才资源，积极引进和用好海外人才"[1]。要对留学归国人员做好政治安排，引导留学归国人员提高自身的政治素养，积极参选各级青联委员、人大代表、政协委员，集中智力优势参与各级公共部门发布的咨询课题，使其能够有机会参与到国家的政治生活之中，体现其个人价值，发挥其智力优势。

建议各级统战部门尤其是基层单位，要充分利用好留学归国人员的智力优势和社会服务积极性，设计基层协商和基层社会服务的模式和平台，在为其提供公共服务的同时，也引导他们参与到公共服务的供给上来，利用他们在国外生活的经验，更直接地参考西方公共管理的优势，从而达到基层公共服务水平的整体提升。

在基层，公共服务的设计和供给要多征询留学归国人员的意见，有条件的基层可以定期举办座谈会，将基层公共管理问题拿到桌面上征求统战对象的意见，同时也可以邀请留学归国人员参与到公共管理监督的工作中来，将其丰富的国外公共管理经验落到实处。小到一个小区的管理，大到一个区域的公共服务供给配置，都可以充分征求留学归国人员的意见及建议，使该地区的公共服务水平有本质的蜕变。

（四）加强组织平台的建设及管理，使留学归国人员更好地参与社会活动

每个国家的中国留学人员归国后都会自动组建一些留学人员社团，或者以区

---

[1] 陈德金，洪能，林继扬，刘小婧.提升福建省留学生创业园孵化能力的对策建议[J].创新科技，2018，18（5）：35—38.

域划分，或者以学校划分，形成一些独特的校友会或区域联谊会。统战部门要充分利用资源，做好调查工作，尽可能与这些社会团体取得联系，为其提供更加全面的信息，也从其团体中获取更多的成员组成信息，做好信息交互工作。在做好团体和成员的信息调查后，要及时对这些信息进行分析，充分挖掘这些团体和成员的优势，引导其更好地投入社会建设。

设计极为简便的归国人员社会组织备案平台，引导这些组织很便捷地将组织机构、运行模式进行备案。同时，分阶段分时期指导其进行组织内部制度建设，在必要时可以对其活动进行适当的资助。鼓励规模较大的团体兼并规模较小的团体，形成规模相对较大的联盟，从而降低政府管理成本。

建议选拔一批具有广泛影响力的留学归国人员阶层代表人士，由其主导成立具有一定官方元素的校友会或联谊会，通过这些政府管理较强的民间社团组织，吸引留学归国人员加入，从而更加便于统战部门开展工作，使其能够更好地为组织、为人民服务。

我国出国留学群体规模庞大，普遍拥有较强的个人素质和学术业务能力，水平较高。这些人群拥有较强的学术背景，具有很广泛的国际视野和国际交往能力，已然成为当下社会不可或缺的人才资源，在社会建设中承担着重要作用。做好留学归国人员的社会参与工作，对推动社会发展、融合社会关系都是十分必要的。在社会生活中，如果只将其放置在市场经济的浪潮中追求其所带来的经济红利，那么就等于放弃了其在其他方面所具有的先天优势。[①] 各级统战部门不仅要关注其思想动向、帮助其更好地融入社会，也要将其各方面的价值充分地挖掘出来加以使用。各级统战部门要指挥好基层部门、基层党组织，使之充分发挥统战工作桥头堡的作用，将统战工作重心下沉，从基层引导好、使用好留学归国人员这一特殊群体，使其在回国后有足够的平台报效祖国，为祖国的建设出力。统战部门要协调好政府有关部门，为留学归国人员做好后勤保障和生活服务，引导政府部门针对留学归国人员的特殊性做好公共服务产品的设计工作，解决其后顾之忧。做好信息搜集和分析工作，充分发挥统战对象的优势，配合好政府部门和基层部门针对留学归国人员开展工作，坚定统战对象服务祖国的决心，

---

① 崔源.我国海外人才回流现状、问题及对策研究［D］.山东大学，2010.

使更多的海外学子能够安心回归,也使更广大的国外群众能够通过与留学归国人员千丝万缕的联系,了解到中国社会的真实情况,从而达到更好的统战效果,我们要让留学归国人员增强在中国共产党领导下走中国特色社会主义道路的坚定信心。

以宪法认同推进香港青年的国家认同[1]

农工党北京市委课题组[2]

1997年7月1日，中国恢复对香港行使主权，迄今香港已经回归20多年。1997年实现的香港回归是法理上的回归。但从长远考虑，香港的回归应该是人心和情感的回归。只有包括广大青年在内的全体港人从思想意识深处认同祖国，认同中华民族，认同中国共产党的领导，才能实现香港的长期繁荣稳定。但香港回归20多年来，香港青年不但没有完成人心回归，而且越发显示出香港青年和内地青年在思想共识上的差异。近几年来，香港青年发动的"倒蝗行动""抵制国教""占领中环"，抑或是焚烧国旗、"港独"进校园等事件，都严重地伤害了两地的互信，同时也加深了两地民众之间的隔阂。

导致这些事件接二连三出现的根本原因是香港青年一代的国家认同危机。这也折射出香港原有的青年国家认同教育存在不足之处。针对这一新形势，在"一国两制"的宪制框架下，非常有必要探讨香港青年的宪法认同问题；在吸取以往经验教训的基础上，提出通过推进宪法认同，促进香港青年国家认同的对策与建议，从而有利于实现香港社会的繁荣稳定和民主发展。

---

[1] 本文为北京社会主义学院（北京统战理论研究基地）2018年招标课题，立项编号：BJSY18107。

[2] 课题负责人：焦洪昌（农工党北京市委理论研究委员会主任，中国政法大学法学院院长、教授、博士）。课题组成员：江溯（中国政法大学法学院博士研究生），王新萍（中国政法大学博士研究生），张成飞（中国政法大学硕士研究生），王柳（中国政法大学硕士研究生），高峥（中国政法大学硕士研究生），黄馨仪（中国政法大学硕士研究生），吴希阳（中国政法大学硕士研究生）。

一、我国宪法价值对香港核心价值的包容

宪法认同理论有助于解决香港青年中国家认同的困境。香港国教风波的一个矛盾焦点，是香港青年把公民教育和国民教育视为对立的两极。多年来香港教育形成的传统之一，是强调批判性、质疑性的思维。① 把这种思维应用于政治领域的国家认同，就会产生政治对抗的紧张局面。要从理论上解决这种批判性思维和宪法忠诚之间的紧张关系，宪法爱国主义可能起到中和的作用。宪法爱国主义的核心是强调公民对于宪法原则和价值的忠诚。这种忠诚又是建立在理性思维之上的，是经过公开辩论、历史反思和道德关怀而形成的忠诚。宪法认同因此可以成为批判性思维与宪法价值之间的桥梁。

我国宪法价值与香港核心价值之间应当是一种包容关系。香港核心价值并非对社会主义宪法的否定。这是能够在香港青年之中推进宪法认同的基本前提。香港核心价值具体有哪些内容，目前尚无统一认识。本文以梁振英2012年当选香港特区行政长官时发言中的归纳为准，将法治、人权、诚信、廉洁、新闻自由、言论自由、集会自由作为香港核心价值。这些香港核心价值同样也是我国宪法明文规定的治国基本原则和公民基本权利。

但也应当看到，香港核心价值观是以自由主义为底色的。这导致同样的价值概念在内地和香港会有不同的理解。例如，香港的"法治"观念以司法独立为基本内涵；而中国特色社会主义法治道路则不能照搬西方的"司法独立"模式。② 又如，"人权"概念在香港主要是指公民权利和政治权利，《香港特别行政区基本法》第三十九条订明《公民权利和政治权利国际公约》在香港继续有效；而内地则以生存权、发展权为首要人权，迄今未批准《公民权利和政治权利国际公约》。③ 内地和香港均承认新闻、言论、集会等自由的行使需在法治框架下有序

---

① 曾荣光.批判思考的批判——香港高中通识教育科教学实践的争议[J].教育学报（香港），2018（1）.
② 习近平.加强党对全面依法治国的领导[J].求是，2019（4）.
③ 中华人民共和国国务院新闻办公室.《改革开放40年中国人权事业的发展进步》白皮书[R/OL].（2018-12-12）[2019-1-8］. http://www.scio.gov.cn/zfbps/32832/Document/1643346/1643346.htm.

进行。但内地的立法在规范这些自由时更侧重于强调其不得损害国家的、社会的、集体的利益,尤其不能对国家安全和社会稳定构成威胁;内地的新闻自由还受到党的新闻纪律约束。香港对言论、集会、新闻自由的具体规范则源自17世纪以来的普通法传统,强调"法院对其宪法性的保障必须采纳宽松的解释。这种自由包括发表大多数人认为令人反感或讨厌的思想,以及批评政府机关和官员行为的自由"①。

促进宪法认同不是以内地的价值内涵取代香港的核心价值内涵。香港居民对其核心价值被侵蚀和被破坏的忧虑和恐惧是实实在在的,他们也希望中央和内地能够体察港人的这种担忧。②另一方面,内地和香港的价值内涵差异也不应当成为香港青年宪法认同的障碍。要引导香港青年认识到,在政治文明的根本方向上,内地和香港的价值观是一致的。我国宪法的价值观有一个不断发展完善的过程。2004年,依法治国和人权被写入宪法;2018年,社会主义核心价值观入宪,监察委员会的制度设计也借鉴了港澳廉政公署的一些成功经验。③这表明两地价值观的差异正在逐渐弥合。但这必定是一个漫长的过程,香港青年对此应当抱有信心与耐心,与内地进行温和和持续的沟通。

由于香港核心价值与我国宪法价值的大方向一致,香港青年的批判性思维就可以转化为香港《文汇报》系列文章所倡导的"忠诚的反对派"。④亦即在尊重国家宪法的最高权威与根本价值取向的前提下,发挥批判性思维。这是推进香港青年的国家认同、实现香港人心回归的一条最可行的道路。

二、我国宪法适用于香港特别行政区

推进香港青年的宪法认同必须以宪法在香港特别行政区的适用为前提。一

---

① 黄仁龙. 律政司司长致辞全文[EB/OL].(2006-02-21)[2019-01-08]. https://www.doj.gov.hk/chi/archive/pdf/2006/sj20060221c.pdf.
② 黄海. 疏离的人心——香港社会思潮评析[M]. 香港:香港城市大学出版社,2018:127.
③ 大公网. 内地三省试点"党版"廉政公署 实现监察全覆盖[EB/OL].(2016-11-09)[2019-01-08]. http://news.takungpao.com/mainland/focus/2016-11/3389752_print.html.
④ 王国强. 成为"忠诚反对派"是温和反对派的唯一出路[EB/OL].(2015-09-08)[2019-01-08]. http://paper.wenweipo.com/2015/09/08/PL1509080003.htm.

部法律只有在社会上实际发生效力,让民众切身体会得到,才可能得到民众的认同。宪法也不例外,目前我国宪法在香港特别行政区的适用可分为立法适用和司法适用两种途径。

(一)宪法在特别行政区的立法适用

《国旗法》《国徽法》已列入《香港特别行政区基本法》附件三,适用于特别行政区。依《香港特别行政区基本法》第十八条规定,香港特别行政区立法会制定了《国旗及国徽条例》在本地实施。这一活动常被视为宪法在特别行政区的立法适用。

香港立法会的立法活动之所以可以被视为一个宪法适用行为,并不是因为其行使《香港特别行政区基本法》所规定的职权从而间接适用宪法。否则,香港立法会的任何立法活动都可以被视为宪法在特别行政区的间接适用,这将导致这一概念过于泛滥。因而特别行政区立法机关的立法,只有在立法目的是直接适用特定的宪法规范、立法的具体内容与该宪法规范存在本质上的关联之时,才能被视为宪法在特别行政区的立法适用。

(二)宪法在特别行政区的司法适用

无论理论界是否承认特别行政区法院拥有宪法的司法适用权,香港法院在判决中引用宪法已是既成事实。① 问题也就变成了应当如何认识特别行政区法院这一行为与宪法第六十七条关于全国人大常委会行使宪法解释权的规定的关系。

我国内地的法律制度中,不能对宪法进行司法适用的含义是:最高人民法院限制各级法院援引宪法作为裁判依据,但并不禁止法官在判决书的说理部分引用宪法。这种引用既不被视为对宪法的司法适用,也不构成对宪法的解释。但香港实行的普通法法系的判决书体例不像内地的判决书结构可以清晰地区分出裁判依据和说理部分。至少从形式上说,香港法院在判决书中引用宪法的行为,难以明确地和内地语境中说的"宪法的司法适用"或"宪法解释"产生严格的对应关系。

---

① 王振民,孙成.香港法院适用中国宪法问题研究[J].政治与法律.2014(4).

对于特别行政区法院在判决书中引用宪法的行为,由于内地司法实践及宪法学理论中对于"宪法的司法适用"及"宪法解释"有严格定义,不宜简单套用内地的法学概念,轻易认定这些行为僭越了全国人大常委会的宪法解释权。即便香港法院对宪法的理解与运用与全国人大常委会的意旨不符,全国人大常委会完全可以自行解释宪法并予以纠正,就像目前《香港特别行政区基本法》解释制度的做法一样。

三、以宪法基本权利为基础建立宪法认同

列宁的名言说:"宪法就是一张写着人民权利的纸。"这句话深刻道出了宪法之于人民的意义。换而言之,人民之所以认同宪法,最重要的原因是宪法能够保障人民的权利。

(一)以往福利型惠港政策的局限

自香港回归以来,中央政府出台过大量惠港措施,被形象地称为"大礼包"。然而,香港回归以来一系列热点事件和民意调查显示,中央惠港政策不断出台的同时,港人的国家认同危机却愈演愈烈。这使得两岸关系研究者开始重新评估"以利益换认同"这一策略的效果。香港和内地均有研究者指出,中央惠港政策主要惠及工商界,但最主要的受益者是拥有大量商业地产的地产商,而中小企业深受商铺租金昂贵之苦,普通市民也要承担物价上涨、生活空间受挤压等代价。[1]香港的贫富差距因此进一步拉大,反而加剧了一般港人对中央惠港政策的不满,严重抵消了惠港政策给港人带来的国家认同效果。

为什么惠港政策反而导致了民众的负面观感?政策定位导致的香港各阶层间利益分配不均固然是一个原因,但还有一个重要原因是:惠港政策赋予港人的主要是福利,而非权利。此处所谓的福利是指并非由法律直接规定的、政策性的地区倾斜政策,如 CEPA 政策和"个人游"政策是以内地的经济政策配合香港经济发展;对香港基本生活物资的供应则是以"特事特办"的原则予以物质保障;亚

---

[1] 黄海. 香港社会阶层分析[M]. 香港:商务印书馆(香港)有限公司,2017:366.

洲金融危机期间，中央政府更直接组织在港中资机构注资香港股市护盘，[①]并表态将不惜动用国家外汇储备支援香港。[②]

我国对欠发达地区的经济倾斜政策具有若干宪法依据。但香港的经济水平远远超过内地中西部地区，对其实行经济倾斜政策并非宪法的直接规定，主要是中央基于统战目的的政治决策。由于港人获得的倾斜政策并非宪法所保障的权利，港人在观念上也不会将这些福利与宪法关联起来。故而惠港政策虽然实施力度极大，却无法增进港人对我国宪法的认同感。而从内地居民的观感来看，对欠发达地区的经济倾斜政策是易于得到民众理解的；但对经济发达的香港的政策倾斜，则不符合一般认识上"天之道损有余而补不足""不患寡而患不均"等观念。部分内地居民难免会将惠港政策视为一种"施恩"式的安排。这种心态反过来又刺激了港人的自尊心和族群情绪。

当然，中央惠港政策实施多年来，其巨大成效也有目共睹。指出福利型惠港政策的局限，绝非主张取消惠港政策，而是为了探索港人权利的宪法保障途径，与福利型惠港政策双管齐下，推进港人对宪法的认同。

（二）《香港特别行政区基本法》成为宪法基本权利在香港实施的中介

由于"一国两制"政策赋予香港特别行政区的特殊地位，香港居民享有的基本权利和自由较之我国宪法规定的公民的基本权利和自由更为广泛，如罢工权、迁徙自由、生育自由等。《香港特别行政区基本法》总则第十一条规定：有关保障居民的基本权利和自由的制度以本法的规定为依据。因此，我国宪法中有关公民的基本权利和义务的规定并不直接适用于香港特别行政区。同时，基本法也建立起一套保障香港居民基本权利的具体制度，如"基本法保留"制度、司法补救制度。这两项制度与普通法的司法审查传统相结合，就产生了香港特别行政区法院的"违反基本法审查权"。[③]

香港法院审理涉及居民基本权利的案件时，一般直接把基本法作为宪法性

---

① 张燕. 香港金融保卫战：港府对决索罗斯[J]. 中国经济周刊, 2018 (48).
② 香港大学亚太经济研究中心, 北京大学中国经济研究中心. 亚洲金融危机的成因及演变[M]. 香港：香港大学香港经济及商业策略研究所, 2000：12.
③ 陈弘毅. 法理学的世界[M]. 北京：中国政法大学出版社, 2013：436—437.

权利的来源。而依据香港法院在庄丰源案等一系列判决中适用的规则，香港法院应当依据普通法来解释基本法。例如，在律政司诉曾昭颖等一案中，香港终审法院明确阐释，法律专业保密权是一项早已为普通法所确认的基本人权，且基本法第三十五条规定的秘密法律咨询权予以其宪法性保障。在基本法和普通法的框架之内，香港法院足以为居民基本权利提供充分的法律依据。此即一些学者所称的"香港基本法的自足性"①。

（三）《香港特别行政区基本法》对香港居民义务的规定

居民义务是对居民基本权利的限制与平衡。而《香港特别行政区基本法》第三章大量的规定都是关于居民的基本权利和自由的，对居民义务的规定所用篇幅很少。只有基本法第四十二条规定"香港居民和在香港的其他人有遵守香港特别行政区实行的法律的义务"。与我国宪法第二章所规定的公民义务相比，《香港特别行政区基本法》对居民义务的规定稍显简略。

我国宪法规定的公民义务中，除守法义务已转化为基本法条款外，真正需要在香港实施的，主要是维护国家统一和民族团结，以及维护祖国安全、荣誉和利益等义务。而依据基本法第二十三条，这些义务应由香港自行立法规范。由于第二十三条立法陷入僵局，这些义务在香港的实施遇到了一些障碍。在这种情况下，全国人大常委会通过增减基本法附件三的方式，在香港实施一些全国性法律。例如，针对香港足球比赛中的"嘘国歌"行为而将《国歌法》列入基本法附件三，以促使港人履行维护国家荣誉的义务。

（四）宪法权利保障功能的错位不利于推动宪法认同

通观我国宪法基本权利和义务在香港的施行情况，可以看到一种明显的错位。宪法基本权利在香港主要有基本法和普通法规范，通过香港法院来予以保障；宪法义务在基本法中却相当简略，而且本地化立法的推进也很缓慢，有时不得不由全国人大常委会来亲自推动。虽然基本法是依据宪法制定的，但在实践中，基本法成了宪法基本权利作用于香港居民的中介，使得港人无法直接感受到

---

① 黄明涛.论《香港特别行政区基本法》的自足性——对基本法第11条第1款的一种解读[J].学习与探索，2015（1）.

宪法对其权利的保障作用；而讨论香港居民的义务之时，由于本地立法缺位，分析人士往往不得不直接援引宪法。① 故而这种错位结构给港人的直观感受就是：其基本权利是由基本法和特区法院保障的，大量义务却是由我国宪法和全国人大常委会施加的。这导致宪法难以在港人心目中树立起权利保障者的形象，对推动港人的宪法认同是非常不利的。

相应的解决措施也应当从宪法基本权利和义务两方面着手。一方面，应尽快推动宪法义务的香港本地立法，如第二十三条立法。另一方面，中央应对香港法院在判决中援引我国宪法持认可和赞赏的态度。香港法院将宪法条款作为保障港人基本权利的说理依据能够凸显宪法的权利保障作用，加强港人对宪法的信心与认同感。如前文分析，香港法院援引宪法并非代位行使全国人大常委会的宪法解释权。近年来，内地法院的司法判决中援引宪法的现象也已经比较普遍，香港法院援引宪法也不应当存在法理障碍。

四、香港青年在内地的宪法基本权利保障

除了通过基本法保障香港青年的基本权利之外，随着两地人员流动的增加，以及与政治、经济、文化的融合，我国宪法可以逐步直接发挥保障港人基本权利的作用，以增强包括香港青年在内的港人对宪法的认同感。在经济和社会权利方面，可以赋予在内地的港人以"国民待遇"；在政治权利方面，可以进一步鼓励港人参与国家治理活动。

（一）依据宪法赋予在内地的香港居民以"国民待遇"

从宪法角度来看，港人的相关要求主要涉及受教育权、社会福利权、财产权和劳动权。这几种权利又具体体现在四个方面：一是香港居民在内地受教育的权利，二是香港居民获得社会保障的权利，三是香港居民在内地置业的权利，四是香港居民在内地成立劳动关系和获得职业资格证书的权利。

---

① 梁爱诗. "一国两制"与香港居民的公民义务［EB/OL］.（2014-06-30）［2019-02-21］. http://www.locpg.hk/zt/2014-06/30/c_126741352.htm.

1. 香港居民在内地受教育的权利

中小学教育方面，长居内地的港人子女在内地接受教育主要是受到户籍因素和经济因素的影响。例如，2014年香港专业人士（北京）协会与清华大学香港研究中心对在京港人进行的调研表明，正在接受中小学教育的被访问者子女中，五成孩子就读于北京国际学校。北京国际学校的学费每年为3万—26万元，给家庭带来沉重的经济负担。①

进入公立学校就读可以减少一定的家庭负担，但户籍问题使得香港居民子女的入学程序十分复杂，需要开具较多的证明。此外，港人子女只能以借读生身份入读公立学校，不能参加全国统一高考；如果想考取内地学校仍要参加"香港侨联招试"。但内地公立高中的教学内容又无法和香港的考试范围衔接。

高等教育方面，内地部分高校依据香港中学文凭考试成绩择优录取香港学生，符合条件的学生可以直接参加"免试招生计划"。其他在内地的香港考生可以通过参加"香港侨联招试"入读内地大学。2016年起，教育部还允许高校在国家下达的招生计划之外，自主确定招收香港学生的数量或比例。②

根据《普通高等学校招收和培养香港特别行政区、澳门特别行政区及台湾地区学生的规定》第二十五条规定，高校对香港学生执行与内地同类学生相同的收费标准，如果住宿条件不同可以做出同内地学生不同收费。根据《香港及华侨学生奖学金管理暂行办法》，国家为港生单独设置奖学金。此外，各学校和社会团体也为香港学生设置了奖学金，国家助学金仅面向内地学生。港澳台学生的助学金主要由学校、企业、社团团体设立，资助条件及金额不等。

内地高校大多将港澳台学生和外国来华留学生分配在同一宿舍楼，且住宿条件较好，所以对内地学生和港澳学生收取不同数额的住宿费用属于合理的差别。对港澳学生设立的奖学金，相对于内地生而言要求较低，使其享受了一定的"超国民待遇"；但在申请助学金和助学贷款的申请资格上又明确了港澳生不能申请，这样的设置使港澳生与内地生之间产生了误解，港澳生不具有某些资助的申请资

---

① 香港专业人士（北京）协会，清华大学港澳研究中心.且听民声——关于港人子女在京教育需求和困难［R］.2014.
② 董鲁皖龙.普通高校招收、培养港澳台学生出新规［EB/OL］.（2017-01-12）［2019-01-25］.http://news.xinhuanet.com/2017-01/12/c_129443703.htm.

格使其无法感受到自己的国籍身份，内地生觉得奖学金发放标准不同有失公平。从"国民待遇"的角度出发，应当对港澳生和内地生实行统一的奖助学金标准，并予以适当的照顾。

2. 香港居民获得社会保障的权利

自2017年起，人力资源和社会保障部开始研究起草《香港澳门台湾居民在内地参加社会保险暂行办法》，该规定坚持台港澳居民与内地居民享有同等权利，并针对台港澳居民实际情况，对经办程序做出便利性安排。

香港居民如果拿到内地的工作许可证并签署劳动合同，可以和内地城镇职工享有相同的待遇，在参保条件上和内地居民相同。2013年，教育部等出台的《关于将在内地（大陆）就读的香港大学生纳入城镇居民基本医疗保险范围的通知》对在内地就读的香港大学生参加城镇居民基本医疗保险做出了规定。该规定和各地方的实践给予在内地就读的香港大学生相同的收费标准、补助内容和医疗保障条件，可以说将"国民待遇"落到了实处。

《香港澳门台湾居民在内地参加社会保险暂行办法》一个全新的内容是关于在内地未就业、未就读的香港居民的规定。该办法提出上述香港居民可以自愿参加社保。考虑到香港居民在香港地区已经参加社会保险且没有注销的情形，如果在内地再次缴纳社保会加重经济负担；所以该办法可能会允许香港居民申请不在内地参加部分社会保险的险种，为未来两岸社会保险方面的衔接留下空间。

3. 香港居民在内地置业的权利

目前内地部分城市对港人置业有特定限制。以上海为例，港人在上海购房适用B类居住证政策，获得居住证是在上海买房的前提。但只有港澳专业人才有资格申请B类居住证，并非普惠性政策。此外，购房政策中将香港台居民和外国人的待遇等同，有香港人士称这是香港居民在内地的"次国民待遇"。

2014—2017年，广东中山、福建福州、福建厦门、广东深圳等城市相继出台规定，允许港澳台及外籍人士自愿缴存住房公积金。缴存住房公积金相当于增加了收入，还可享受低息贷款买房，让在内地的香港人更容易在深圳实现安居梦，增强对祖国的认同感。如果能有更多省份结合本地的实际情况制定出对香港居民住房公积金的政策，将不仅是政策上的利好，更是身份上的认同，同时促使香港、澳门青年更加热爱和能很好地融入内地城市。

4. 香港居民在内地的劳动权利

香港人在内地享有劳动权利的具体表现形式主要有两种：一是香港居民同内地单位签订劳动合同；二是香港居民考取内地的职业资格证书。

根据劳动和社会保障部制定的《台湾香港澳门居民在内地就业管理规定》，香港人员在内地就业实行就业许可制度，没有就业证就无法建立受法律保护的劳动关系。按相关法规，用人单位是香港劳动者获取就业证并保证就业证完整的中介，负责为香港劳动者向行政部门办理相应手续。这一制度在法律程序上并没有给香港劳动者增加负担。但是现实中，有暨南大学的应届毕业港生反映，尽管他的条件符合广州一家公司招聘员工的要求，但是用人单位因为办理手续麻烦而拒绝聘用；北京中医药大学也有相似案例：香港籍博士毕业生如果要进入内地的公立医院，入职手续会很麻烦，该同学也因此被逼回港求职。

出现这些情况的原因不是法律没有给予香港劳动者以"国民待遇"，而是因为很多法律规定加重了用人单位的负担。所以，在香港人员获取就业证的程序方面可以适当简化。根据行政法中的高效便民原则和我国服务型政府建设的推进，行政许可在实践中正在逐步推行"一个窗口对外"和"联合办公"的办公形式，以提高审批的效率，避免当事人为了获得审批要去很多行政机关。完全可以将"联合办公"和"一个窗口对外"适用于就业证审批制度中，这样可以使用人单位尽快取得就业证并安排香港劳动者入职。简化审批程序和时间的方式会大力激发用人单位的积极性，这样才从根本上解决了香港劳动者在内地就业难的问题。

目前，香港居民对内地职业资格证书需求比较突出的是律师执业资格。自2004年起，香港居民可以参加国家司法考试，考试通过后可以按相关规定申请在内地执业。

获准在内地执业的律师必须加入当地律协，履行律协组织的活动。根据《律师法》、司法部有关律师执业管理规章和《取得内地法律职业资格的香港特别行政区和澳门特别行政区居民在内地从事律师职业管理办法》的规定，对于内地执业的香港律师违反律师职业道德和纪律行为的予以行业处分，违反执业管理规章的予以相应的行政处罚。本规定的问题在于对内地执业律师和在内地执业的香港律师处罚不同，《律师法》规定内地律师如果构成犯罪应当追究其刑事责任，而上述《办法》中仅列举香港律师因为违法行为受到的行业处分和行政处罚，并未列举出刑事处罚。这样的情况存在立法上的一些不足，上述《办法》属于部门规章，位阶低于《律师法》，下位法没有规定刑事处罚违反了上位法，立法上应当做好相关衔接。

（二）依据宪法鼓励在内地的港籍中国公民参与国家治理

香港籍中国公民同样属于人民之列，参与国家治理是其中当然应有之义。在当前，重点可以考虑在两个方面保障港籍中国公民的相关权利，即允许港籍中国公民参加内地公务员考试和在内地服兵役。

1. 港籍中国公民参加内地公务员考试的权利

港籍中国公民参与国家政治生活最直接、最有效的一种方式便是担任公职。而在担任内地公职权利中最为突出和有效的便是公民能够报考公职人员并且被录用为国家工作人员的权利。

2006年《公务员法》规定：中华人民共和国公职人员必须具有中华人民共和国国籍。具有中国国籍的香港居民也应享有报考内地公职人员的权利。广东省自2010年开始开放港籍中国公民报考内地公务员的政策，但是我国《公务员法》第十四条至第二十条明确指出公职人员的职务与级别均由国家或者国务院来规定。《公职人员录用规定（试行）》第八条和第九条也明确规定："中央主管部门拟定公职人员录用法规，制定公职人员录用的规章、政策"，地方仅仅是"贯彻国家有关公职人员录用的法律、法规、规章和政策，根据公务员法和本规定，制定本辖区内公职人员录用实施办法"。在中央层面没有明确规定哪些群体可以报考公务员的情况下，广东等地方自行规定港籍中国公民可以报考内地公务员的做法，就有违反上位法的嫌疑。

2. 港籍中国公民在内地服兵役的问题

虽然《香港特别行政区基本法》没有明确规定港籍中国公民有服兵役的义务，但也不存在相反的禁止性规定。因此，基本法并不否定港籍中国公民拥有服兵役、参与国家军队建设的权利。在没有直接法律依据的情况下，可以考虑先将港籍中国公民纳入自愿在内地服兵役的应征人群范围。

在具体操作方面，则需要考虑到我国目前"一国两制"的制度大背景。"党指挥枪"是我国军队建设的一条根本准则。在港籍中国公民参军的问题上，也需要坚持严格的思想政治标准的要求。港籍中国公民参军，也必须通过政治审查。只有拥护社会主义制度，自觉接受中国共产党的领导，思想政治符合要求的港籍中国公民才能实现其在内地服兵役的要求。故而可以在香港实行志愿兵制。这也符合香港地区的实际情况。不仅在一定程度上开放了香港基本法的志愿服兵役的通道，也保证了内地兵役的质量和政治上的素养。

五、结语

"法律必须被信仰，否则它将形同虚设。"美国法学家伯尔曼这一名言深刻道出了法律认同的本质。香港青年只有从心底信仰我国宪法，才可能实现宪法认同。而这一点必须建立在我国宪法价值对香港核心价值的包容，以及宪法对香港居民基本权利的保障之上。

为什么必须以宪法基本权利作为香港青年宪法认同的基石？这是由香港社会的特点决定的：在一个资讯高度发达、多元价值观并存、倡导批判性思维的社会之中，无论是宣传式教育手段，还是严刑峻法的威慑效力，抑或是福利输送式的政策倾斜，都很难让人心顺利地回归。只有充分考虑香港法治社会的特性，让宪法发挥根本性的权利保障作用，使香港青年在一个个法治个案中感受到宪法的人民性，才是赢得香港青年人心的治本之策。

发挥中华文化学院作用
促进台湾青年文化认同路径浅析①

北京社会主义学院课题组②

一、文化认同的概念界定

"认同"一词并非汉语中的固有概念,而是五四新文化运动之后,从英语名词"identity"和这个词的衍生词汇"identification"翻译而来。由于"identity"强调静态的"身份",而"identification"强调动态的"行为",因此汉语中的"认同"同时具备"认同感"与"认同行为"的含义。20世纪90年代,"认同"概念成为大陆学界社会研究的基本概念之一。

弗洛伊德在1921年撰写的《群体心理学与自我分析》一书中,认为"认同是与某一对象情绪联系的最初形式","某个群体成员之间的相互联系是这类认同(以重要的情绪共同性为基础)的特性"③。在美国心理学家埃里克森(Erikson)的"自我认同与心理社会性发展理论"中,创造性地拓展了弗洛伊德理论中"认同"概念的内涵和外延。弗洛伊德的"认同"仅指个体对于外界环境影响的吸收过程,而埃里克森的认同理论则更强调自我意识的作用和社会文化的影响。他认为,过去的经历和体验,以及社会文化背景的影响共同构成了"认同"。

---

① 本文为北京社会主义学院(北京统战理论研究基地)2018年招标课题,立项编号:BJSY18109。

② 课题负责人:谢伟铭(北京社会主义学院副教授、博士)。课题组成员:卢梭(北京社会主义学院培训部干部),吴文杰(北京社会主义学院培训部干部),肖海虹(北京社会主义学院培训部干部)。

③ 威廉·布鲁姆(William Bloom).认同理论:其结构、动力及应用[EB/OL].王兵,译. https://wenku.baidu.com/view/5ebc11906bec0975f565e201.html。

继埃里克森之后，一批社会学家将"认同"理论运用于社会现象分析。涂尔干认为，任何社会制度的"黏合"都是基于个体对其所处社会的价值观、规范和可接受的行为模式的内化。20世纪的社会学家帕森斯和哈贝马斯认为认同是社会的核心问题，"通过共同的认同，人们在相同的心理特征上联系在一起"①。在一个集体中，群体成员对于其所处的团体或价值观的共识就形成了政治认同，进而变为对统治权威的认可与服从。当这个政治团体表现为国家时，就出现了国家认同。在一个民族发展的过程中，这个民族的人民对其自然环境和社会文化产生了认可和依恋，就产生了民族认同（又称族群认同）。在18世纪启蒙运动时期，欧洲中世纪封建国家解体，民族国家纷纷建立，民族认同感从而发展起来。正如哈贝马斯所说，"民族的自我理解形成了文化语境，过去的臣民们在这个语境下会变成政治意义上的积极公民"②。民族认同概念包括人群共同体内部相互关系的认同和民族自然文化的认同。③一个民族的人民共享同样的自然环境和类似的生活方式，从而形成了同一种文化，这种文化又反过来影响这个民族人民的心理和行为，增强了民族内部的凝聚力。

国家认同（National Identity）一词最早出现在1953年列文森论梁启超的名著《梁启超与中国近代思想》中。台湾学者江宜华则认为国家认同问题试图分析的是一个人如何决定其国家归属、如何看待国家归属与私人生活秩序的关系。

文化认同（Cultural Identity）是心理学和社会学领域中都在研究的问题。对于这个概念，已有很多国外的心理学家、社会学家给出了自己的定义。例如，文化认同是与一个文化族群相关的个体的自我主观意识（班克斯，2010），是个体与文化情境相互作用的结果（Padilla & Perez，2003）。④根据这些学者的论述，可以得出三个要点：一是文化认同是个体的一种心理模式；二是这种心理模式是由个体所处的文化情境所引发的；三是这种心理模式促使个体对所在的文化情境

---

① 威廉·布鲁姆（William Bloom）.认同理论：其结构、动力及应用［EB/OL］.王兵，译. https://wenku.baidu.com/view/5ebc11906bec0975f565e201.html.
② 陆幸福.哈贝马斯宪法爱国主义探析［J］.西南政法大学学报，2006，8（2）.
③ 贺金瑞，燕继荣.论从民族认同到国家认同［J］.中央民族大学学报（哲学社会科学版），2008，35（3）.
④ 董莉，李庆安，林崇德.心理学视野中的文化认同［J］.北京师范大学学报（社会科学版），2014（1）.

产生归属感,个体从而确认自己的身份。总而言之,所谓"文化认同",指处在同种文化情境中的个体对这种情景产生的归属感。

民族、国家和文化三者之间相辅相成。在这三者之中,国家这个概念是后起的产物。而文化则源远流长,与民族的形成和发展相辅相成。自18世纪欧洲中世纪几大帝国统治崩溃以来,民族成为构建新兴国家的要素之一,而随着新兴民族国家的形成,文化也成为一个或多个国家的独特标志,从民族的凝聚力自然地过渡为国家的向心力,推动民族国家发展壮大,文化认同成为维系民族认同和国家认同的前提。

二、台湾青年的国家认同、民族认同和文化认同现状

据台湾学者考证,台湾少数民族的祖先为"南岛语族人"。他们在9000多年前居住在中国沿海地区,6000多年前迁移到福建马祖附近,再顺洋流航行到台湾北部,分成十支扩散到全台湾岛。人类学、生物学、考古学等学术研究的结果都支持这一结论。2011—2012年,台湾"中研院"历史语言研究所研究员陈仲玉及台湾清华大学人类学研究所助理教授邱鸿霖在马祖亮岛发现石器、陶片、骨器、贝冢群、动物骨骸和人类遗骸群,其中"亮岛人1号"和"亮岛人2号"两具人类骨骸,经国际最权威的基因研究中心解序确认,与台湾少数民族及大陆东南地区一些少数民族有血缘关系,属于同一族群。[①] 这就有力地驳斥了很多台湾人持有的"台湾少数民族是源自东南亚"的论点。除少数民族之外,1949年后从大陆到达台湾的人群自然更是中华民族的一部分,所以完全可以说,台湾人民确实都是中华民族的血脉遗存和后世子孙。2014年8月,台湾竞争力论坛民调显示,在"具有共同血缘、语言、历史文化"前提下,认同自己是中华民族一分子的民众比例为87%。2016年台湾竞争力论坛组织的"国族认同"调查结果也显示,"台湾民众认同自己归属中华民族的比例稳定保持在八成以上"[②]。

---

① 千年前亮岛"小鲜肉"模样曝光 学者重建头骨复原颜面 [EB/OL].东南网.http://taihai.fjsen.com/2016-02/28/content_17413640.htm.
② 郭艳.台湾青年民族认同、文化认同和国家认同的分析研究[G]//北京联合大学台湾研究院.2016年度北京市涉台调研课题获奖成果汇编.

高度的民族认同,是两岸认同"一个中国"的社会基础,但宏观上一致的民族认同,在具体和现实的政治问题上却出现了认同分歧,这也是导致两岸政治僵局的根源。

从第二次世界大战后一直到20世纪90年代初期,台湾的主流文化中认同中国的比例还是较高的,这在当时的新闻报道和影视节目中都有反映。但在1996年第一次台湾"大选"之后,李登辉、陈水扁等一以贯之地推动"去中国化",导致"台湾人"认同持续升高,"中国人"认同逐年下降。尤其是教科书中淡化"中国人",强调"台湾人",导致青少年国家认同混乱。2008年6月,TVBS民调显示,20—29岁的青年人自认是台湾人的比例为76%,明显高于其他年龄层。2012年3月,这一比例上升到83%。① 2016年3月中旬,台湾《联合报》的调查显示,20—29岁的年轻族群自认是台湾人的比率高达85%。②

相对于国家认同走低的现象,台湾青年的文化认同呈现出更为复杂的情况。一些学者认为"包括台湾青年在内的台湾民众普遍对中华文化具有较高的认可度"③,还有一些学者认为"哈日情结对台湾社会主流价值的扭曲与冲击在近年来越来越明显,进而影响到台湾社会的文化价值取向和政治取向"。不同于国家认同和民族认同,针对文化认同的大范围调查问卷资料还比较缺乏,前面两位学者也都没有举出相应的调研数据。由于文化是浸透在日常生活中的,不同于国家、民族认同可以直接宣之于口或反映在调查表上,对于文化的态度和实际的文化心理有可能并不一致。正如五四时期的很多进步作家言必称西方,对中国传统文化全盘否定、猛烈批判,其为人处世体现出的却是儒家传统士人的风范。因此有必要从台湾青年的生活环境和其日常言行来探知其文化心理。本文尝试通过调阅赴台团组的实地调研报告,以及来京参访的大学生的满意度测评等资料来分析台湾青年的文化认同情况。

通过调阅多个北京市赴台交流团组的调研报告,我们可以看出台湾文化环境

---

① 尹茂祥. 台湾年轻世代政治认同的现状、特点及建议[EB/OL]. http://www.zhongguotongcuhui.org.cn/tylt/201606/201612/t20161219_11657356.html.
② 郭艳. 台湾青年民族认同、文化认同和国家认同的分析研究[G]//北京联合大学台湾研究院. 2016年度北京市涉台调研课题获奖成果汇编.
③ 同上。

的两个特点：其一是拥有中华传统文化的深厚积淀，言行中体现出浓郁的儒家伦理观念和道德规范；其二是实现了传统文化与现代创意的相互促进。随着全球化的发展，台湾地区的制造业逐渐失去了成本优势，不得不另寻出路。经过探索，借鉴日本文化产业的经验，台湾地区将文化创意产业作为岛内经济发展新的增长点，通过创造性地在现代生活用品设计中加入传统文化元素，开发出令人耳目一新的文化创意产品，实现"文化创意化、创意产业化"，使创意产业逐步取代以加工为主的制造业，成为一个重要的经济支柱。台湾的文化创意产品继承了中国传统文化的厚重底蕴，又充分吸收台湾地域特色文化的精华，同时还承接西方现代文明的时尚精神，将传统、自然、前卫、和谐这些元素综合运用到文化产业及文创产品的设计生产上，使文化产业在融会贯通中西的过程中不忘根本，既继承和发扬了传统文化精神，又通过产品与服务向世界展现了中华文化的精髓。一些文化创意产业成果在华语地区乃至世界范围广泛流行，显示出势不可当的发展态势。这不仅使台湾地区经济焕发出新的生机，也使中国传统文化元素受到世界各国人民，特别是年轻人的喜爱。

赴台交流人员的所见所闻充分说明，不仅台湾的文化环境无法脱离中华文化的范畴，台湾的经济发展也有赖于中华文化为其提供的深厚滋养。在这种环境中，台湾青年无论口头上如何否认，实际上也无法把中华文化排除在自己的生活之外。另一方面，随着两岸青年交往的增多，台湾青年对大陆的一些流行文化认可度也逐步提高。在对来京参访的台湾大学生的访谈中，他们都提到很喜欢近年大陆拍摄的《雍正王朝》《甄嬛传》《步步惊心》等电视剧。

在 2018 年 1 月北京市台办组织的台湾大学生来京参访团中，对日程安排中的老北京历史典故讲座、首都博物馆、长城、颐和园、故宫、天坛等中华文化内容的满意度达到 8 分以上（满分为 10 分）的比例均超过 90%，并有 83.33% 的团员希望今后增加人文社科系列（发现自然和人文的美，学习体会中华文化之精髓）的内容，66.67% 的团员希望增加中国历史地理系列（拉大历史纵深，追本溯源，如圆明园、周口店北京人遗址博物馆等）的内容。说明台湾青年对中华文化具备相当的认同，并且希望进一步了解中华历史文化方面的知识。

由此可以看到，在国家认同上，台湾青年多抱有迷茫或淡漠的态度；在文化认同上，他们却天然拥有对中华文化的亲近感；而较高的文化认同也保证了较高的民族认同。但也正因如此,"台独"势力采取各种手段力图瓦解台湾青年的文化认同,以便从根源上和祖国大陆进行切割,实现其"台独"野心。

"台独"风潮的高涨是经过几代台湾当政者铺垫和推动的。从李登辉的"认识台湾",到陈水扁的"台湾意识""同心圆史观",经过将近20年的潜移默化,对台湾的一代青年已经造成了巨大影响。马英九上台后,尽管两岸关系回暖,但马英九出于种种顾虑,并没有从根源上对"台独"思想进行拨乱反正,客观上纵容了"台独"势力。2015年,马英九政府对中学历史教材微调(去除课本中的"台独"表述,使其符合史实)本是教育界一项意义重大的反"台独"行动,可惜为时已晚,反而引起青年学生的"反课纲微调"运动,这证明台湾青年的思想已经深受"台独"思想影响,"去中国化"教育造成的恶果难以扭转。2016年,蔡英文执政后更是变本加厉,在思想界、教育界开始推行更加全面的"去中国化"与"文化台独"活动,包括"去孙中山化"行动;撤除微调课纲;"去祖化",取消遥祭黄帝陵,不提两岸同属中华民族或炎黄子孙,而是强烈宣扬台湾族群或台湾民族;"丑化郑成功"与"去郑成功化";"去中华民国化";将"台独之父"郑南榕自焚日定为"言论自由日";推动制定淡化中华文化的《文化基本法》,其中提出"台湾是一个多元文化的国家",不提中华文化,也不提"中华民国",而且将台湾定位为"国家",完全是一个"文化台独基本法";建立"台湾国家化"表述与话语;试图"货币台湾国化";企图以"台侨"取代"华侨"。这一连串的措施不但严重影响了两岸关系,更是造成了台湾民众尤其是台湾青少年文化意识、民族意识的混乱。

由上述事实可以看出,"台独"势力的一贯伎俩就是用"台湾认同"取代"中国认同"。从"认同台湾土地"衍生出"吃台湾米,喝台湾水,脚踏台湾土,头顶台湾天,就要说台湾话,爱台湾"的本土观念,其实质就是要与中国大陆切割甚至对立,将台湾从一个地域概念篡改为国家概念,具有强烈的"反中"内涵。"民进党推动的'文化台独'政策,包括教科书的修改,是从结构上改变台湾人的大脑。"① 《旺报》总编辑戎抚天指出,李登辉时期修改台湾教科书,其效果15—20年之后在参加"太阳花学运"的那批年轻人身上显现,那次修改教科

---

① 两岸学者谈台湾青年认同问题,直言不讳[EB/OL].(2017-07-27). http://www.vos.com.cn/news/2017-07-27/cms890672article.shtml.

书的主要目的是在政治上阻绝大陆与台湾的关系，通过"中华民国"和中华人民共和国分立的概念来培养出台湾人"独立的"政治认同。蔡英文上台后，又第二次修改教科书，此次修改和第一次修改的不同，在于要在文化上改变台湾人的认同。辅仁大学教授、日本研究中心主任何思慎感慨，在民进党所推动的新课纲影响下，台湾年轻人对两岸关系的认知从"一个民族的两个国家"逐渐要变成"两个民族的两个国家"[①]。可见增强台湾青年的中华文化认同已经迫在眉睫。

三、各地中华文化学院在增进台湾青少年文化认同方面的努力及成效

台湾文化与大陆文化在本质上都是中华文化的组成部分，因此两岸具备文化认同的基础。青年人的政治思想正处于形成和发展阶段，具有强烈可塑性。因此，做好台湾青年工作、争取台湾年轻世代的文化认同就成为当前对台工作的重点之一。

中共中央2018年12月印发的《社会主义学院工作条例》(简称《条例》)第六章中规定"中央社会主义学院和地方社会主义学院，经批准可以加挂中华文化学院和地方中华文化学院牌子，开展以爱国主义为宗旨，以中华文化为主要内容的教育、研究和对外交流活动"，"应当面向港澳台同胞和海外侨胞开展国情教育和中华文化研修，增强港澳同胞的国家意识和爱国精神，争取台湾民心认同"[②]。根据《条例》精神，各地社会主义学院（中华文化学院）都应该努力创造条件，在增加台湾青年文化认同方面发挥积极作用。

在团结和联络台湾青年方面，各地中华文化学院都具有各自优势。例如，北京中华文化学院具备首都文化资源、优秀师资和北京市涉台机构的合作机会；福建中华文化学院具备台胞群体祖籍地的人脉资源；山东、浙江、安徽等其他各地中华文化学院也都具备地方特色的文化资源。如果将这些资源加以整合，将对台

---

① 两岸学者谈台湾青年认同问题，直言不讳[EB/OL].(2017-07-27). http://www.vos.com.cn/news/2017-07/27/cms890672article.shtml.

② 中共中央印发《社会主义学院工作条例》[EB/OL].(2018-12-25). http://www.zysy.org.cn/a1/a-XDJDAV5973A20EEE03A767.

湾青年工作大有裨益。在这方面，已经有几家中华文化学院开始了自己的探索。

福建省中华文化学院充分利用台湾同胞祖籍地的优势，密切联络居住在祖国大陆以及来大陆学习、经商的台湾同胞，以论坛、研讨等多种形式向他们宣传对台方针政策，鼓励他们充分发挥聪明才智，积极参政议政，为祖国统一、为建设社会主义和谐社会多做贡献。其中最突出的工作有两项：一是在福建省委统战部的支持下建立两岸姓氏源流研究会，下设李氏委员会、雷氏委员会等各姓氏研究分会30余个，定期召开海峡两岸姓氏文化论坛，实现海峡两岸姓氏族谱对接，以姓氏文化研究联结两岸人民，充分彰显了海峡两岸同根同源的共同血脉和文化，展示了两岸同胞认祖归宗的共同愿景。二是举办海峡百姓论坛，在大陆和台湾定期轮流召开，作为海峡两岸重要的民间交流平台受到国台办和福建省政府的认可，从2016年起纳入福建省海峡论坛系列活动，成为海峡论坛重要的子品牌。

北京中华文化学院自2005年开始组织赴台文化交流项目，每年组织2—3个团组赴台进行文化、教育等方面的交流访问，① 目前已经组织了30余次，参加人员达到400余人，涉及两岸文化创意产业、中华文化教育、基层管理和文化建设等多个方面的主题，对京、台交流起到了良好的促进作用。在台湾青年工作方面，自2009年起多次与北京市台盟合作举办台湾青少年夏令营，2018年起和北京市台办合作举办台湾大学生"创视野"北京参访团，利用北京中华文化学院丰富的中华文化教学研究经验和师资库，为台湾大学生安排了一系列中华文化课程，组织了交流联谊活动，得到参访团成员的高度评价。

四、挖掘中华文化学院进一步发挥作用的空间和新路径

未来两岸青年交流工作应避免交流上的模式化、表面化、固态化，打造针对性强、导向性强、创新性强的交流形式。

通过与福建、浙江、山东、安徽等中华文化学院及北京市台办座谈，我们了解到，目前虽然各地都在不同程度地开展对台青年工作，但是限于本地本部门条件，各个中华文化学院独自进行这项工作还存在很多困难；另一方面，北京市台

---

① 刘克曼，卢梭. 以文化认同促进台湾民众的民族认同和国家认同［J］. 广东省社会主义学院学报，2014（4）.

办虽然从20世纪90年代初就开始推进京台青年交流，打造了京台交流的多个品牌项目，在引导两岸青年交流方面走在全国的前列，但是在中华文化课程体系的建立、现场教学点的拓展等方面，也存在力不从心之处，需要各地中华文化学院的配合支持。

就北京中华文化学院而言，作为首都的中华文化学院，理应发挥自身优势，联合全国各地兄弟学院，探索对台青年工作的新路径。具体可以从以下几个方面着手。

第一，在课程设置上做到系统化、多元化，考虑以下三个方面的内容。

一是介绍大陆经济发展和对台政策。习近平总书记指出："从根本上说，决定两岸关系走向的关键因素是祖国大陆发展进步。"[①] 继2018年2月28日国务院台办、国家发展和改革委员会联合发布《关于促进两岸经济文化交流合作的若干措施》（简称"31条惠台措施"）后，又有北京、厦门、上海等十几个省市地区出台细化措施，给台湾同胞，尤其是台湾青年来大陆学习、就业、居住创造条件和机会，对台湾青年具有极大的吸引力，很多台湾青年有来京就业的打算，对与其自身相关的政策十分渴望了解。在北京市台办2018年台湾大学生来京参访团的调查问卷中，考虑来京就业的比率达到83.33%，考虑来京实习和创业的也分别达到55.56%和38.89%，有94.44%的参访团成员希望接收到市台办发送的针对台湾青年在京实习、就业、创业的相关信息并留下了邮箱。因此，中华文化学院可以针对台湾青年关心的这些问题，设置"大陆惠台政策""大陆经济发展情况""大陆就业创业形式"等课程。

二是培植历史记忆和集体记忆。"集体记忆在一个集体——特别是民族集体——回溯性的身份认同中起到了持久的作用。"[②] 因此，在认同的建构中，我们绝不可忽视记忆的作用。台湾青年对于两岸历史的认知错乱，相当大程度上是人为造成的，是"台独"势力一手推动的。政治上的叫嚣不可怕，文化上的洗脑才是真正的威胁。"台独"势力通过对台湾思想界和教育界的多年渗透，已经在相当大的程度上掌握了台湾的话语权，并以西方民主、人权思想包装自己，赢得台

---

① 习近平：两岸关系走向关键在大陆发展[EB/OL]. (2015-03-05). http://gx.people.com.cn/n/2015/0305/c229247-24069689.html.
② 格罗塞. 身份认同的困境[M]. 北京：社会科学文献出版社, 2010.

湾民众，甚至一部分大陆民众的好感，这是相当危险的现象。通过与来京参访的很多台湾大学生团组交流，笔者发现这些学生甚至带队老师都不时在提到祖国大陆时说"中国"如何如何，很显然是多年来思维惯性的下意识行为，实在令人感到忧虑。而参访活动的安排又过于侧重文化古迹的参观和企业的访问，讲座课程比重较少，在这些讲座中也侧重于中华文化的内容，而淡化涉及政治的话题。这虽然是出于照顾台湾同胞的情绪考虑，但也存在难以真正触动他们对两岸关系思考的问题。因此，笔者认为，两岸青年交流工作可以淡化政治，但要重视历史，通过回顾两岸共同的历史记忆来构建认同。举例来说，抗战的历史、两岸在国际化大潮下经济发展的比较等都是讲座的很好主题，有利于在台湾青年头脑中构建两岸的命运共同体观念。

三是探讨中华文化在两岸传承脉络。人类社会发展至今，真正的文化原创性创新是非常少的，我们今天仍说"四大文明古国"或"五大文明圈"，中华文化是凤毛麟角的原生性文化中的一个。海峡两岸是这一古老而富有生命力的文化的共同传人，拥有共同的文化血脉，有着相同的文化根基，这是两岸交流的立足点。在课程设置上，不仅可以有系统地介绍儒家文化、中医药文化等纲要性课程，还可以介绍大陆富有特色的地方文化，甚至可以另辟蹊径，从两岸文化传承的对比方面入手，同中窥异、求同存异，将海峡两岸中华文化做一比较梳理，这样既给了台湾青年新知识，又结合了他们自身的文化体验，应该会有很好的效果。

第二，在交流活动设计上整合资源，丰富内容。针对青年人开放、自由、活跃的特点，两岸青年交流工作应不断创新方式方法，结合青年人关注的热点开展更具有针对性的交流活动，开拓更多富有中华文化特色的现场教学点。各地中华文化学院不但要互相加强合作，还要和各省市台办、台联等涉台机构组织加强合作，实现资源共享和优化配置。例如，北京中华文化学院可以联合各地兄弟学院，在北京市台办的台湾青年来访项目中设置各地文化体验和现场教学环节，如设计一些寓教于乐的现场教学项目，培养台湾青年的大中华意识。

第三，加强交流过程中的讨论互动。台湾青年来大陆并不只是为了领略大好河山，更重要的是面对面地和大陆青年接触和交谈。在 2018 年北京中华文化学院和市台办共同举办的台湾大学生来京参访活动中，就设置了座谈和联欢会，极大地拉近了两岸青年的距离，会后很多台湾青年主动加微信，和大陆青年成为朋友。在座谈和互动中要注意三点：其一，注重共同历史观的构建，以历史为切入点，唤起台湾青年的民族感情和民族认同；其二，注重中华文化的传承，以文化为抓手，让台湾学生多参观祖国大陆的优秀传统文化景点，唤起他们身为中华民族一员的自豪感；其三，避免谈及具体的政治局势、政治倾向问题，润物细无声地做到争取人心、增进文化认同，进而激发他们的民族认同和国家认同。

第四，充分利用多媒体平台，加强后续联络。在北京中华文化学院和北京市台办共同举办的2018、2019年寒假台湾大学生来京访问活动中，我方工作人员就和台湾学生、教师打成一片，互留微信和邮箱，在节庆时互致问候，并向愿意接收大陆资讯的台湾青年发送最新的大陆惠台政策等，让更多的台湾青年通过这一次来大陆访问感受到持久的友谊和亲情，达到了广交朋友的目的。

五、结语

从以上论述可以看出，台湾青年在文化认同上的错乱不是由于两岸文化的分歧，而是"台独"势力人为操纵的结果。但是青年人的思想还在发展和成熟的过程之中，只要我们持之以恒地加强大陆和台湾的交流，在交流中不仅让台湾青年亲眼见证大陆的发展，还要让他们了解两岸共同的历史和文化，就一定能够潜移默化地消除"台独"思想对他们的影响，构建他们对中华文化的认同，进而构建民族认同和国家认同。各地中华文化学院在文化资源方面有足够的优势，可以成为两岸青年交流的良好平台，只要不断探索，必将在增进台湾青年文化认同上发挥更重要的作用。

加强网络统战工作研究[①]

北京社会主义学院课题组[②]

随着网络信息技术的飞速发展，互联网日益成为我国宣传思想工作的主阵地、舆论斗争的主战场。活跃于网络空间的大批网络人士，占据网络阵地，具有较强的话语权，做好他们的工作，对于维护社会稳定和国家长治久安具有重要意义。为此，课题组联合市委统战部新的社会阶层人士工作处、首都互联网协会党委等部门，对网络活跃群体这一对象的统战工作进行了研究。2018年5月以来，共调研北京地区重点互联网企业38家，[③]发放调查问卷1000份，有效回收911份，举办研讨会2场、座谈会6次。同时，调研走访了广东、浙江、福建等省，了解各地开展网络统战工作的新探索、新成效，在此基础上认真查找问题并分析原因，有针对性地提出对策建议，以期为网络统战工作更好地开展提供参考。

一、加强网络活跃群体统战工作的重要意义

当前，理论界将网络统战的内涵主要界定为三个方面：运用网络信息技术开展统战工作、在网络空间开展统战工作以及对网络活跃群体开展统战工作。网络活跃群体主要包括新媒体和自媒体平台负责人、网络大V、网络作家等网络人

[①] 本文为北京社会主义学院（北京统战理论研究基地）2018年招标课题，立项编号：BJSY18110。

[②] 课题负责人：陈锦荣（北京社会主义学院讲师、博士）。课题组成员：谢伟铭（北京社会主义学院副教授、博士）、王东勤（北京社会主义学院教授）、王琛（北京社会主义学院助教）。

[③] 38家重点互联网企业为党组织关系隶属首都互联网协会党委的互联网企业，具体包括千龙网、百度、新浪、搜狐、微博、网易、360、第一视频、优酷、乐视、爱奇艺、字节跳动、铁血、豆瓣、知乎、快手、一点资讯等。除千龙网外，其余37家都为非公有制企业。

士。本课题着眼于统战工作以人物为中心的特点，侧重对网络活跃群体如何开展工作进行实证研究。

近年来，随着网络信息技术不断发展，大批网络活跃群体应运而生，在快速更迭的信息变革和内容为王的激烈较量中积极弄潮，逐渐成长为一支影响社会舆论、引领社会风潮、推动治理变革的重要力量。面对"四个前所未有"的新形势、新任务、新要求，加强网络活跃群体的统战工作具有重要现实意义。

（一）加强网络活跃群体统战工作，事关维护网络意识形态安全

当前我国网络意识形态领域并不平静，既遭遇社会多元化思潮的挑战，也面临西方意识形态渗透的潜在风险。在这种情况下，必须强化阵地建设，加强对广大网民尤其是网络活跃群体的引导，将他们凝聚到党的周围，扩大主流价值的影响力。据统计，2018年，微博粉丝数量超过2万或月均阅读量大于10万的头部作者规模达70万人，其中粉丝数量超过50万或月均阅读量大于1000万的大V用户数量接近5万人。调研中也发现，仅一家互联网企业重点联系的"头部人群"，人均"粉丝"就达380万人，社会能量不容小觑。调研显示，有93%的受访者认为，开展网络统战工作"十分必要"和"必要"；有91%的受访者认为，网络统战在网络综合治理格局中"具有重要作用"。因此，加强网络活跃群体统战工作，有利于引导大家增强法制意识、社会责任意识和舆论导向意识，在关键节点重大时刻积极主动正面发声，发挥"一根头发和一把头发"的作用，助力营造良好的网络生态。

（二）加强网络活跃群体统战工作，事关巩固党的执政基础

中国特色社会主义进入新时代，我国社会主要矛盾发生深刻变化，统一战线内部结构复杂性前所未有，网络人士也呈现利益多元、思想多样、行为多变等特征。在"流量为王"的宗旨下，有的网络大V专以爆黑料、炒作负面消息为"噱头"，制造热点、吸引粉丝；有的受境外势力影响，对我国现行体制和政党制度不断进行攻击，故意歪曲历史、诋毁领袖和英雄人物形象；有的甚至剑走偏锋，与"网络水军"等不法势力沆瀣一气，利用自身独特的网络影响力，开展有偿删帖、有偿公关、有偿操控舆论等不法行为。如果任由他们胡作非为，不仅严重危

害传统文化、社会道德和公序良俗，而且将影响我们党的执政基础，危害党的执政地位。因此，加强对网络活跃群体的统战工作，有利于引导大家进一步规范网络行为，将广大网民最大限度地团结在党的周围，确保社会和谐稳定和经济健康发展。

（三）加强网络活跃群体统战工作，事关实现社会主义现代化强国目标

建设社会主义现代化强国是中国共产党和各族各界群众、广大人士的共同历史使命。在网络综合治理格局中，相比公安、网信等部门的强力管理，统战工作更重视对代表人士的团结引导，更注重联谊交友方式。调研中，有的网络大V提出，"过去曾被公安请去喝茶，后来同统战部联系多了，总比公安老来找麻烦要好"。有的知名博主感触，"有些年轻人不怕事大，总想整出点动静来，经过统战部门的培训学习后，认识和看法不一样了，遇事能够换位思考，在关键时刻明白自己的责任和底线所在"。因此，加强对网络活跃群体的统战工作，有利于拉近"头部人群"同党的距离，引导他们强化责任使命，同我们党齐心协力、携手前进，为建设富强民主文明和谐美丽的社会主义现代化强国凝聚智慧和力量。

二、对网络活跃群体开展统战工作的探索与成效

近年来，在中央高度重视下，各地统战部门加强对网络活跃群体的思想政治引领，积极探索组织起来的新方式，不断创新网络统战工作手段，着力打造工作品牌，使网络统战工作初显成效。

（一）开展政治理论培训

针对网络人士思想活跃多元、游离体制之外等特点，近年来，中央统战部在中央社院探索举办两期网络人士理论研讨班，把互联网企业出资人、高层管理者、知名博主、公众号负责人等新媒体平台经营者以及网络作家等网络大咖聚集起来，进行集中的政治理论培训，强化习近平新时代中国特色社会主义思想和党的十九大精神的学习，组织大家围绕互联网行业宏观政策和当前经济、文化、社会等热点话题，进行思想碰撞和头脑风暴，让学员在学习交流中增进了共识，既

提高了能力，又收获了友谊。近年来，北京社院也积极举办新的社会阶层人士专题培训班，将网络知名人士纳入培训体系中来。经过理论学习、现场教学、组织研讨等系统培训，大家纷纷表示获益匪浅，进一步理解、把握了党和国家事业发展大局及自身职责使命。

（二）建立网络人士联谊组织

针对网络活跃群体构成复杂、身份多样、分布广泛等特点，各地积极探索将不同类别的对象组织起来，有针对性地开展统战工作。例如，浙江省温州市龙湾区在全国率先建立了网络人士联谊会，同时还建立了由区委统一领导、区委统战部牵头的网络界人士统战工作联席会议制度，做出了良好示范。北京市着重发挥互联网企业党组织作用，推动360公司、微博等9家企业党委成立新的社会阶层人士联谊会，通过新的社会阶层人士联谊会将"头部用户"组织起来。重庆市近年来打造新媒体代表人士统战工作示范点，成立了网络作家协会，探索网络作家群体统战工作的新途径。广州市探索制订了新联会组织建设工作计划，在新的社会阶层人士联谊会下专门设立了新媒体从业人员委员会，实现了网络统战工作对象的覆盖。

（三）主动加强沟通联系

网络活跃群体善于运用新媒体手段传播信息，掌握较强的网络话语权，表达的意愿较为强烈，但往往囿于找不到发挥作用的路径，因而容易跑偏。近年来，北京主动加强同网络代表人士的沟通联系，探索建立重要事项通报和舆情反馈制度，以及网络建言献策直通车、网联会委员工作室等，收集提交网络代表人士的意见建议；同时，支持引导网络代表人士围绕党和政府的中心工作和群众关心的具体问题在网络积极发声，主动对一些网络谣言进行辟谣，营造良好网络舆论环境。广州市近年来着力打造"羊城e家——广州互联网行业沙龙"特色品牌，每月举办一期活动，形成常态化机制，每次选取互联网热点话题展开讨论，并设置与观众的互动环节和有奖问答环节，同时精选现场图文和视频直播，提高了活动的影响力。

（四）用好网络新媒体手段

近年来，中央和一些省主动适应新媒体带来的变化，依托各类平台资源创新网络统战方式和载体，让人耳目一新。例如，中央统战部近年来精心打造的"统战新语"微信公众号，定期围绕统一战线领域的热点问题推出原创专栏文章，已成为宣传统战、了解统战、引领统战的一个重要窗口，广受欢迎。上海市黄浦区前些年成立"海燕博客"，并用社会化方式孵化培育出"都市原点"话剧社等18个网络子社团，开展了1000多场活动，吸引了一大批新的社会阶层人士，形成共同分享体验、交流观点的组织平台，并培养出一批群众工作骨干。

三、对网络活跃群体的统战工作面临的突出问题

总的来看，我国网络统战工作的开展时间较短，在对网络活跃群体的团结引领方面，仍面临许多新情况新问题，当前主要的不足体现在以下几个方面。

（一）对具体对象联系不紧、了解不深

一是"找不到人"的问题尚未有效解决。统战工作主要是做人的工作，然而目前还难以有效做到人物的精准识别。以北京为例，"新媒体从业人员"公开的数据是83万人，但这仅是一个统计意义上的结果。83万人究竟分布在哪里，名单是什么，目前还未有效掌握。就网络活跃群体来看，各大互联网企业大都依据一定标准建立了"人物库"，问题是各类数据库并未有效打通。从力量统筹来看，统战部门和各互联网企业自身力量有限，仅凭统战部门一家之力，同网络活跃人士联谊交友的广度和深度远远不够。

二是对网络人士的认识、把握有待提升。由于各方面原因，一些网络人士对党的理论路线、方针政策的理解存在偏差甚至错误，少数人在一些问题上有过激甚至对立言行，都是正常现象，需要我们用宽容之心去分析对待。另一方面，有的网络人士对统战部门心存顾虑，甚至刻意回避，不愿意打交道，也是因为可能面临角色定位紧张，害怕"被招安了"，[①]影响他们的"粉丝量"，因此希望"统战部门或高层能够以有格调的方式关心我们"。现实中，有的统战干部作风简单粗暴，往往采取封号、删帖等方法解决战斗，结果把他们推到党的对立面，埋下

---

① 中央社会主义学院统战教研部调研组.网络人士统战需要关注的四个问题[J].调研参考，2016（2）.

"舆论危机"的隐患。

（二）思想政治引领的有效手段较为单一

办班培训是一种行之有效的教育引领方式。目前看来，除了集中办班外，加强网络活跃群体思想政治引领的方式手段还较为欠缺。这主要归结为传统方法多、创新举措少，线下活动多、线上工作少。在移动互联网时代，微博、微信、直播等多种网络社交媒介的兴起，为满足大众不同兴趣需求，内容往往更加丰富多彩，形式更加灵活多样，人们的注意力也日益呈现碎片化，越来越缺乏深度阅读的耐心，注意力成为稀缺资源。在此背景下，如何出实招、出实策，开展好政治引领、思想引导、共识教育，让网络人士真正听党话、跟党走，夯实共同团结奋斗的思想政治基础，已成为做好网络统战工作的关键。

（三）对新媒体中的代表人士培养、使用和关怀力度不够

把广大新媒体从业人员和网络意见人士团结到党的周围，是网络统战工作的重点，关键要做好新媒体企业出资人和网络意见代表人士的工作，在思想上引导他们、在工作上支持他们、在政治上关心他们。当前，对新媒体代表人士队伍建设还缺乏统筹考虑，缺少发现、培养、使用、管理的长效机制。有的受访者提出，落实统战工作条例要求，党外人士政治安排的任务很重，新媒体中的代表人士作为新兴群体，政治安排的位置较少，而且越往下，问题越突出。同时，相比政治上的进步，新媒体中的代表人士对安全问题更为关切。调研显示，新媒体从业人员的收入水平整体呈现"二八分"，作为互联网企业出资人和管理者，在财务上实现了一定自由，更加关注自身财产安全和人身安全，对未来发展充满不确定性。因此，亟须把队伍建设工作细化为关怀行动，当前这一方面工作总体做得还不够。

（四）网络统战工作资源投入还有待加强

由于网络统战工作的对象来源广泛、思想多元、专业性强等特征，给统战工作开展带来新的压力。当前各级统战部门，包括新媒体企业自身在统战工作力量配备方面都显得不足，缺乏新媒体统战工作的专职人员，且统战部门工作人员

的业务能力、政治素养和知识储备等方面还存在不相适应、不匹配的问题。同时，统战网络建设还存在资金、技术等方面的短缺。调研发现，"资源有限"和"经费不足"是制约互联网企业党组织开展网络统战的关键影响因素，占比分别达47.6%和38.9%。尤其是企业党组织在同广大党外人士打交道时，常面临"资源有限"与"捉襟见肘"的尴尬局面（图1）。有受访者对企业党组织的处境做了生动描述："一不像企业人力资源部门，可给员工升职加薪给票子；二不如政府机构，可给网络人士穿靴戴帽给荣誉。只能是发挥个人魅力和组织力量，去动员大家撸起袖子加油干。"此外，一些地方还没有建立专门开展网络统战工作的平台，有的平台光有架子没有内容，存在"重建设轻管理、重形式轻内容"等现象，有的统战新媒体内容单调，仅限于转发一些文件和工作动态，原创性不强，辐射效果不佳，时间一长，沉寂为"僵尸账号"。

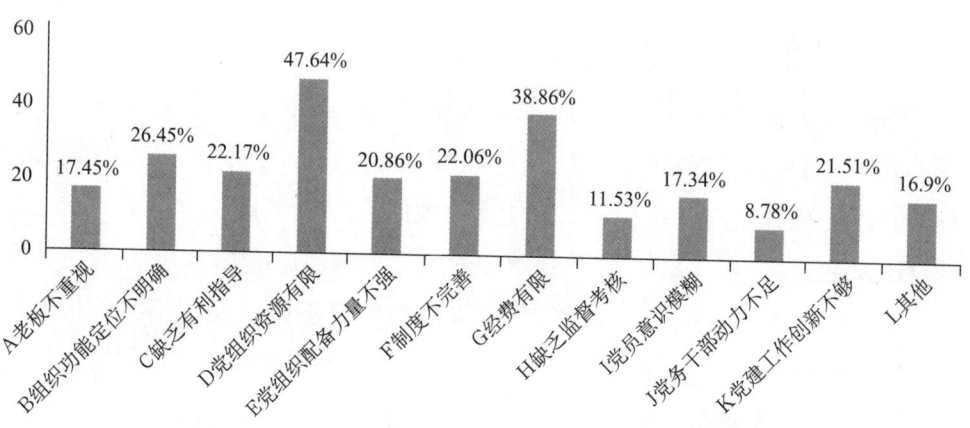

图1 受访者对企业党组织开展网络统战工作的影响因素分析

（五）网络统战工作的体制机制有待进一步理顺

网络综合治理是一项系统工作，涉及党委、政府、企业、社会组织、网民等多方主体。从管理的角度来看，当前负责网络安全和信息化工作的牵头部门主要是党委宣传部门及网信办。随着网络统战工作形势的发展，统战部门必然要介入，并承担起很大一部分职能，那么相关部门之间的关系能否理顺，尤其是在综合治网格局中，宣传部门与统战部门的职责如何划分，这成为当下一项迫切需要回答好的现实课题。调研发现，目前两家颇有各干各的趋势，内容上互相有交叉，但工作上缺乏沟通对接。从企业层面而言，目前面临的主要问题是缺乏相应的监督考核机制。一些受访者表示，互联网企业负有网络监管的主体责任，但是没有开展网络统战的义务，交朋友更多只能出于公心、出于情怀。一些企业党务工作者也认为，当前缺乏针对党员参与网络综合治理的奖励机制，长此以往影响大家的积极性。从企业外部来看，有的党组织负责人提出，目前互联网企业参与网络统战的考核滞后于工作实际发展，在一些上级机关的考核评比、资源分配上还一定程度存在"大锅饭"现象，未能形成网络统战的良性生态。

四、改进建议与对策

做好新时代网络统战工作，需要加强党对网络统战工作的领导，贯彻"信任、尊重、团结、引导"的工作方针，加强新媒体中的代表人士队伍建设，创新网络统战的内容与形式，提升保障水平，最大限度地把新媒体中的代表人士团结在中国特色社会主义的伟大旗帜下，不断开创网络统战工作的新局面。

（一）加强党对网络统战工作的领导

各级党委和相关部门要提高认识，从巩固党的执政基础、维护网络安全和意识形态安全、巩固和发展最广泛的爱国统一战线的高度来对待网络统战工作。统战部门要把网络统战工作摆上重要议事日程，定期研究、检查和总结，及时解决突出问题。在党委统一领导下，健全由统战部门牵头，各相关单位和企业群策群力的网络统战工作联席会议制度。一要树立"大统战、大团结"观念，从战略高度强化网络媒体在统战工作中的地位和作用，加强对新媒体从业人员和网络意见人士的疏导、监督、管理；二要整合工作力量，选配政治素质好、业务能力强、知识面宽、创新意识强的干部从事网络统战工作，加强对统战干部政治理论和新媒体相关业务培训，提高干部的能力和素质；三要形成工作机制，牢固树立"一盘棋"的工作理念，健全工作渠道和机制，加强沟通协调，研究解决问题；四要充分发挥新媒体从业人员联谊会等社会组织、行业协会的作用，加强联系，协同推进网络统战工作；五要加强指导，对于一些新媒体从业人员比较集中、统战工作相对较重的园区、楼宇和新媒体企业，设立新媒体企业统战工作联系点，派驻统战工作联络员，实现新媒体统战工作的有效覆盖，形成统战工作的合力。

（二）贯彻信任尊重、团结引导的工作方针

中央统战工作会议提出，包括新媒体中的代表人士在内的广大新的社会阶层人士，都属于社会主义事业的建设者。一些新媒体从业人员和网络意见人士对社会现象持批判思维，甚至喜欢"放炮"，这是由他们的工作环境等因素决定的，有的甚至是"生存的需要"。对待他们的个性特点和现实需要，不能苛求。对待他们中的一些偏激的观点甚至是错误的言行，不能采取"矫枉过正"的方式方法。关键是要采取区别对待的方法，根据对党和政府的认同程度，将新媒体中的代表性人士从整体上划分为"忠诚追随者""善意批评者""激烈批判者"和"敌对势力"四种类型。①对待这四类群体，要分类施策，总的原则是："抓两头、带中间"。对第一类，要积极支持发声，适当做出政治安排，但同时注意保护，避免成为攻击对象；对第二类，要积极团结，适当做出政治安排，帮助扩大影响；对第三类，要积极引导，"网来网去"的交流解决不了问题，就要畅通线下沟通的渠道，经常邀请他们参加一些知情明政的活动，主动做好思想引导和耐心说服工作，创造对话的机会，促使他们思想发生转变；对第四类，要适当宽容，在充分说理和甄别的基础上，区分出极小部分，注意运用法治手段依法进行打击。在制定相关政策时，要注意征集新媒体代表人士的利益诉求和意见建议，经常与新媒体代表人士进行工作、思想、文化等方面的交流，每逢重大节日和全局性的重要活动，统战部门领导要主动走访联系对象，帮助他们解决一些工作和生活上的难题。

（三）加强新媒体中的代表人士队伍建设

一要加强对从业人员的教育培训，把新媒体知识和统战知识学习作为必修科目，纳入日常培训计划，建立一支既了解统战工作又了解现代信息理论和技术的队伍，推动这支队伍成为先进文化的传播者、公共文化服务的提供者和城市精神文明健康发展的促进者；二要建立经常性联系渠道，了解分析新媒体从业人员和

---

① 李凤华，赵会龙.网络意见人士的类型与统战工作策略探析［J］.中央社会主义学院学报，2016（5）.

网络意见人士的思想动态，开展思想政治状况调查，做好言论分析研判，在红色大V中开展坚持和发展中国特色社会主义的学习实践活动，积极探索建立互联网统战工作平台，引导他们成为党的方针政策的主动传播者、社情民意的重要采集者、科学民主决策的积极推动者；三要着力培养代表人士队伍，党委和统战部门要与宣传部门加强沟通合作，加大从新媒体从业人员和网络人士中物色储备力量，严格标准，广开视野，分类建立新数据库，加强动态考核和管理。要加强政治培训和挂职锻炼，对数据库中的人物开展轮训，对于政治可靠、表现突出的代表人士，要适当做出政治安排，在政协的新社会阶层界别中，应当有新媒体中的代表，一时安排不了的，要积极推荐到统战社团中担任职务，发挥他们的作用及影响。争取通过3年时间，每个省培养出50名左右的红色网络大V。

（四）创新网络统战的内容与形式

一是推进新媒体内容创新，要主动研究把握新媒体传播的内在机制，提升议题设置能力，强化内容策划，推出一批寓教于乐的优秀产品，注重选择统战工作与用户兴趣的结合点，保持对热点事件的敏感和追踪，起到以点带面的效果。二是充分利用微博、微信、网络直播等新媒体以及II7等新载体，善于推出微视频、微内容，注重从感性风格转化话语体系，多用图片形式、网络语言增加直观性和趣味性，达到既方便受众利用碎片化实践阅读的效果，又拉近与统战对象的传播半径。三是积极拥抱和利用大数据技术。在网络统战中积极采用大数据手段，有利于增强调查研究的全面性和前瞻性，有利于提高思想引导的针对性和有效性，有利于提升党外代表人士综合评价的准确性和科学性。[①] 同时，要克服功利主义思维，充分认识大数据应用工作的长期性、渐进性，在实际工作中增强大数据思维，延伸工作手臂，拓宽数据收集渠道，做好数据管理，设定分析模型，进行综合分析，不断开创网络统战工作的新局面。

（五）为网络统战对象发挥作用提供保障

一要畅通知情明政的渠道，各级统战部门要善于运用微博、微信等新媒体开

---

① 李艳红.试论大数据在新的社会阶层人士统战工作中的应用[J].调研参考，2017（30）.

展网络统战工作,及时更新内容,做好政策解读,当好权威话筒,把统战特色与网民需求有机结合起来。二要搭建参政议政、建言献策的平台,引导新媒体中的代表人士发挥专业优势,传播社会正能量。三要推动有关部门加大简政放权、放管结合、优化服务力度,为企业减负松绑,积极搭建企业与政府部门、银行、产业发展相关机构对接的各类服务平台。四要加大经费保障力度,建立完善互联网企业网络统战工作经费保障体系,探索每年根据企业党组织统战工作成效来动态调整拨付金额,并逐年建立递增机制,以促进形成激励机制。就互联网企业自身而言,应当在党建工作专项经费中开列用于支持统战工作开展的活动经费,对于企业党建工作的经费开支,要计入企业税收减免"盘子"。五要加大对新媒体中代表人士成长的扶持力度,鼓励互联网企业党组织与高校科研院所开展党建共建,积极推荐符合条件的网络人士担任兼职教授,提升其社会尊荣感和组织归属感。

北京地区知名统战人士故居现状调查及保护利用策略研究①

北京印刷学院课题组②

一、课题研究背景

"统一战线、武装斗争、党的建设"是中国共产党在中国革命中战胜敌人的三大法宝,而统一战线是中国共产党凝聚人心、汇聚力量的政治优势和战略方针,是夺取革命、建设、改革事业胜利的重要法宝,是增强党的阶级基础、扩大党的群众基础、巩固党的执政地位的重要法宝,是全面建成小康社会、加快推进社会主义现代化、实现中华民族伟大复兴中国梦的重要法宝。

统战文化源于统一战线发展壮大的历史积淀,富含政党文化、民族文化、宗教文化、社会阶层信义文化和海内外同胞同根文化,是独特风格和气质的文化形态。包括名人故居在内的文化遗产是一个国家与民族历史文化成就的重要标志,统战名人作为时代的精英和表率,其巨大的人格魅力和重大贡献,以及其所集中体现的文化特质,历来为人们所追捧和崇拜。他们就是民族精神、时代精神的象征符号。他们的思想、行为和品格在民族文化发展方面有着根本性的推动意义,对后人的影响也是深远的。

从历史文化名人与统战文化的关系看,挖掘整理历史文化名人资源、研究宣

---

① 本文为北京社会主义学院(北京统战理论研究基地)2018年招标课题,立项编号:BJSY18111。
② 课题负责人:刘玲(民盟北京市大兴区工委宣传部副部长、北京印刷学院副教授)。课题组成员:鞠华(北京印刷学院党委统战部副部长),王巍(民盟北京印刷学院支部主委、北京印刷学院研究生院副院长、研究员)。

传历史文化名人、纪念弘扬历史文化名人精神有利于统战文化的发展。发挥统战文化的向心凝聚作用，充分利用历史文化名人这一独特资源为统战工作服务。

北京是我国的政治和文化中心，许多统战人士都曾在此居住，他们的故居（纪念馆）已成为老北京别具特色的本土风情和北京历史文化名城的重要组成部分，也为开展统战工作提供了最重要的文化载体，做好故居的保护和利用工作也是当前对历史文化内涵保护和创新统战工作的迫切需求。在城市改造和建设的现代化进程中，北京名人故居的保护虽然不断加强，但保护措施、开发利用方式仍不够完善。许多已经列为文物保护单位和对社会开放的统战名人故居包括其纪念馆、博物馆，由于经营管理方式单一，陈列、展览的内容单调陈旧，宣传展示工作缺乏时代性和趣味性等问题，难以吸引参观者。有的故居重建设不重利用，重保护不重开发宣传，故居的开发多停留在实物静态展示、孤立的点状开发阶段，缺乏必要人力与财力的后投入，使得名人故居这项不可再生的人文资源受到了严重影响。整体上看，北京地区统战名人故居的价值未能充分体现，文化资源没有"活"起来。充分利用现代化技术与方法，做好这些故居的保护开发是首都政治中心与文化中心建设的迫切需求。

二、课题研究意义和价值

文化遗产是一个国家与民族历史文化成就的重要标志，不仅对于研究人类文明的演进具有重要意义，而且对于展现世界文化多样性具有独特作用，是人类共同的财富。北京知名统战人士故居属于北京城市文化遗产，加强保护有利于后人铭记历史，也彰显城市品质。传承先进文化，弘扬名人的丰功伟绩，关键在于自主创新，要开拓名人文化的界域和纬度，激扬名人文化的活力与张力，最大限度地挖掘名人故居的文化潜力，展示北京统战文化的魅力，使之成为驱动北京发展的巨大动力和北京地区传统文化传承教育的重要内容。

（一）彰显文化柔性力量

近年来，因城市建设等需要，故居被拆除的问题日趋严重，引起社会广泛关注。深入挖掘故居统战文化，可以充分发挥自身优势，把北京地区知名统战人士故居真正打造成北京地区统战成员文化交流平台和统战工作对外展示、宣传的窗口。同时也有利于北京地区优秀传统文化的继承和发展，满足人民群众多样化的文化需求，推动社会主义文化事业繁荣发展。

北京知名统战人士故居包括宋庆龄、李大钊、鲁迅、郭沫若、茅盾、老舍、徐悲鸿、梅兰芳等故居或纪念馆，作为北京城市文化遗产，通过自主创新，挖掘名人故居的文化潜力，展示北京统战文化的魅力，使之成为驱动北京发展的巨大动力和北京地区传统文化传承教育的重要内容。

（二）传承和弘扬统战文化

北京地区统战人士故居是北京统战文化的一部分，是北京地区统战历史、革命精神的载体。深入挖掘名人文化、名人精神，也是为了传承统战文化。70年前的10月1日中华人民共和国成立，是中国历史进入新时代的标志，是中华民族发展的一个重要里程碑。文化名人为中华民族的解放，为中华人民共和国的成立做出了卓越的贡献。曾在北京居住的文化名人是其中许多仁人志士的杰出代表，他们是：20世纪的伟大女性宋庆龄、中国共产党主要创始人之一李大钊、新文化运动的先驱鲁迅、百科全书式的文化巨匠郭沫若、中国现代文学泰斗茅盾、"人民艺术家"老舍、中国绘画大师徐悲鸿、杰出的京剧表演艺术大师梅兰芳。

中国的社会正处于大转型的现在进行时，许多发达国家的价值观念和生活方式不断影响到人们（特别是青少年）的理想信念、思想行为和道德准则等精神层面，使他们的价值取向和审美心理发生偏移。文化娱乐化、历史虚无化、语言失范化、艺术消费化等种种不良的文化生活方式正在消解人们对于优秀传统文化的理解和继承。通过深入挖掘文化名人的精神，可以充分展现他们波澜壮阔的一生与深沉的爱国情怀，以引导社会成员建立正确的价值判断标准和行为取向。

（三）是推动统战工作的有效途径

统战文化的价值内核凝聚强大的精神力量，要策划不同的主题来深化和拓展对统战名人的研讨，可以对宋庆龄、李大钊、鲁迅等大义凛然的民主精神进行剖析，研讨的过程也是凝聚海内外人心、激起四海之共鸣的过程。知名统战人士故居资源应用于统战工作，是新时期推动统战工作的有效途径，是统战工作的包容性诉求、广泛性诉求与创新性诉求。在统战工作中，知名统战人士故居资源有助于强化统战对象的身份认同，有助于唤起统战对象的精神共鸣，有助于赢得统战对象的力量支持。及时开发、科学运用地方名人资源，并对知名统战人士故居资源的传播途径、物质载体、实践形式等加以创新，是知名统战人士故居资源应用于统战工作的可行策略。

（四）促进统战人士交流

名人故居纪念馆在统战工作中具有重要功能与价值。北京地区知名统战人士故居文化可以为北京统战工作开阔思路、提升层次、增添魅力。统战人士主要是中高级知识分子，学历文化层次比较高，通过以文会友、以诗会友、以画会友等多种方式深入交流，可以将大家团结在一起，凸显统战文化的引领力、感召力、渗透力和感染力，达到"爱国、民主、和谐、同心"的目的，这也是为北京建设成国际一流的和谐宜居之都尤其是文化中心做出应有贡献。通过对名人故居的展示陈列方式、新技术利用、文物的活化方式及爱国教育活动来传承中华优秀传统文化，以及宣传统一战线爱国传统。

三、课题研究过程和方法

（一）课题周期安排

（1）2018年9月—2018年10月，针对分布在东城与西城的统战名人故居（纪念馆）的现状进行调研，包括故居基本情况、文物展品、展示陈列、新技术利用及开展的爱国教育活动等。

（2）2018年10月—2018年11月，分析研究故居（纪念馆）在传承中华优秀传统文化、教育宣传统一战线爱国传统的功能和作用。

（3）2018年11月—2018年12月，通过选择1—2家典型特色的故居，开展文化内涵挖掘、互联网内容创意与策划、文化创意产品设计开发、文创产品推广等实践活动。

（4）2018年12月—2019年1月，研究故居（纪念馆）在爱党爱国、统一战线方面开展宣传、教育等活动方式与内容，增强教育体验，体现寓教于乐，让参观者在参观学习的同时丰富阅历，体验有别于传统说教的统战教育方式。

（5）2019年1月—2019年2月，探讨宣传、教育、文化、旅游等领域的交流合作方式，开展以名人故居（纪念馆）为载体的统战工作理论与实践研究，完成结题报告撰写。

（二）课题研究方法

（1）查阅与走访，已初步了解北京地区（主要是西城区与东城区）名人故居分布现状，将名人纪念馆视为一个整体的社会组织形态，通过组织社会学视角，采取文献研究法、定性研究中的比较分析法、实地调研法、访谈等，从组织结构、运行机制、内部层次、外部环境、职能职责、业务开展、展览布局、陈列方式、教育活动、文化创意等方面，对北京地区（主要是西城区与东城区）名人故居进行比较研究，以发现问题、分析成因，并提出解决对策，为基于故居开展统一战线教育活动打下基础。

（2）与北京鲁迅博物馆深入合作，带领团队进行了深入调研，进行了系列文化创意产品的设计实践，文化创意设计方案和产品受到鲁迅博物馆的肯定。

四、北京地区统战名人故居现状

（一）总体情况

在北京旧城各级文物保护单位中有相当数量的建筑属于名人故居。据统计，目前北京已经确认的名人故居约92处，已经挂牌列入文化保护单位国家级、市级、区级的有31处。其中有2处被列入国家重点文物保护单位，有17处被列为市级文物保护单位，有12处被列为区级文物保护单位。另外，有3处被列为普查登记项目，有5处作为保护院落。

由于历史的大变迁，这些名人故居除少部分已被建成纪念馆、博物馆对社会开放之外，如鲁迅故居、郭沫若故居、宋庆龄故居等，大多数的名人故居因不具备对外开放的条件，虽然会有文物保护单位的标志，但缺乏一些解释声明，导致其历史和价值很少为人们所了解。

目前，北京旧城区名人故居中现已被保护并开辟为纪念馆的共有9处。其中宋庆龄故居、郭沫若故居（纪念馆）被列入了国家重点文物保护单位；北京鲁迅博物馆、徐悲鸿纪念馆、梅兰芳纪念馆、茅盾故居、老舍纪念馆、李大钊故居、纪晓岚故居、张伯驹潘素故居纪念馆等被列为北京市文物保护单位，同时还有蔡锷故居、陈垣故居、齐白石故居、谭嗣同故居、程砚秋故居、蔡元培故居、欧阳予倩故居等，但由于现在开放条件不够理想，很多故居纪念馆还都满足于原封原样，不能深入挖掘主题、强化先进文化的引领作用。

本课题所调研的名人故居，指北京旧城范围之内的名人故居，主要分布在西城和东城两区。什刹海地区是北京旧城区名人故居相对比较集中的区域，如位于后海北沿46号的宋庆龄故居、前海西沿的郭沫若故居。此外，作为北京老居住区的西城区阜成门到西四的区域，也有大量爱国人士、革命家、文学家在此留下印记，如李大钊、鲁迅等。从国内情况来看，即便像北京这样的历史文化名城，绝大多数名人故居也是"门前冷落车马稀"。名人故居之所以不能吸引游客，有很多原因，如经营管理方式单一，宣传不到位，故居内的陈列、展览内容单调陈旧，缺乏时代性和趣味性。

（二）"8+"名人故居纪念馆情况

"8+"名人故居联盟2000年成立，从最初的"八家"名人故居纪念馆［宋庆龄故居、李大钊故居、北京鲁迅博物馆、郭沫若故居（纪念馆）、茅盾故居、老舍纪念馆、徐悲鸿纪念馆、梅兰芳纪念馆］，发展到今天的"8+"名人故居纪念馆联盟（按入盟时间顺序分别为：桐乡市茅盾纪念馆、泰州梅兰芳纪念馆、重庆郭沫若纪念馆、乐山郭沫若纪念馆、李四光纪念馆、詹天佑纪念馆、天津李叔同故居纪念馆、天津梁启超纪念馆、青岛康有为故居纪念馆、广州红线女艺术中心、广州鲁迅纪念馆）。每年一个主题，在国内外不间断开展主题展览、出版、讲座等文化活动。由于活动主题鲜明，形式灵活多样，引起社会各界的广泛互动和反响，长期以来被誉为"博物馆界的乌兰牧骑"。

此次调研重点在宋庆龄故居、李大钊故居、北京鲁迅博物馆、郭沫若故居（纪念馆）、茅盾故居、老舍纪念馆、徐悲鸿纪念馆、梅兰芳纪念馆8家北京名人故居。自2000年开始，宋庆龄、李大钊、鲁迅、郭沫若、茅盾、老舍、徐悲鸿、梅兰芳等京城8家名人故居纪念馆联手举办文化活动，并开创了优势互补的合作伙伴关系新模式，走出了一条强弱合作并结合本身文化特点发挥其各项功能的道路。尽管这几家人物纪念馆分别隶属于不同性质的单位，它们却能从整体考虑，优势互补、形成合力，更多地体现出了馆际之间相互关心、相互尊重、共同繁荣的博爱理念，使得博物馆的内涵更加丰富，馆际之间更加团结。

1. 宋庆龄故居

中华人民共和国名誉主席宋庆龄同志故居，位于西城区后海北沿46号，是展现中国古代建筑艺术及中国近现代史的旅游景点，国家3A级旅游景点、全国重点文物保护单位、中央国家机关思想教育基地、北京市青少年爱国主义教育基地、首都文明旅游景区。始建于清朝康熙年间，为大学士明珠的府邸花园，乾隆年间为和珅别院，嘉庆年间为成亲王永瑆王府花园，后为光绪父亲醇亲王奕譞府邸花园，清末又为末代皇帝溥仪的父亲醇亲王载沣的王府花园，即摄政王府花园。中华人民共和国成立前夕，这里已经荒芜凋敝。后周恩来总理受党和政府委托，筹建宋庆龄同志在北京的住宅，于1961年将这座王府花园整饬，并在原有建筑迤西接建了一座两层小楼，筑成了一座优雅安适的庭院。1963—1981年，宋庆龄在此生活工作了18年，直至逝世，1981年10月中央决定把此处住所命名为"中华人民共和国名誉主席宋庆龄同志故居"，并由国务院确定为全国重点文物保护单位。

宋庆龄故居这些年来在研究宋庆龄精神的基础上不断探索适应当今社会需求、青少年教育需求的项目，充分发挥校外教育特殊功能，打造一个符合当代发展需要，真正使少年儿童得到成长实惠的品牌项目。在挖掘历史内涵的同时，结合当代素质教育的新理念，宋庆龄故居开展了许多丰富多彩的活动，并赋予其新的内涵。正如宋庆龄所讲：给儿童指示正确的道路，启发他们的思想，使他们走向光明的境地，这正是所有工作人员不断探索的动力，这种不断探索的精神本身也是宋庆龄精神的最好传承和发扬。

为了更好地发挥故居作用，传承宋庆龄精神，把故居打造成为孙中山宋庆龄的文物宝库、研究宋庆龄生平事迹和伟大思想的权威机构、宣扬宋庆龄精神和中国特色社会主义的坚强阵地、增进中外人文交流的重要平台。宋庆龄大讲堂是故居致力打造的学习品牌，自创设以来，多次邀请孙中山、宋庆龄生前好友及知名专家学者开讲（表1），深受大家欢迎。党支部着力打造学习品牌，邀请宋庆龄生前好友及其后人、孙宋研究学者等嘉宾到故居开讲，进一步增强了弘扬宋庆龄精神的自觉性和主动性。"时代小先生"活动主要针对8—14岁儿童，先集中对他们行礼仪、心理及相关知识的培训，培训他们在宋庆龄故居做小小讲解员。"社会大讲堂"活动培养了学生的爱国精神，并提高了他们的口头表达能力、表演能力，得到了家长、学校和教委的认可。

表1　宋庆龄故居社会大课堂课程一览表①

课程单元	课程名称（主题）	课程介绍	年级分段
爱国主义教育	1. 宋庆龄的民族精神	介绍宋庆龄一生的爱国思想和事迹	1—12
	2. 宋庆龄的家庭教育	介绍宋庆龄的父母如何教育子女	1—9
	3. 宋庆龄与和平鸽	介绍宋庆龄为和平事业所做的贡献和故居鸽子的故事	1—9
	4. 诚实守信的宋庆龄	介绍宋庆龄最后的一幅题字和从小诚实守信的故事	1—9
	5. 宋庆龄的最后一次讲话	介绍宋庆龄在去世前21天接受荣誉法学博士学位	4—12
	6. 宋庆龄的中国梦	介绍宋庆龄关心祖国命运，为新中国的创立，为国家的繁荣富强所做的伟大贡献和毕生追求	4—12
	7. 孙中山宋庆龄爱国主义思想	了解两位伟人的爱国主义精神，激发学生们的爱国情感，引导他们树立为祖国强盛而奋斗的人生目标	4—12
传统文化、科教知识	1. 北京的四合院	介绍有关四合院的传统文化知识	1—12
	2. 中国古典园林	介绍中国古典园林知识	4—12
	3. 醇亲王府	介绍醇亲王府	4—12
	4. 美丽的王府花园	介绍醇亲王府花园	1—6
	5. 植物故事汇	介绍故居植物及植物背后的故事	1—9
	6. 经典诵读	介绍毛泽东、宋庆龄等的诗词，学习他们对人生、对理想的追求，欣赏诗词艺术带给人们的心灵震撼	1—9

① 发布时间：2017-05-01，来源：中华人民共和国名誉主席宋庆龄同志故居网站。

续表

课程单元	课程名称（主题）	课程介绍	年级分段
特色实践活动	1. 历史剧表演	（1）少年宋庆龄 （2）风雨同舟 （3）宋庆龄与她的保姆 （4）宋庆龄与小先生 （5）营救七君子	1—7
	2. 心灵鸡汤（心理拓展游戏）	由专业心理培训老师指导进行心理拓展、释放压力游戏	1—12
	3. 智慧大比拼（知识竞赛）	由故居提供抢答设备，进行以故居大课堂知识为主的知识竞赛。（以小队为单位参赛）	4—12
	4. 放飞和平鸽	在故居草坪集体放飞和平鸽	1—12
	5. 带着问题参观（参观故居）	在故居老师组织下，参观故居，同时寻找答题卡上的答案	1—12
	6. 发表活动感言、民主选举精英小队	学生代表进行即兴演说，民主选举，评出精英小队并颁发证书、奖品	1—12

2. 郭沫若故居（纪念馆）

郭沫若故居在西城区前海西沿18号，原是清代和珅的一座花园，后成为恭亲王奕䜣府的草料场和马厩。民国年间，恭亲王的后代把王府和花园卖给辅仁大学，把此处卖给达仁堂乐家药铺作为宅园。1963年10月，郭沫若始居于此，直至1978年6月12日逝世，郭沫若先生在这里度过了他一生中的最后15年。

3. 老舍纪念馆

老舍纪念馆位于北京市东城区灯市口西街丰富胡同19号院，原为老舍故居，即"丹柿小院"，是一座北京旧式小院，小小的黑门坐西朝东，进门为一小院，只有两间南房，向西是一座三合院。老舍先生在这里生活、工作了16年。1984年5月12日北京市人民政府将老舍故居公布为北京市第三批文物保护单位。1999年2月1日正式开放。

老舍纪念馆官网包含版块有：一、纪念馆概况（1.馆藏文物，2.位置布局，3.历史沿革，4.乘车指南）；二、实事动态；三、老舍故居（1.北京故居，2.外地故居，3.国外故居）；四、老舍年谱（1.正红旗之子，2.东方学院，3.山东岁月,4.抗战时期,5.美国之旅,6.新中国时期);五、老舍作品(1.小说散文,2.戏剧作品,3.幽默小品,4.其他作品);六、老舍研究(1.老舍简介,2.专著论文,3.外文译者);七、展览活动(1.展览介绍,2.举办活动);八、文学知识(1.文学名人,2.中国文学,3.外国文学);九、絜青画廊;十、留言板;十一、三维全景。

4. 李大钊故居

1979年8月21日,李大钊故居被公布为北京市重点文物保护单位。李大钊一家在石驸马大街后宅35号(今西城区文华胡同24号)北院居住将近4年,这是他在故乡之外与家人生活时间最长的一处居所。故居为一小三合院,占地面积约550平方米,有北房3间,东、西耳房各2间,东、西厢房各3间。其中,北房东屋为李大钊夫妇的卧室,东耳房为李大钊长女李星华的卧室,东厢房北间为李大钊长子李葆华的卧室,东厢房南间为李炳华的卧室,西厢房为李大钊的书房。

李大钊故居在中国共产党的历史上有着特殊的价值。在后宅胡同居住的时期,是李大钊人生事业的第一个黄金时代,也是他异常忙碌的时期。他为传播马克思主义、创建中国共产党、建立国民革命统一战线、巩固和发展国共合作、领导北方革命运动做出了巨大贡献。党史专家一致认为,北京李大钊故居是李大钊传播马克思主义、创办中国共产党、领导北方工人运动、促成第一次国共合作等一系列革命实践活动最具代表性的历史见证。

北京李大钊故居将积极投身于北京市中小学生社会大课堂活动,为全市中小学社会实践活动的开展提供服务。李大钊故居是西单小学爱国主义教育共建基地。北京李大钊故居被北京市教委选定为首批挂牌40个资源单位课程教学试验基地之一,并被授予课程教学活动示范基地铜牌。

弘扬革命传统,继承先辈遗志,北京李大钊故居爱国主义基地建设使故居履行社会大课堂义务的对象范围进一步扩大,以学校为平台、以学生为主体的爱国主义互动活动,针对小学生的特点进一步丰富开展爱国主义教育的内容。截至目前,李大钊故居已与部队、中小学校等5个单位建立了长久的爱国主义共建关系。

5. 北京鲁迅博物馆

北京鲁迅博物馆是国家文物局直属正局级一级事业单位,是中央国家机关思想教育基地、中央国家机关文明单位,北京市爱国主义教育基地、首都残疾人爱国主义教育基地、北京市社会大课堂中小学生教学活动试验基地，是首批国家一级博物馆，1956年10月19日正式开馆，拥有馆藏文物、图书等藏品7万余件，其中国家一级文物759件。目前，北京鲁迅博物馆正在积极进行文创产品创新及推广。

6. 茅盾故居

茅盾先生的故居有两处，一处在北京，一处在乌镇。北京故居位于东城区交道口南大街后圆恩寺胡同13号，是茅盾1972年后居住的地方，1985年3月27日正式开放。乌镇故居是茅盾先生出生和成长的地方。故居的前院开设了2个陈列室，陈列茅盾生前的实物和图片，包括手稿、作品、信件、手迹和茅盾主编过的文学刊物等，共400多件。后院正房6间，安放有茅盾夫人孔德沚女士的黑漆镂花骨灰盒。1984年5月24日，后圆恩寺胡同13号作为"茅盾故居"被公布为北京市文物保护单位。

7. 徐悲鸿纪念馆

徐悲鸿纪念馆有两处：一处位于北京市西城区新街口北大街53号，另一处位于宜兴亦园内。北京徐悲鸿纪念馆建于1954年，是由中国政府在徐悲鸿故居基础上建立的第一座美术家个人纪念馆。该馆原址在北京市东城区东授禄街16号，"文革"后，原纪念馆被拆除。1973年周总理指示重建新馆。徐悲鸿纪念馆新馆位于北京市西城区新街口北大街53号，总建筑面积10885平方米，建设规模为地下两层、地上四层，比老馆扩大一倍。新馆采用青砖绿顶的传统建设风格，淡雅朴素。徐悲鸿纪念馆新馆展区分为徐悲鸿生平展、国画展、油画展、素描和徐悲鸿藏画展五大板块。

8. 梅兰芳纪念馆

梅兰芳纪念馆位于北京市西城区护国寺街9号，占地面积716平方米。1961年梅兰芳逝世前，曾在这幽静、安适的四合院内度过了他人生的最后10年。此院原为清末庆亲王奕王府的一部分，中华人民共和国成立后经过修缮，梅兰芳搬到这里居住。梅兰芳逝世后，时任国务院总理周恩来提议建立梅兰芳纪念馆。纪念馆成立后，收藏有梅兰芳夫人福芝芳及子女在1962年捐献给国家的大量珍贵文物、文献资料。辟有4个展览室：正院北房为"故居陈列室"，客厅、书房、卧室、起居室的各项陈设均保持梅兰芳先生生前原貌。

外院南房为"第一陈列室",展出了精选的图片和资料,扼要地介绍了梅兰芳一生的主要艺术生活和社会活动。内院东房为"第二陈列室",陈列着梅兰芳使用过的部分戏装、道具及一些馆藏资料,另一内室为专题展览,不定期更换内容。西房为"第三陈列室",陈列着国内外友人赠送梅兰芳的书法、绘画和其他纪念品。

上述8位名人是站在时代潮流的前沿具有开创性的弄潮儿。鲁迅作品的思想深度、历史容量和战斗激情,在唤起人民觉醒、增强中华民族的凝聚力、提高中华民族的自信心等方面发挥了巨大作用,其深远影响是近代以来中国其他作家无法比拟的;郭沫若融学者和社会活动家于一身,一生笔耕不辍,著译等身,为中国文化做出了杰出的贡献;茅盾是中国现代文学泰斗;老舍的作品大多来自民间大众,极具民族特色,他以温暖的、平和的、极富同情感的文字及幽默的作品来启迪人们的心灵;梅兰芳是中国的国粹京剧"梅派"艺术创始人,舞台表演艺术大师。这些历史名人虽处不同领域,业绩、思想、风格、情怀各有不同,但他们不仅仅是一个个体的人,而是代表了一个时代的先进思想、先进文化和民族风范,他们追求的是中华民族的崛起和繁荣。当人们走进名人故居、纪念馆时,就会感受到名人的思想、文化及人格的魅力,受到心灵的启迪。这种利用故居、纪念馆的宣传、教育作用,以及故居、纪念馆给予世人的亲和力是其他教育机构难以替代的。

9. "8+"名人故居纪念馆联盟创新发展

2017年,为积极响应国家"京津冀协同发展"战略,推广"8+"名人故居纪念馆的优秀经验,在郭沫若纪念馆、李叔同故居纪念馆牵头下,京津冀三地名人故居纪念馆代表联合签订"京津冀名人故居纪念馆协同发展倡议书",开展战略合作,在业务交流、资源共享领域搭建新的平台,进一步实现了地区间名人故居纪念馆的超级连接。此次"8+"名人故居纪念馆联盟、京津冀名人故居纪念馆联盟与高校博物馆联盟合作,是一次跨地区、跨博物馆门类、跨行业的"超级连接",让博物馆(纪念馆)连接青少年、连接高校、连接社会;让名人走进高校,青少年走近名人,也是对国际博物馆日年度主题的阐释和实践。

2018年12月13日,"8+"名人故居纪念馆联盟召开了"名人故居纪念馆创新性发展研讨会暨年度工作会议"。"8+"联盟19家名人故居纪念馆的领导和代表，以及中共北京市西城区委宣传部领导、北京市文物局宣教中心代表等30余人参加会议。2018年"8+"联盟主持单位郭沫若纪念馆馆长赵笑洁在会上总结了本年度"8+"的合作工作和创新工作。赵笑洁馆长梳理了"8+"联盟全年的工作思路和创新点，并对举办13次展览、巡展、活动，5次学术研讨、讲座，3次文创交流，4次图书出版进行了逐一点评。老舍纪念馆馆长王红英全面介绍了2019年老舍纪念馆作为"8+"主持单位的工作计划和思路。中共北京市西城区委宣传部副部长徐晓辉参加会议，对"8+"联盟19年来的工作给出了高度评价，并对明年工作提出新的设想与希望。

不断创新活动形式、提升活动品质，努力打造北京有特色的品牌文化活动是8馆今后联合活动努力的方向。旨在让民族精神在今天得以传承、弘扬和发展，增加责任感和使命感，奋发图强，实现现代人的强国梦想，让文化名人留给我们的精神遗产在新形势下继续发扬光大。

五、名人故居纪念馆在统一战线爱国传统中传播与价值实现的途径

（一）打造首都政治和文化中心新名片，创建统战文化品牌

1. 建立统战文化示范基地，打造统战文化品牌

充分发挥知名统战人士故居价值，弘扬统一战线优良传统，着眼长远，发挥独特优势，着力把知名统战人士故居建设发展成为统战文化建设与实践的综合示范基地，打造统战文化品牌。

以名人故居主导，联合政协与各民主党派、部分高校，共同建设统战文化研究基地、党外人士之家，有针对性地进行主题性课题研究，凝练故居文化、研讨名人精神。民主党派应以基地为中心多方面开展学习交流、社会服务、议政调研、联络联谊等活动，在实践活动中学习知名统战人士爱国为民、追求进步的忠诚情怀，培养风雨同舟、参政议政的统战精神，让文化名人的精神遗产在新形势下继续发扬光大。发挥故居在统战文化培育、宣传与传播等方面的重要作用，使之成为统战各界、社会各界正确认识了解统战文化的基地。

以故居为平台，以故居文化、名人精神为主题，联合中小学、附近居民组织、建设爱国主义教育基地，通过系列主题活动，如"清明时节缅怀名人——走进故居"活动，"国际博物馆日"宣传活动、"旅游文化产品创意制作"活动、"爱我中华、薪火相传"主题活动等，逐渐形成品牌效应，凸显其在开展统战教育中所具有的别的场所不可替代的作用。

2. 建立传承优秀统战文化重要平台

名人故居、纪念馆保存和收集了大量珍贵文物，这都是我们民族的精神财富和文化遗产，是当今及以后研究、宣传先进文化的基础。国务院《关于加强文化遗产保护的通知》中明确指出："保持民族文化的传承，是联结民族情感纽带、增进民族团结和维护国家统一及社会稳定的重要文化基础，也是维护世界文化多样化和创造性，促进人类共同发展的前提。"

着眼于中国共产党领导的多党合作的新探索，着力把知名统战人士故居打造成为新时期各民主党派加强自身建设、提升参政议政能力、传承优秀统战文化与传统的重要平台。北京地区知名统战人士故居作为北京地区统战人士救国图强和与我党患难与共的历史阵地，是统战文化建设、发展的精气神和力量源泉。因而，故居统战文化的建设，将吸引各民主党派加强与故居统战文化建设力量的交流与合作，提升传承统战光荣传统及参政议政能力，以此坚定坚持多党合作与政治协商制度、坚持中国特色社会主义政治发展道路，使故居成为民主党派加强自身建设、发扬"荣辱与共"等光荣传统的重要平台和支撑点。

3. 建设展示中国政治文明优势的重要窗口

着眼于体现中国特色社会主义政治模式的比较优势，着力把故居打造成统战文化高地，建设成展示中国政治文明和中国特色政治制度优势的重要窗口。北京地区故居在中国统战历史的重要地位和建设统战文化的现实定位，决定了它的统战教育基地和统战文化高地的定位。只有积极挖掘和宣传统战历史资源、创新思维、丰富展览内容和传播实效，才能充分发挥统战教育与宣传的窗口功能。

如宋庆龄故居，宋庆龄个人的经历可以说是整个国家近现代史的缩影，通过深入挖掘宋庆龄在教育、慈善、外交等方面的事迹，以及她所倡导的追求民主、自由的精神，开展了关于慈善、教育、近现代史、政治学等系列讲座等活动。通过讲座活动，传承宋庆龄品质精神，呈现了统战文化的传统风采。

（二）加强科技支撑，以互联网、大数据、信息共享、跨界创意和智慧应用为重点，促进故居文物保护、开发和利用，并通过开发文化创意产品让文物"活起来"

1. 充分利用现代信息技术多渠道推广和传播文物资源

国家文物局于 2018 年 4 月发布了《关于加强可移动文物预防性保护和数字化保护利用工作的通知》，提出要结合"互联网＋中华文明"行动计划，充分利用现代信息技术，通过数字化传播、数字化教育、数字化服务，多渠道推广和传播文物资源。基于此，故居要积极联合申请项目与资金，联合高校与企业，积极开展故居文物的数字化开发与利用，主要内容包括以下几方面。

数字化传播：数字化展览策划制作，多媒体信息整合发布，文物多维度信息展示，虚拟现实展示，AR、VR 技术及全景漫游，移动终端传播导览，等等。

数字化服务：观众接待服务数字化管理、观众参观大数据记录分析、多元化导览、智能查询、团队智慧讲解、文物大数据共享服务、文物知识动漫与益智游戏等。同时，由于新时期网络和手机等各种新兴媒体广泛运用于生活，要充分运用网站、博客、微博、微信、视频等途径，利用新媒体、自媒体来推广故居文化和名人精神。

名人故居类纪念馆的推广要靠群力、用合力，仅依靠线下的宣传和推广是非常有限的。在数字化时代，新媒体是信息发布和宣传推广的有效渠道，也是特色资源推广活动中可借助的有力资源。随着互联网的发展，网络推广的优势开始得到了体现。名人故居类纪念馆可以借鉴这种做法，选择高活跃度、大浏览量的公众社交平台对名人故居类纪念馆进行推广，将微博、微信公众号等平台的内容以创业特色作为主推版块，辅以时下热点新闻、文艺类"干货"推荐，将"精而趣"作为宣传的定位，提高纪念馆的普及度。多层面、多媒体地全方位发挥科技融合作用，展现更大程度的宣传效果，使其最佳化、最大化；有必要挖掘好史料性的物品，特别是挖掘文物史料固有的文化内涵，以及因此衍生出来的形象化的、立体化的、现实感强的、时代感强的精神因素和活的灵魂。

2. 深入挖掘名人故居文化内涵，开发文化创意产品，让文物"活起来"

"文化寄托在文化载体上，需要通过文化载体来表达"。积极探索文物保护利用途径，促进文物保护与创意产业、文化产业、旅游产业等融合发展，多业态融合推动文化遗产"活起来"。由于故居（纪念馆）的文化创意存在起步晚、规模小、资源较为分散、品牌效应不强等问题，应大力推动成立行业联盟、馆企合作、馆校合作等多种模式，实现文创研发、营销渠道、人才培养等资源的共建共享。

文创产品开发依托故居本身所具备的多种标志性元素，包括内在的代表性藏品文化元素，外在的造型、色彩、图像、材质、加工工艺等元素，通过嫁接、组合、重塑、变异、模拟、植入、仿生等创意设计方法，将标志性元素与时尚、科技元素相融合，以满足文创产品在理念、功能、技术、外观上的创新要求。在深入挖掘故居文化内涵的基础上，进行互联网内容创意与策划、文化创意产品设计开发、文创产品推广等实践活动，来拓展名人文化体验载体，推动文物成果现代价值的实现，让文物"活起来"。

（三）建立长效工作机制，形成多元保护、开发与利用格局

1. 建立长效工作机制，统筹推进名人故居保护与利用工作

要形成多元保护格局，坚持保护为先，利用为后，统筹推进名人故居保护与利用工作。政府部门要结合实际和故居建设的发展要求，逐步理顺管理体制，加强文化、教育、统战、旅游、宣传多部门的联合协调，采取一主多副的协调领导机制，做到职责清晰、分工明确、运行高效、良性发展，为故居建设和文化宣传、爱国主义教育等活动的有效开展提供组织保障。适当增加人员编制，引进高素质专业人才，梳理并完善相关扶持政策，综合制订保护、开发和利用方案。

推动管理系统性。名人故居纪念馆的发展壮大，一定要走专业化、规范化、信息化之路。在管理上要推进规范化的管理模式，有管理的规范、管理的标准、管理的要求，形成有效的管理及评估体系。还要有责任心，不是散兵游勇，而是正规军；在文物保护、资料保存、档案利用等方面，要运用专业知识、专业手段、专业技术来保证。让史料更具价值，并得到有效的专业保护；在故居纪念馆的内涵再现，以及宣传价值充分体现等方面，要利用多层面的信息化手段、信息化技术、信息化措施充分展现，不遗余力。

2. 加强馆际合作，优势互补

自 2000 年开始，包括宋庆龄、李大钊、鲁迅、郭沫若、茅盾、老舍、徐悲

鸿、梅兰芳等 8 家名人故居纪念馆成立了"名人故居纪念馆联盟",以后又有 11 家故居纪念馆参加。通过联合,名人馆际间增进了友谊,从而产生了相互支持、相互信赖的强烈合作感,这期间所产生的合力是巨大的。

通过馆际联合,每年选定一个主题,在国内外不间断开展主题展览、出版、讲座等文化活动。这种馆际联合平台的打造,搭建了业务交流、资源共享的新平台,使得它们虽然隶属不同的单位,但能够从共同整体的角度出发,开创了优势互补的合作伙伴关系的新模式,走出了一条强弱合作并结合本身文化特点发挥其各项功能的道路,使得博物馆的内涵更加丰富,进一步实现了跨部门、跨地区的名人故居纪念馆的超级连接。除联合展览展示活动外,应进一步扩大馆际合作内容,如在新技术应用、研讨交流、文化创意等多方面进行充分合作。

3. 动员各方面社会力量和资源共同参与

推进名人故居管理队伍、专家队伍、志愿者队伍、居民自治队伍、青少年学生队伍共同参与,打造充满活力的常态化运行、教育、宣传、研究综合平台。针对未能开发和对外开放的故居,设立文物保护员,负责名人故居的日常巡查看护工作,建立网络化故居保护队伍。积极发展文化义工,探索建立名人故居保护监督、宣传、讲解志愿者队伍,进一步提升名人故居保护与利用的社会影响力和号召力。建立相关文物保护部门与社区群众的合作监督机制,设立相关奖励机制,激发社区群众对名人故居监督的积极性,提高故居保护监督的及时性和可操作性。联合高等院校、文博界的专家学者、热心于文化遗产保护的社会各界人士,并定期举办文化名人研讨会、交流会、学术性论坛等,推动名人故居与城市文化的融合与传承。

组织专家学者,依靠移动互联、虚拟技术等建立名人故居综合展示交流平台,融文博展示、遗产教育、法规宣传、媒介推介、科技讲座、专题旅游等为一体,促进文物保护与创意产业、文化产业、旅游产业等融合发展,多业态融合推动文化遗产"活起来"。

六、以"北京鲁迅博物馆"为例,进行设计开发实践探索

经过博物馆协会的推荐和介绍,2018 年 7—11 月,课题组走访了北京鲁迅

博物馆，进行了深入的调研，重点关注其特色文化及旅游特色商品。查阅北京鲁迅博物馆相关信息推广平台，以及官网、官方微博和微信等，了解北京鲁迅博物馆信息化建设与应用情况，以及景区景点信息化推广宣传情况等。合理设计调研问卷，通过微信、邮箱等方式，进行调研数据、资料、信息的收集、整理、分析，掌握不同人群对北京鲁迅博物馆旅游现状的满意程度与建议。

通过多次沟通与了解，课题组与北京鲁迅博物馆合作，开展了互联网内容创意与策划、文化创意产品设计开发、文创产品推广等实践活动。课题组历时4个月，在对鲁迅故居及博物馆（包括北京鲁迅博物馆、上海鲁迅博物馆、绍兴鲁迅博物馆和鲁迅故居）进行调研的基础上，完成100余件（套）文创产品设计，成果得到北京鲁迅博物馆的肯定。

在大量相关调查信息的基础上分析鲁迅故居及博物馆文化特性和旅游者对博物馆文创产品需求特点，研究针对鲁迅故居及博物馆的旅游文创产品设计方法和品牌推广新方式，并以北京鲁迅博物馆为主题进行旅游文创产品设计实践开发，以促进鲁迅故居及博物馆旅游文化创意产业的可持续发展。

七、结语

通过充分发挥北京地区统战人士故居的政治价值、文化价值、社会价值，利用故居丰富的历史图片、文献资料和实物展品，多层次、多形式、多角度展现近现代以来，中国各有志之士如何寻找救亡图存之路，中国共产党如何运用统一战线这一法宝取得革命的胜利和建设、改革的成就，彰显统一战线大团结、大联合的主题，揭示人心向背、力量对比的根本问题，深刻阐释统一战线的伟大实践与中国共产党赢得天下的必然联系和历史规律。从而使包括广大统一战线成员在内的中华儿女，在中国共产党的领导下，不分党派、不分团体、不分民族、不分阶层地团结起来，不忘初心、继续前进，为实现中华民族伟大复兴的中国梦而不懈奋斗。

参考文献

[1] 中央社会主义学院理论学习中心组.画出最大的同心圆：习近平总书记在中央统战工作会议上重要讲话精神学习讲座［M］.北京：中共中央党校出版社，2015.

［2］张跃，李梅香. 名人资源打造统战文化品牌——以常州为例［J］. 中国统一战线，2013.

［3］李秋生. 难忘旧时处——北京名人故居摄影图集［M］. 北京：东方出版社，2017.

［4］国家文物局. 关于加强可移动文物预防性保护和数字化保护利用工作的通知［A］. 办博函〔2018〕348号，2018.

［5］李怡红."互联网+"时代博物馆文化创意产品开发的几点思考［N］. 中国文物报，2018-10-12（03）.

［6］郑柏卉. 新媒体与传统文化融合助推文创产业发展——以故宫文化创意馆创新营销策略为例［J］. 科技传播，2018，10（19）：169—171，188.

［7］黄梅荣. 文化旅游背景下的博物馆文创产品开发研究［J］. 美与时代，2017（12）.

［8］金青梅，张鑫. 博物馆文创产品开发研究［J］. 西安建筑科技大学学报（社会科学版），2016.

［9］张功翠，朱文静. 名人故居旅游资源开发与保护研究［J］. 合作经济与科技，2016.

［10］秦红玲. 城默：北京名人故居的人文发现［M］. 武汉：华中科技大学出版社，2012.

［11］苏杭. 北京旧城区名人故居保护与利用研究［J］. 北京规划建设，2012.

［12］朱宇坚. 互联网场景化营销助力名人故居开发与利用［J］. 合作经济与科技，2017.

［13］杨文棋. 著名人物故居类全国重点文物保护单位创新发展战略探讨［J］. 宁夏社会科学，2017.

［14］王强，刘飒. 基于文化旅游视角的北京市南锣鼓巷名人故居开发研究［J］. 经济研究导刊，2011.

统一战线在中关村科学城建设中作用研究[①]

北京市海淀区社会主义学院课题组[②]

2017年3月，北京推进全国科技创新中心建设办公室印发《北京加强全国科技创新中心建设重点任务实施方案（2017—2020年）》，提出以"三城一区"为主平台加快推进具有全球影响力的全国科技创新中心建设。按照国家和北京市新的战略部署，中关村科学城作为科技创新中的领头羊，全面加快建设是当前和今后一个时期海淀区委区政府的中心工作，也是统一战线围绕中心、服务中心的首要任务，需要动员全区上下各个方面的力量，坚持不懈地共同努力。统一战线工作就是用大团结、大联合为中关村科学城建设巩固共同的思想基础。因此，如何发挥统战资源优势，助推中关村科学城发展是当前需要深入思考和研究的重要课题。

一、中关村科学城相关概念界定及课题研究意义

（一）中关村科学城相关概念界定

1. 中关村科学城

中关村科学城区域是改革开放后海淀区发挥科教大区优势，借鉴国际先进经验，通过创新政策、政府引导建立起来的集知识创新、高新技术产业化和信息交流为主线的科技高地。2017年以前，中关村科学城的前身是中关村海淀园，主

[①] 本文为北京社会主义学院（北京统战理论研究基地）2018年招标课题，立项编号：BJSY18201。

[②] 课题负责人：何昭瑾（北京市海淀区社会主义学院常务副院长、副教授）。课题组成员：刘尚高（北京市海淀区社会主义学院区情研究中心副主任），武小东（北京市海淀区社会主义学院科研部干部）。

要指中关村大街、知春路和学院路周边区域，总面积约75平方千米，2017年1月正式扩大至海淀全域。本课题研究的中关村科学城是指海淀区域。

2. 中关村科技园

20世纪80年代初，位于海淀区的大学科研院所中一批知识分子走出实验室和院所，纷纷下海来到中关村创业，当初主要从事电子产品开发应用和服务，聚集在一条大街上，后逐渐发展为电子一条街、国家级高新技术产业开发区、国家自主创新示范区。中关村科技园就是在此基础上形成的，同时也是中国第一个国家级人才特区和京津冀高新技术产业协同发展的核心园区。在体制机制上，中央政府给予中关村科技园先行先试的自主权，所以其又被称为改革创新的试验田和"中国硅谷"。1988年5月，国务院批准在海淀区科技创新区域成立北京市高新技术产业开发试验区，1999年8月更名为中关村科技园区。为加强统一管理，北京市政府在中关村科技园区成立中关村科技园区管理委员会，作为北京市政府派出机构，级别为正局级，对园区实行统一领导。

3. 中关村国家自主创新示范区、核心区

2009年3月，国务院批复同意建设中关村国家自主创新示范区。2009年4月，北京市人民政府做出《关于同意加快建设中关村国家自主创新示范区核心区的批复》，同意海淀园作为中关村国家自主创新示范区、核心区，支持核心区发挥产学研用创新体系建设的示范作用，发挥创新要素聚焦的示范作用，深化科技金融改革创新试点，开展行政审批改革试点。海淀区迅速召开动员大会，对核心区建设做出部署，正式发布推动中关村核心区高新技术产业发展的措施。

4. 中关村创业大街

中关村创业大街位于中关村西区核心位置，北临北四环，西靠苏州街。2014年6月12日，中国海淀图书城正式更名为"中关村创业大街"。2015年10月，海淀区启动实施"中关村大街发展规划"。纳入改造的范围南起白石桥、北至清华大学西门，全长7.2千米，重点功能建设区范围主要以中关村大街为中心，且东西两侧各拓展300米；协同建设地区范围包括中关村大街沿线6个街道的全部行政辖区，主要是北下关、紫竹院、中关村、海淀、清华园、燕园等街道所属区域范围。中关村大街沿线写字楼共计36座，入驻企业约6663家。通过改造，未来几年"中关村电子一条街"升级为"创新创业一条街"，形成一批创新创业、科技金融、文化创意等新型业态集聚区。

5. 全国科技创新中心核心区

为贯彻落实国务院 2016 年印发的《北京加强全国科技创新中心建设总体方案》《北京市"十三五"时期加强全国科技创新中心建设规划》，海淀区制定了"十三五"时期加强全国科技创新中心核心区建设规划，聚焦"减人、添秤、服务"三个关键词，着力打造全国科技创新策源地、高端创新人才聚集区、科技金融创新中心和创新创业首选地，为北京建设全国科技创新中心"添秤"，为全国科技创新发展提供新动能。

（二）统一战线在中关村科学城中作用研究的实践意义

1. 贯彻落实党的十九大关于统战工作新发展的基本要求

党的十九大进一步明确了发挥统一战线优势，推进改革开放创新发展的新要求、新使命，海淀区统一战线助推中关村科学城建设，是党和国家在北京海淀区建设具有全球影响力科技创新主阵地和原始创新策源地的实际行动，是着力提高科技创新中心核心区开放度和聚焦能力的关键。党中央高度重视北京海淀区的科技创新，把建设全国科技创新中心核心区上升为国家层面的重大战略，也是北京市新定位、新发展的抓手。必须进一步提高政治站位，全力把中关村核心区打造成科学家、发明家、创业者的天堂，努力将其建设成为具有示范作用的全球影响力的科学城。

2. 在中关村建设进入新的历史条件下发挥统一战线优势的紧迫需要

中关村科学城建设是中央和北京市的重大战略，也是海淀区当前和今后一个时期的中心工作，统一战线围绕中心工作就要体现在助推中关村科学城建设创新发展上。统一战线为经济建设服务，是中国特色社会主义进入新时代所赋予的一项重要任务，也是爱国统一战线适应新的要求，自身发展壮大的现实需要。中关村是科技创新的摇篮，聚集了众多的创新型企业和创新服务机构，在"三城一区"中原始创新能力最强。释放中关村巨大的创新能量，必须聚焦中关村原始创新策源地和自主创新主阵地这两个定位，着力推动形成一批在全国全球具有影响力的科技原创成果、国际一流标准、重大技术创新中心和创新型尖端企业集群。当前，推进中关村科学城建设进入新的阶段，如何着力补齐优质创新要素，发挥其带动引领作用,需要发挥统一战线的法宝作用。

3. 发挥好区域统战工作示范作用的现实需要

2018年是改革开放40周年,同时也是中关村科学城建设的关键之年。发挥统一战线作用是落实海淀区区委十二届八次、九次全会精神和"海淀创新发展16条"的具体举措,是海淀区加强科技政府建设的应有之义,也是提升中关村科学城国际影响力的必然要求。充分发挥中关村核心区统一战线的优势和作用,凝聚各方面力量共同奋斗,聚焦民营经济、创新发展、平安建设等中心工作,进一步拉高标杆,培育好、提炼好、创出统战工作品牌,为全国统一战线助推改革开放当好标兵带好头,真正起到示范引领作用。

4. 能够为做好统战工作提供可操作性的对策建议

正在建设中的中关村科学城将重点打造中关村大街和北清路,弱化地面交通功能,腾出更多有利于创新创业的空间,实施业态调整,引入科技企业、创业孵化器及24小时书店。中关村科学城建设涉及范围广、组织领导任务复杂,在这个过程中检验统一战线工作、深化统战思想,完善统战制度与工作措施,为统一战线适应新形势新任务和改进工作指导提供可操作性的对策建议。

二、统一战线助力中关村科学城建设的实践探索

(一)发挥统一战线思想动员作用,为中关村科学城建设凝聚力量

统一战线工作的政治优势是争取人心、凝聚力量。持续加强统一战线的组织号召力与动员力,让人们在科技创新的共同追求与理念下对美好生活产生憧憬、前瞻与预见,调动每一个成员对实现创新发展的自信心和能动性,从内心深处激发起人们对中关村科学城建设的认同,从而全身心地投入科学城的建设中。

1. 强化教育引导,将中关村科学城建设于海淀统战实际

当前,海淀统战工作的首要任务就是要把学习贯彻党的十九大精神作为政治任务,引导广大统战成员把思想和行动统一到中关村科学城建设的要求上来。中关村科学城建设涉及方方面面,是一项复杂的系统工程。加速中关村科学城建设,必须发挥统一战线作为党的政治联盟统一思想、协调关系的优势,调动各方面的积极性、主动性。实际工作中,海淀根据中关村科学城知识分子队伍中半数以上

是党外知识分子的情况，注重调动知识分子的积极性和创造性，坚持把思想教育抓紧抓实。2018年以来，统一战线组织开展了不忘合作初心、继续携手前进，跟党迈进新时代、同心共筑科学城和"新时代、新阶层、新作为"的思想教育活动，深化新时代中国特色社会主义主题教育，激励大家接力改革伟业、弘扬优秀企业家精神，坚持用社会主义核心价值观引领人们的思想观念，在多元多样、尊重差异、包容多样中增进共识。此外，还定期召开思想交流会、开展谈心活动，帮助党派成员解决实际生活中遇到的问题，排忧解难，使广大统战成员认同中关村科学城建设的目标，自觉把政治上的价值追求转化到服务中关村科学城建设的实际行动中。

2. 拓展统战范围，让中关村科学城建设深入大众人心

在做好民营企业中有较大经济实力、经济规模，纳税多的代表人士工作的基础上，进一步强化与中小企业、个体工商户、中介组织从业人员等代表人士的联系，使统一战线发展成为最广泛的政治联盟。注重发挥区委统战工作领导小组的统筹作用，强化各级党组织抓好统战工作的主体责任，出台《关于进一步加强政党协商的实施办法》，坚持依靠最广大民众的大团结大联合，面向广大的统战成员、各级各类社会组织和一切可以团结的力量，为中关村科学城建设启发觉悟，激发信心和勇气，让广大群众在思想深处认同和支持中关村科学城建设。

3. 突出关键重点，发挥民间自发性的草根社会组织的统战作用

海淀统一战线深入草根社会组织中，改进管理体制和搭建联系平台将民间草根组织纳入统战视野，对一些优秀的社会组织给予重点扶持，通过政协"社会组织"界别扩大力量，引导不同的民间组织以民主理性的方式表达诉求。同时，积极引导具有统战性质的社团组织带动草根民间组织做中关村科学城建设践行者。近几年，海淀统一战线在做好工商联、海外联谊会、民营企业协会、民营高科技企业协会工作的基础上，注重做好在海淀区域内的乡友会、同学会、企业家俱乐部、爱心互助会等草根社会组织的工作，发挥这类组织的群体性力量，召集更多有志于创新的骨干投入中关村科学城建设之中，取得了较好的效果。

（二）发挥统一战线专业知识优势作用，为中关村科学城建设提供智力支撑

中关村科学城与中国著名的北京大学、清华大学等相毗邻，并一起构成中关村科技园区的核心区。城内现有中科院所属的25个国家研究所和50多个国家重

点实验室；两院院士 523 名，约占全国的 36%。科技人员 1.6 万人；在读硕士、博士研究生 3700 人，博士后 450 人。发挥统一战线作用必须首先发挥这些知识分子和专家的智力优势作用。

1. 聘请专家为中关村科学城建设出谋划策

在中关村从电子一条街到北京市科技创新中心核心区建设过程中，知识分子和党外人士发挥了极其重要的作用。2018 年以来，统一战线通过各种渠道围绕中关村科学城金融创新、优化营商环境等建言献策，推动出台促进科技金融创新中心建设发展的"1+2"科技金融政策体系，优化营商环境 49 项措施，既有力地促进了中关村的发展，又在一定程度上实现了区域经济社会的发展，激发了市场主体活力和社会创造力。2018 年 4 月，海淀区委区政府聘请 15 位科学家任科学顾问，这些科学顾问中有中国科学院院士、清华大学副校长薛其坤等，他们都是各自领域的顶尖人才，聘期三年，将参与到中关村科学城的建设中，发挥好智囊团作用，为提升中关村科学城的全球视角和建设全国科技创新中心核心区贡献力量。

2. 依托统一战线强化中关村科学城的民主管理

民主管理是中关村科学城管理的一项基本原则，也是中关村科学城民主创新、依规建设的一项基本制度。新时期中关村科学城管理着眼特色发展、科技创新、国际一流，要落实这样的目标，要求知识分子对于中关村科学城事务的参与就显得极其重要。知识分子是改革的依靠力量，通过参与政策的制定，为中关村科学城各项改革献计献策、提出建议，使决策更科学、更民主。民主人士有深厚的群众基础和广泛的代表性，多是社会各界有一定影响力的人士，他们分布在中关村科学城的各个岗位，能够广泛参与对中关村科学城建设的民主监督。例如，改革与发展的重要规划、决策和实施方案，以及岗位聘任、职称评定、人才引进等都需要透明化监督。民主人士由于其特殊的地位，还可以通过人民政协对本区的政策、工作进行监督，进而影响科学城的工作，起到其他监督形式难以起到的重要作用。

3. 统战成员不断加大对中关村科学城相关问题的调研力度

统一战线成员结合中关村发展的实际，围绕如何发挥民主人士作用、推动高科技产业发展等进行专题调研，如表 1 所示：近三年来调研课题 100 多项，其中得到领导批示采用的占 1/3，有相当一部分调研成果进入决策，转化为推动科学发展的力量。一些知识分子具有一流企业管理经历，他们的理念对于现阶段中关村科学城的创新是一个有益的补充。在统一战线成员的影响带动下，注重研究创新已经形成了良好的风气，中关村科学城企业内部日常研发经费支出快速增长，1—5月，海淀园企业内部日常研发经费支出395.81亿元，同比增长24.0%，增速高于中关村整体水平1.7个百分点；独角兽企业目前共有33家，总估值超过2000亿美元，占全国1/5强。

表 1　统一战线重点调研课题

时间	调研课题	统报信息	领导指示
2016	37	176	20
2017	35	180	33
2018	35	198	33

（三）发挥统一战线的整合作用，为中关村科学城建设提供优势资源

海淀统一战线拥有丰富制度与组织资源。深入发掘统一战线内部和外部资源，调动统一战线人才、资金、技术等各方面资源，通过多种方式形成资源的联动与共享，搭建协商制度平台，在中关村创业大街、中关村知识产权一条街、留创园联谊会中建立统战工作组织，依靠基层组织，推动新的社会阶层人士统战工作向两新组织、行业协会、园区街区延伸，在律师行业等领域成立新的社会阶层人士联谊会，实现新的社会阶层人士聚集区域的统战工作的有效覆盖。近年来，海淀区统一战线创建"海芯荟"新的社会阶层人士统战工作品牌，深化聚才引才、联谊交友、创业服务、教育培训、建言献策、实践锻炼、社会服务等功能，为新的社会阶层人士提供交流互动、展示成果、施展才华的舞台，营造创业的氛围。创建和用好"海芯荟"微信栏目，持续开展"海芯荟·红色故土行"品牌文化活动；打造中关村创业公社、中关村创客小镇等"海芯荟"实践创新基地，实现实践创新经验在全区新的社会阶层人士聚集区域有效推广，服务科学城建设发展。通过组织体系建设和组织资源整合，健全新的统战体制机制，最大限度地把各类新的社会组织团结在党的周围，充分发挥他们在科技创新中的作用。在人才

集聚方面，一些民主党派的智库往往就是人才库，他们在中关村科学城中大有用武之地。统一战线通过各民主党派的组织系统，集纳各类人才，针对不同时期、不同主题的中关村科学城任务进行高效的人才配置。

（四）发挥经济统战职能作用，推动中关村科学城非公企业提质增效

中关村科学城建设发展的主体是企业，只有不断提高企业的核心竞争力，才能促进科学城建设上新的台阶。非公企业占到中关村科学城企业数量的80%以上，促进非公企业提质增效是统一战线的优势，也是统一战线在中关村科学城建设中发挥作用的一个重要方面。

1. 通过建立非公经济人士综合评价机制，促进非公企业转型升级、科学发展

发挥经济统战优势，引导非公企业努力创造更多就业岗位，吸纳毕业生、农民工、就业困难群体，保持就业形势的稳定；引导非公企业建立员工工资稳步增长机制，足额缴纳社会保险、保护员工的合法权益；引导非公企业严格遵守国家法律法规，维护市场秩序，促进中国特色社会主义市场经济科学健康发展。

2. 建立健全促进非公企业转型升级的综合服务机制

统一战线加强协调，督促建立统一的政务服务中心，建议政府出台服务企业"马上办"等新举措，畅通非公企业与政府之间的信息互通渠道，在技术、信息、人才等方面为非公企业转型提升提供支持。完善公共服务和社会服务体系，形成为非公企业转型提升的有效服务机制。引导统一战线广大成员帮助非公企业根据北京市和海淀区产业政策导向，调整结构、转变发展方式，不断提高市场核心竞争能力和可持续发展能力；帮助非公企业推进关键核心技术的研究开发应用，努力培养更多自主品牌。

3. 通过提升非公企业发展水平增添内在发展动力

海淀区统一战线设立专门工作组促进企业由消耗能源资源转化为资源节约的可持续发展。助推非公企业建立健全激励约束机制，加快建立现代企业制度。先后组织非公领域部分企业家到国内外先进地区参观学习，把非公企业家培训纳入海淀区社会主义学院培训体系，加强对非公企业转型提升的引导；助推非公企业加强吸引和使用人才，加大人力资本投入，广泛吸纳人才，真心对待人才，放手使用人才，充分调动人才的积极性、主动性和创造性；助推非公企业建立员工认

同的先进企业文化，为企业可持续发展提供文化动力。2018年上半年，中关村科学城新设立非公企业6000多家，在人工智能、智能交通、云计算、文化科技融合等领域聚集了33家独角兽企业，约占全市的1/2，供需和投资结构不断优化，消费需求拉动经济增长作用显著。

三、发挥统一战线在中关村科学城建设中作用面临的问题

（一）统一思想凝聚力量面临的任务更加艰巨

随着海淀区国际化程度的提高，国内外的企业家交往增加，外资企业以优厚的待遇吸引优秀人才。有的高新技术企业聘请有一定数量的外籍专家、留学生和外籍华人，他们中的绝大多数是友好的，为我方企业扩大海外技术交流、学者互访牵线搭桥。在这样的环境下，一些人会发生思想观念的变化，受到西方价值观的影响，而且信息技术对传统统战模式提出挑战，使得创新统战方法显得更加紧迫。另外，体制机制调整也会带来一些新的冲击。中关村科学城建设涉及管理模式、经济体制和利益分配等方面的先行先试，承担统战工作的社会组织、党外人士增多，创新统战工作体制机制，建立多元化社会化规范化统战模式更加迫切，畅通利益表达渠道的要求更加强烈。市场竞争意识、物质利益意识增强，价值观追求呈现出多样性和层次性。这就要求统战部门在中关村科学城建设中要进一步拓宽工作渠道，主动与人事、组织、宣传部门积极配合，协调工作，做好知识分子的工作，为中关村科学城建设营造稳定环境，利用党外人才、资金等优势资源，把统战优势转化为创新发展优势。这方面工作的复杂性、反复性、艰巨性前所未有。

（二）统战作用发挥与中关村科学城建设发展要求有差距

中关村科学城是高新技术产业聚集区，统战工作作用有别于传统统战工作。例如，中关村科学城空间上覆盖范围广，园区企业数量多，企业规模各异，统战组织覆盖是园区统战工作发挥作用的重点。现阶段的统战组织管理难以适应园区统战成员流动性较大的现实，非公企业统战成员教育管理缺乏创新，统战组织如何发挥作用，如何更好地与企业发展融合、与科技创新融合、与职工诉

求一致，没有普遍性的办法，对企业负责人的教育引导没有得到上级的足够重视和投入。

（三）基层统战队伍力量薄弱

核心区统战工作发挥作用，关键是要解决好队伍力量弱的问题。现阶段统战管理部门编制少，甚至没有编制，工作人员有的以兼职为主，时间精力有限，直接影响了统战工作的开展。部分核心区统战工作人员缺乏经验及专业知识理论，开展工作难度大。统战队伍干部的新老交替和政治交接，与国家干部队伍建设的需要还不相适应。如何有计划地推动统战队伍建设更加科学化、规范化，夯实可持续发展的组织基础是发挥统一战线优势作用面临的新课题。

（四）统战活动基础保障体系有待完善

统一战线助力中关村科学城建设是要通过有效的统战活动来实现的。只有把统战活动搞好了，通过各类活动统一思想团结力量，搭建桥梁，才能更好地推进科学城建设。调研中发现，中关村核心区对统战活动的经费、场地设施等方面的支持力度有限，一些单位提及统战活动亟需资金支持，一些企业统战工作经费没有纳入行政管理预算，缺乏活动经费，非公企业统战组织的统战活动经费普遍较低，主要依靠财政投入。同时，有的非公企业未设立统战活动中心，而在设立统战活动中心的企业中，统战成员和骨干对活动中心知晓率和利用率不高。非公企业普遍反映开展统战活动场地面积小，部分企业没有固定的统战活动场地。

（五）统战工作交流和资源整合有待加强

实地调研中，一些单位希望能够加强园区之间、园区企业之间的交流，通过调研、参观的方式开展交流，相互学习、促进工作，特别是目前中关村核心区统战的合力没有形成，统战整体形象和工作品牌的影响力与创新创业的地位不符。例如，面对国内外政治、经济、商贸环境的深刻变化和日益突出的资源环境约束，转变发展方式、实现高质量高品质发展问题凸显。统一战线如何有效发挥作用，解决好中小企业融资成本和代价高、信用低、还贷没有保障等问题，还有许多工作要做。

四、进一步发挥统一战线在中关村科学城建设中作用的对策建议

（一）完善制度机制，确保统一战线助力中关村科学城发展的长期性

制度和机制是保证统一战线发挥作用的根本。从调研情况看，中关村科学城已经建立起了统战调研和经常性活动等制度，为更好地发挥制度机制的保障作用，还需要重点抓好以下几个方面。

1. 建立健全统战作用发挥的组织机制

制定统战部门《关于培养选拔党外干部的有关联合工作程序》，为推进党外干部工作规范化提供保证。按照"区分类别、分步推进"原则，结合中关村核心区产业规模，视情推动各行业成立本系统统战组织，下设专职统战工作部门，落实统战工作责任制。对于目前产业规模较大，尚未建立统战组织的，制订具体工作方案，明确时间表和路线图。对于依托园区开展统战工作的较大规模分园，尽快完成园区统战组织更名，明确职责。

2. 建立中关村科学城统战工作交流机制

完善调查研究、走访慰问、统战信息沟通、意见反馈、激励表彰等制度，加强统战工作者交流，依托中关村统战联席会交流平台，利用信息技术，提升"统战成员e家"的应用效果，建立非公统战在线阵地，供核心区统战工作者进行在线交流、活动共享、教育培训和资源共享。积极开展园区交流、企业合作，搭建起业务合作、技术交流的新桥梁，互相借鉴、互相学习，促进中关村科学城内部企业创新发展。

3. 完善核心区统战工作发挥作用的保障体系

建立财政拨款为主、企业支持等多种渠道的统一战线助力中关村科学城建设经费保障体系，实施统战经费专款专用。强化中关村科学城各单位、社区及楼宇工作站等场所的统筹协调机制，借助其资源为发挥统战作用提供便利。

（二）搭建为中关村科学城建言献策的平台，发挥统一战线智库作用

以平台建设推动统一战线工作的创新，是发挥统一战线智库作用的关键。海淀统一战线具有专家型知识型人才资源优势。通过搭建平台，沟通交流，把这支

有组织能力、有知识才华的庞大队伍的作用体现到中关村科学城建设中，把大家的智慧凝聚起来，发挥其"智囊"作用。

1. 拓宽思路建平台

坚持搭建党外人士建言献策"直通车"，引导他们发挥自身特长，就如何利用中关村科教优势、自然生态、文化历史等得天独厚的资源，全力推动科技创新中心核心区建设和解决制约中关村科学城发展中存在的难点问题，多搞实地调查研究、多献务实之策。

2. 开展活动用平台

组织开展统一战线为中关村科学城建设献计献策、"对口帮扶""协同发展"等活动，充分发挥平台载体功能。对统一战线成员提出的建议进行梳理，对有科学性和可操作性的意见，组织相关部门进行论证，为政府科学决策提供参考依据。

3. 努力创新载体平台

建立健全党外人士联络小组、知识分子联谊会等社会组织，以社会组织为依托，引导大家紧紧围绕中关村科学城发展中的难点、热点问题深入调研，运用网络强化交流，编报信息快报等，创建信息平台，不断提升统一战线参政议政的能力水平。

（三）全面统筹协调，努力形成推动中关村科学城创新发展的合力

统一战线参与中关村科学城建设，就是要通过统一战线的常规性协调作用的发挥，进一步聚心聚力，增强区域发展的协调性、全面性，形成科学合理的结构。

1. 着眼全局定位，准确把握统一战线助力科学城建设的目标

发挥大统战工作机制作用，建好党外干部、非公经济人士、侨胞、台胞的"大家庭"，及时有效引导统战成员的思想和行为，做到思想上同心同德，目标上同心同向，行动上同心同行。利用统一战线代表人士了解民意、沟通感情的特殊影响力，协调好各种关系，减少不同利益群体之间的矛盾，最大限度地消除各种不稳定、不和谐因素。

2. 加大政策落实力度

对外来少数民族人员进行走访调查，积极解决困难和问题，调处矛盾，依

法维护少数民族群众的合法权益，促进民族关系和谐和顺。

3. 积极开展精准扶贫、植树造林等公益活动

建立统战、工商联、宣传等部门联席会议制度，密切与非公经济人士的联系，以爱国、敬业、诚信、贡献为内容，通过多种方式引导他们树立社会主义核心价值观，为中关村科学城发展提供优质服务。

（四）突出创新驱动发展战略，发挥好统一战线的示范引导作用

创新驱动是海淀区统一战线参与中关村科学城建设的力量源泉和引领发展的第一动力。中关村科学城建设要实现高质量高规格发展，就要在推进科技攻坚的实践中及时将习近平新时代中国特色社会主义思想贯彻其中。从调研情况看，中关村科学城现有企业，如联想、百度等一大批企业领导人本身就是统一战线的骨干成员，同时又是企业家。他们中有人大代表、政协委员，还有的是民主党派成员。作为统一战线骨干力量在科技创新中自身做得如何，直接影响企业发展和创新水平。因此，带动区域创新，必须发挥统一战线干部骨干的示范带动作用，从准确把握创新发展的阶段性特征入手，找准突破方向，紧跟时代发展脉搏，精准制定科学城发展策略，超前研判中关村科学城发展态势，强化统战工作理念新思维，用世界格局长远眼光思考发展方向，促进中关村科学城示范作用的发挥，并积极运用"互联网+"、大数据等手段，提升统一战线参与中关村科学城建设的成效。整体打造统一战线助力中关村科学城建设的统战工作品牌，借助高端培训资源，坚持把中关村企业家党校、社会主义学院培训班办成品牌、办出影响，引导非公有制企业出资人参与支持统战工作。坚持选育和推广行业内知名度高、社会影响大的非公企业和社会组织统战典型，提炼总结中关村企业统战做法，打造中关村统战工作发挥作用的新品牌。

（五）实施"素质工程"，提升统一战线助力中关村科学城建设的能力

统战干部是做好统一战线助力中关村科学城建设的关键所在，应对当前日益繁重的任务必须把提升统战干部的素质能力作为经常性工作深抓细抓。

1. 创新提升能力的举措

拓宽渠道，把组织推荐与群众推荐结合起来，以工作实绩为主要标准，建立

优秀统战后备干部人才资源储备库，针对不同类型干部举办培训班，尤其加强特殊人才的重点发现、重点培养，使统战干部在公开竞争中脱颖而出。搭建锻炼的岗位平台，按照组织确定的培养方向，选派优秀统战干部到企业和园区驻点，抽调统战干部到科学城建设一线，参与处理重大问题，如矛盾协调、城市治理、招商引资、重点工程等，切实提高统战干部应对复杂局面和担当重任的能力。

2. 着力培养服务创新的能力

切实做到为中关村科学城建设真正"参"到点子上，"谋"到关键处。要能把不同的意见统一在一起，把各种力量汇聚在一起，把多种感情融合在一起，真正做到目标同向、行动一致。要创新工作思路、工作方法，善于抓大事、当高参、谋全局，善于动脑筋、主动服务，善于树立开放意识、强化联合攻关，促进服务创新再创佳绩。

3. 保持能力强化的实效性

在教育培养形式与内容上，要积极创造条件，让党外干部和党外代表人士有施展才华的机会和空间，开展调研、考察等活动，增强他们的工作热情和社会政治责任感，着力提高他们为中关村科学城建设服务的能力。

参考文献

［1］习近平谈治国理政［M］.北京：外文出版社，2014.

［2］习近平.领导干部要做尊法学法守法用法的模范 带动全党全国共同全面推进依法治国［N］.人民日报，2015-02-03（01）.

［3］习近平在中央统战工作会议上强调巩固发展最广泛的爱国统一战线 为实现中关村科学城提供广泛力量支持［N］.人民日报，2015-05-21（01）.

［4］中国共产党统一战线工作条例（试行）［N］.人民日报，2015-05-26（01）.

［5］张翔.中关村科学城：中国特色社会主义的新境界［J］.红旗文稿，2014（1）.

［6］陶文昭.中关村科学城必须以个人梦为基础［N］.学习时报，2013-06-17.

少数民族流动人口首都北京融入问题研究[①]

北京市大兴区社会主义学院[②]

少数民族流动人口进入城市是我国特定历史时期经济社会发展过程中的一种社会现象，也是我国城市化过程中的一种必然现象。2014年中央民族工作会议指出："要让城市更好接纳少数民族群众，让少数民族群众更好融入城市。"国务院的行政法规《城市民族工作条例》明文规定："城市人民政府应当加强对少数民族流动人员的教育和管理，保护其合法权益。"2016年《北京市"十三五"时期少数民族事业发展规划》明确提出：做好少数民族流动人口服务管理工作，强化少数民族流动人口服务管理领导体制和工作机制，建立完善"三个网络"和"四级机制"。根据我国第六次人口普查，首都作为超大型城市，少数民族流动人口近30万人。这近30万少数民族流动人口能否很好地融入首都城市生活是个非常重要的社会问题，这关系到30万少数民族流动人口的权利保障、关系到首都北京的和谐稳定、关系到首都民族关系的稳定。本课题在调研少数民族流动人口在京工作生活情况，以权利保障为主线，阐述少数民族流动人口融入首都北京的现状、存在的问题、改进的措施及对策建议，以期让学界及主管部门了解首都北京少数民族流动人口融入城市生活的情况，为进一步研究或者做决策提供参考。

少数民族流动人口首都北京融入是指少数民族流动人口进入首都北京，在解决基本经济生活问题、立足首都北京大城市之后，能够主动适应首都北京经济

[①] 本文为北京社会主义学院（北京统战理论研究基地）2018年招标课题，立项编号：BJSY18202。

[②] 课题负责人：郑齐猛（北京市大兴区社会主义学院教研室副主任、副教授、博士）。课题组成员：曹有光（北京市大兴区劳动人事争议仲裁院副院长），林美锋（北京市丰台区社会主义学院讲师），马艳芳（北京市大兴区社会主义学院校委委员、副教授），张娜（北京市大兴区社会主义学院助教）。

社会生活，为首都社会接纳，在生活方式、价值观念和行为举止等方面实现市民化。能够在"共建共治共享"社会治理格局中既享有权利、承担责任，又能够发挥每个人积极作用，共同创造一个人人共享的和谐社会、首善之区。

少数民族流动人口首都北京融入问题研究，这里"首都北京"是作为首都的北京——一个超大型城市而言的，也就说本课题研究的主要内容是少数民族流动人口融入首都北京这样超大型城市的相关问题。

一、少数民族流动人口首都北京融入问题概述

（一）少数民族流动人口融入城市生活的重要性

尽管宪法没有规定公民有迁徙的自由，但公民拥有迁徙权是不言而喻的，包括公民迁徙到城市，这是公民的一项自然权利。少数民族流动人口城市融入问题并不仅仅是劳动力的迁移与就业问题，这样的人口流动将会影响到中国传统的族群地域聚居模式在未来的发展方向；这样的少数民族人口流动会产生一种新的民族融合形式；这样的少数民族人口流动会对城市以及少数民族流动人口本身带来非常大的变化，涉及城市对少数民族流动人口的服务管理，更重要的是涉及每一位少数民族流动人口的权利保障。因此，少数民族流动人口城市融入问题不是一个小问题。

民族地区与汉族地区在风俗习惯、宗教信仰、语言文字、生产生活方式等存在较大差异，乡村与城市也存在方方面面的较大差异。因为有了这些差异，才会有少数民族流动人口在城市中不断适应、最终融入的这样一个过程。少数民族流动人口城市融入问题中，少数民族流动人口面对最根本、最深层次的问题仍然是文化适应和文化认同问题。

（二）首都北京少数民族流动人口基本情况

1. 首都北京少数民族流动人口范围的界定

首都北京少数民族流动人口是指生活居住在首都北京，又不具有北京本地户籍的外来少数民族，这里不包括来北京旅游、看病、信访、走亲、访友、进修学习的少数民族，也不包括来北京就读的在校大中专学生、研究生等。如果来京就读的在校大中专学生、研究生毕业后，未能取得北京户籍，无论是否就业，只要

留在北京工作生活，就计算在少数民族流动人口范围内。因此，首都北京少数民族流动人口具体范围是指在城乡二元化结构之下，工作生活在首都北京的少数民族，没有首都北京户籍，又具有自己的民族风俗习惯、宗教信仰等特殊因素的一个群体。

2. 首都北京少数民族流动人口数量

从宏观上看，实施京津冀协调发展战略，首都疏解整治促提升后，首都北京流动人口从2017年开始下降，少数民族流动人口也开始下降。2020年才启动第七次全国人口普查，现在能够公开查询到的数据都是2010年第六次全国人口普查的数据。根据2010年第六次全国人口普查数据，2010年北京市少数民族人口多达80.1万人，占首都北京人口总量的4.1%，其中北京市2010年少数民族流动人口数量为29.6万人。首都北京少数民族人口呈"大分散、小聚居"分布特点，主要集中在13个民族工作重点街道、50个社区、5个民族乡、116个民族村。

3. 首都北京少数民族流动人口来源地

根据从北京市民族事务委员会获取的材料，首都北京少数民族流动人口主要来自首都北京周边的省份，因地域相连，选择北京能获得更多的就业机会，更容易获取更多的社会资源。少数民族流动人口中满族主要来源地是河北省；朝鲜族主要来源地是吉林省；回族主要来源地是甘肃省、宁夏回族自治区、河北省大厂自治县等；蒙古族主要来源地是内蒙古自治区；苗族、侗族、瑶族主要来源地是西南各省；土家族主要来源地是湖南西部、湖北西部；彝族主要来源地是四川省、云南省；壮族主要来源地是广西壮族自治区；维吾尔族主要来源地是新疆维吾尔自治区。首都北京少数民族流动人口主要来自河北省、吉林省、甘肃省、内蒙古自治区。

4. 首都北京少数民族流动人口受教育状况

首都北京少数民族流动人口受教育程度呈现逐年上升态势。首都北京少数民族流动人口的整体受教育情况近些年有所改善，得益于九年义务教育的全覆盖和少数民族对教育的重视。但首都北京少数民族流动人口受教育状况整体不容乐观，高中及高中以下仍然占据多数。以大兴区为例，2018年大兴区少数民族流动人口在册共计23010人，其中高中及以下19956人，占86.73%。①

---

① 大兴区少数民族流动人口数据从大兴区流管办获取。

（三）少数民族流动人口融入首都北京现状调研

1. 从来京少数民族流动人口就业状况看融入首都北京现状

首都北京少数民族流动人口能够留在首都工作生活，首先要实现经济上独立，能够解决基本生存问题。最近几年，不少少数民族流动人口离开首都北京，与疏解非首都功能有关，当然离开北京最主要的原因还是经济上无法在北京立足。

首都北京少数民族流动人口就业状况与受教育程度呈正比。受教育程度高就业状况好，受教育程度低就业状况相对较差。据笔者调查，未能取得北京户籍，但实际就业、工作生活在北京的受过高等教育的少数民族人口，其中不少最初租住在自己的母校周围。例如，中央民族大学周边，就聚居不少受过高等教育的少数民族流动人口。

但首都北京少数民族流动人口中高中以下的仍为主要群体，由此也决定了他们在首都北京从事行业的性质和类型。首都北京少数民族流动人口所从事的工作特色鲜明，属于民族特色经营型。例如，回族、维吾尔族，以及苗族、傣族等西南少数民族流动人口经营本民族特色餐饮，吸引了很多少数民族流动人口；又如，生产、销售具有民族特色服饰、民族特色鲜明的食品、民族地区瓜果等特产，也吸引了很多少数民族流动人口。从事与本民族特色无关的行业，这样的少数民族流动人口较少，主要集中在满族、回族等民族。以大兴区为例，大兴区少数民族从事民族特色经营服务的流动人口占整个流动人口的80%以上。国家民宗委及其各事业单位周边少数民族特色餐饮、民族特产经营较为发达、较为集中。这里聚集了大量少数民族流动人口。

2. 从少数民族流动人口族别看融入首都北京情况

据笔者调研情况看，不同的少数民族流动人口融入首都北京呈现族别不平衡现象。首都北京少数民族流动人口中不笃信宗教的人融入首都北京较快，语言上也不存在什么障碍，如满族、朝鲜族、土家族、壮族等。有特殊宗教信仰少数民族流动人口融入首都北京较慢，存在这样那样的障碍，如维吾尔族、藏族。首都北京少数民族流动人口中普通话好、无语言障碍融入首都北京较快，如满族、朝鲜族、回族等。有自己的民族语言、方言重的少数民族流动人口融入首都北京较慢，存在这样那样的障碍，如维吾尔族、西南一些少数民族。

3. 从婚恋状况、人际交往看少数民族流动人口融入首都情况

据课题组访谈，大部分在京的少数民族愿意留在北京发展，未婚者感觉如果合适，愿意找北京本地人婚恋，赞同、认可族际婚。居住生活在北京时间越长，这种愿望越强烈，来京时间短一般都不愿意找北京人婚恋。只有少数宗教信仰比较浓厚的少数民族思想上、行动上排斥族际婚，如维吾尔族、回族。维吾尔族、回族愿意与同民族首都本地户籍的人婚恋。

从人际交往看，在北京工作生活时间越长，人际交往范围相应越大，朋友越多，融入越好；在北京工作生活时间越短，人际交往范围相应越小，朋友越少，融入稍差一些。但本民族同乡是其主要的交往对象，社交圈中同乡同族具突出地位。另外学历高低、知识水平影响社交面，一般学历越高，社交面越广。很多维吾尔族、回族流动人口严重依赖本民族老乡圈。

4. 从文化认可、心理归属看少数民族流动人口融入首都情况

少数民族流动人口首都北京融入问题最深层次的是文化适应和文化认同问题。据调研组访谈情况看，来京少数民族流动人口希望能够用普通话与人交流，愿意学习普通话，但与家乡人交流时，多选择家乡话或民族语言。对首都北京城市生活方式逐步适应并向往。来京少数民族流动人口对自己的饮食文化保留较好，风俗习惯视生活环境情况而定，服饰大众化倾向明显，节日没有在家乡隆重。笃信宗教的少数民族（回族、维吾尔族）对首都文化认可度比其他民族弱，风俗习惯保留较完整。

过半的受访者认为，如果可能，愿意留在北京工作生活，但很多受访者明确表明还是想以后回到家乡。80%以上的受访者认为在北京挣钱比其他地方多，但也认为北京生活成本高，不适合居住生活。80%以上的受访者对于在首都北京的现状表示满意。

（四）少数民族流动人口融入首都存在的问题

1. 首都北京少数民族流动人口在经济融入方面存在一定难度

首都北京高房价、高房租，生活成本较高，使一些少数民族流动人口望而却步。大部分首都北京少数民族流动人口学历一般都不高，相应地生产生活技能存在欠缺，往往在经济上立足首都北京存在难度。低学历的少数民族流动人口选择

自主创业的较少。从事少数民族特色餐饮、民族特色经营的业主一般经济条件较好，有不少定居北京、买房买车，但一般打工者普遍存在工资待遇不高，工作种类单一，在经济上处于相对边缘化状态。有一些少数民族流动人口因为就业层次低，收入微薄且不稳定，最终选择离开北京。

2. 首都北京少数民族流动人口在社会融入方面存在一定难度

少数民族流动人口往往有着自己的文化传统，在思想观念、生活习惯等方面有着本民族鲜明特点。因此，很多少数民族流动人口在生产生活方式、生活节奏、价值观念、生活习惯上与首都城市生活存在很大差异，调适、适应首都城市生活存在一定难度。城市社会融入较慢的少数民族流动人口一般与亲戚、同乡、本民族保持着较为密切的关系，有自己较为固定的社会关系网，与本地人交往很少，没有建立起广泛的朋友圈。中国人的一个重要传统是"聚族而居"，也就有了乡村熟人社会。在首都北京，少数民族流动人口"聚族而居"的传统发挥得淋漓尽致，当然，这里的"族"不是家族而是自己的民族、相同的民族。民族方面的国家机关、事业单位、宗教场所等所在地周围一般容易聚集少数民族流动人口，如中央民族大学聚居傣族、蒙古族；民族出版社所在的和平里、中国藏学研究中心、西藏大厦和西藏药浴大厦附近聚居藏族；韩国人在望京多，故朝鲜族多在此聚居；牛街有清真寺，是回族流动人口相对集中的地方。以上特征说明，这些地方聚居大量首都少数民族户籍人口，因而带来少数民族流动人口来此聚居，说明很多少数民族流动人口是投亲靠友而来，不是盲目来京。

3. 首都北京少数民族流动人口在文化融入方面存在一定难度

我国少数民族文化是中华文化的重要组成部分，与主流汉文化还有一定差别。固有的民族文化滋养下的少数民族流动人口来到首都，有一个文化与文化之间交流、碰撞、调适的过程。因此，首都北京少数民族流动人口在文化融入方面存在一定难度。我国少数民族文化一般体现在少数民族不同的思想观念、风俗习惯（包括饮食、服饰等）、宗教信仰、生产生活方式等方面，不同的气候、自然环境也会对少数民族文化有一定影响。比如宗教文化方面，与首都城市主流文化会存在较大差异，而我国很多少数民族信仰宗教，甚至不少少数民族全民信教。很多少数民族流动人口在宗教文化的熏陶下成长，首都北京在满足少数民族流动人口文化需求，特别是宗教文化需求方面存在欠缺，使得少数民族流动人口在文化融入方面存在难度。

4.首都北京少数民族流动人口在心理融入方面存在一定难度

首都北京少数民族流动人口与首都市民文化上的差异是客观存在的。文化差异导致心理差异也是客观存在的。首都北京少数民族流动人口在经济、社会融入方面的困难必然在心理方面产生影响，使得少数民族流动人口不易形成对首都北京的心理认同、情感认同以及归属感。[①] 城乡二元化结构、身份差异、出生地差异导致工资福利待遇迥异，强化了首都北京少数民族流动人口内心的抵触心理。

二、首都帮助少数民族流动人口融入城市生活的主要措施

少数民族流动人口来到首都北京，首都北京就有义务保障少数民族流动人口的各项权益，有义务为少数民族流动人口提供各种服务，同时还要有效管理少数民族流动人口。北京市积极帮助少数民族流动人口融入城市生活。首都北京通过制定实施有关少数民族流动人口服务管理的政策法规、构建首都北京少数民族流动人口服务管理领导体制和工作机制（"三个网络"和"四级机制"）、做实首都北京少数民族流动人口服务管理等，帮助少数民族流动人口融入城市生活。

（一）制定、实施有关少数民族流动人口的政策法规

北京市涉及少数民族工作的相关政策、法律文件较多，做到了依法依规对首都北京少数民族流动人口进行服务管理。对有关少数民族流动人口管理服务上的政策法规等规范性文件梳理如下。

1.国务院行政法规

《城市民族工作条例》（1993年8月29日国务院批准，1993年9月15日国家民委令第2号发布）是国务院制定的行政法规，其中第十六条明文规定了地方政府对少数民族流动人口有服务和管理的责任，规定城市人民政府有关部门

---

① 李俊清.少数民族流动人口现状与问题[N].中国科学报，2014-04-01.

对到城市兴办企业、合法经营的少数民族流动人口视情况提供便利，应加强对少数民族流动人员的教育和管理。①

2. 北京市地方性法规

《北京市少数民族权益保障条例》是为了保障包括少数民族流动人口在内的首都北京少数民族合法权益，维护和发展平等团结互助和谐的社会主义民族关系，促进各民族共同繁荣而制定的地方性法规。该地方性法规是保障首都北京各少数民族合法权益的基础性法规。

3. 北京市政府规章

北京市相关政府规章有《北京市民族团结进步创建活动管理办法》、《北京市民委关于加强北京市社区民族工作的意见》、《关于生产经营清真食品必须尊重少数民族风俗习惯的若干规定》（京政办发〔1988〕26号）、《北京市外地来京人员租赁房屋治安管理规定》（1995年6月13日颁布，1995年7月15日施行）、北京市人民政府第11号令（1995年6月13日发布）、《北京市外地来京人员户籍管理规定》（根据1997年12月31日北京市人民政府第12号令修改）。

4. 政府规范性文件

相关的政府规范性文件有《关于认真贯彻落实〈北京市少数民族权益保障条例〉做好清真饮副食供应工作的通知》（京商〈市二〉〔1999〕121号）、《北京市清真食品经营规范（试行）》、《北京市民委、市工商局关于加强清真食品生产经营活动管理工作的意见》（京族字〔2004〕52号）、《北京市外地农民工参加工伤保险暂行办法》（京劳社办发〔2004〕101号）、《北京市关于加强中小学民族团结教育的几点意见》（京教德〔1997〕008号）、《北京市民委关于进一步加强民族中小学、幼儿园工作的意见》、《北京市外地农民工参加基本医疗保险暂行办法》（2004年9月1日起执行）、《关于进一步做好新疆少数民族群众在京务工经商服务管理工作的意见》（2010年）、《关于做好在京销售瓜果的新疆籍少数民族人员服务管理工作的通知》（2011年北京市民族事务委员会出台）等。

---

① 《城市民族工作条例》第十六条：城市人民政府有关部门对进入本市兴办企业和从事其他合法经营活动的外地少数民族人员，应当根据情况提供便利条件，予以支持。城市人民政府应当加强对少数民族流动人员的教育和管理，保护其合法权益。少数民族流动人员应当自觉遵守国家的法律、法规，服从当地人民政府有关部门的管理。

5. 2016年《北京市"十三五"时期少数民族事业发展规划》

例如，首都北京在做国民经济与社会发展计划时，专门做了北京市"十三五"时期少数民族事业发展规划，该规划不断总结过去首都北京少数民族流动人口服务管理的成绩，还规定了未来少数民族、少数民族流动人口如何进行服务管理。① 又如，《北京市"十三五"时期少数民族事业发展规划》提出："定期对少数民族人口分布、经济社会发展的各类指标进行权威统计、科学分析和综合评价，切实提高民族事务管理水平。"

(二) 首都北京少数民族流动人口服务管理领导体制和工作机制

1. 少数民族流动人口服务管理的"三个网络"

一是少数民族流动人口流出地和流入地对接协作网络。首都北京主要是民委牵头与民族地方民委按照"服务为先，融合为先，流入地为主，流出地配合"的原则，建立少数民族群众在京务工经商服务管理工作协作配合机制、对接工作机制。例如，2017年9月12日，北京、河北、内蒙古、四川、西藏、甘肃、青海、宁夏、新疆等省区市民委负责同志在北京会议中心交换了《共同做好在京务工经商少数民族群众服务管理工作协议书》。这标志着九省区市民委共同做好在京务工经商少数民族群众服务管理工作机制正式建立。②

二是政府服务、社会服务、市场服务有机衔接的服务保障网络。例如，各级民族事务委员会是为少数民族服务的专门政府机关。各级政府、工会通过购买社会组织服务为少数民族流动人口提供各种帮助，如技能培训、心理调适等。又如，牛街专门成立少数民族流动人口服务站，为牛街地区的少数民族流动人口提供政策咨询服务、学习教育培训、生活娱乐和志愿服务等，不断提升少数民族流

---

① 《北京市"十三五"时期少数民族事业发展规划》规定：做好少数民族流动人口服务管理工作。强化少数民族流动人口服务管理领导体制和工作机制，建立完善"三个网络"和"四级机制"。在少数民族流动人口居住和工作比较集中的地区建立基层服务管理工作站，落实属地服务管理责任。

② 全国少数民族进城务工人员语言文化政策教育服务工作现场经验交流会在京召开[EB/OL]. 北京市人民政府网站, http://www.beijing.gov.cn/zfxxgk/110005/mzzjgzdt52/2017-09/20/content_9253d24887a74852b26c899bd0629a56.shtml.

动人口的归属感。①

三是建立各地各部门密切联系、互为策应、资源共享、工作协同的反恐维稳网络。例如，市政府、区政府成立了流动人口与出租房屋管理委员会（简称"流管办"），建立了流动人口综合管理体制和四级管理与服务架构，为了达到更好、更有利的联合执法，将城管、市场监管、公安、计生、卫生、劳动保障、民委等部门纳入成员单位，有利于联合执法。②

2. 少数民族流动人口服务管理的"四级机制"

首都北京少数民族流动人口服务管理的"四级机制"，四级是指北京市级、区级、街乡（镇）、社区（村）自上而下四级，上下四级共同构建涉及民族因素的问题隐患排查化解机制，民族关系监测预警和应急处置机制，市有关部门、各区与民族地区驻京机构的沟通协作机制，民族关系监测预警系统。③

（三）首都北京少数民族流动人口服务管理的主要亮点④

一是将民族团结工作纳入和谐社区建设总体规划，在少数民族相对聚居的社区、单位开展"民族团结进步模范社区""民族团结进步模范单位"建设，促进基层民族关系和谐稳定。

二是在社区服务体系和矛盾纠纷多元化调解机制的运行中，注重满足少数民族流动人口在社区生活中的权益保障和民生需求。

三是首都成立了市级少数民族枢纽型社会组织，通过枢纽型社会组织保障了对各类少数民族社会组织的引导、管理并加强了这些社会组织的自身建设，把经常性服务管理工作延伸至基层社区、社团、社工。

四是重视首都北京少数民族流动人口的服务管理工作，将其有效纳入首都北京实有人口管理，融入覆盖全市的社区（村）流管站和信息平台。

---

① 北京牛街城市民族工作交流会隆重召开［EB/OL］，中国民族宗教网，(2018-11-08)．http://www.mzb.com.cn/html/report/181131890-1.htm.

② 杨璇．北京市少数民族流动人口管理机制研究［D］．中央民族大学博士论文，2012.

③ 根据《民族关系监测预警系统和监测点工作方案》，2010年5月少数民族流动人口监测点正式运行。

④ 该部分"首都北京少数民族流动人口服务管理的主要亮点"，很多内容是落实《北京市"十三五"时期少数民族事业发展规划》的结果。

五是建立了少数民族流动人口流出流入两地服务管理工作协作配合机制，建立了工作机构，实现了常态合作。

六是在少数民族流动人口相对聚居的社区设立示范服务站、配备懂少数民族语言的流管员，围绕经济、民事方面的矛盾纠纷，积极开展权益维护和法治宣传教育，帮助来京少数民族流动人口更快、更好地融入城市生活。

（四）首都北京少数民族流动人口服务管理存在的问题

如果首都北京少数民族流动人口服务管理存在问题，会严重影响少数民族流动人口融入首都北京。国家民委按照国务院《"十三五"促进民族地区和人口较少民族发展规划》有关规定，审批了三批加强少数民族流动人口服务管理工作的"示范城市"，作为一项持续开展的重点工作，"示范城市"建设是加强少数民族流动人口服务管理工作的重要平台。四个直辖市中有三个均有"示范城市"，如天津市滨海新区、上海市浦东新区花木街道、重庆市江北区，唯独首都北京没有少数民族流动人口服务管理工作"示范城市"。侧面说明首都北京少数民族流动人口服务管理还不尽如人意，存在这样那样的问题。这些问题会影响少数民族流动人口融入首都北京。

1. 首都北京少数民族流动人口服务管理主责部门不清

2016年《北京市"十三五"时期少数民族事业发展规划》明确提出："着力加强来京少数民族流动人口的服务管理工作，将其有效纳入全市实有人口管理，融入覆盖全市的社区（村）流管站和信息平台。"来京少数民族流动人口的服务管理义务主体是政府，但主责部门是流管办，还是各级民委、各级公安、社区，实践中认识不同。有观点认为少数民族流动人口是流动人口的一部分，主责部门应该是各级"流管办"，由各级"流管办"统一管理，而流管办却不认可，流管办是各级政法委的一个常设机构，其职能是研究制定全市流动人口和出租房屋管理与服务的相关政策，不是政府部门，不应该管少数民族流动人口。[①] 有观点认为民委管理民族事务性工作，不管流动人口。

2. 首都北京少数民族流动人口服务管理的"三个网络"和"四级机制"尚未

---

① 杨璐. 北京市少数民族流动人口管理机制研究[D]. 中央民族大学博士论文，2012.

完全建立起来

例如，只有市级层面建立了少数民族流动人口流出流入两地服务管理工作协作配合机制，建立了工作机构，实现了常态合作，但区级及以下并没有建立流出流入两地协作配合机制。有关少数民族流动人口相关的政府服务与社会服务、市场服务有机衔接方面也存在很大问题，社会服务和市场服务还处在发育阶段。

3. 有些少数民族流动人口聚居区并未建立少数民族流动人口基层服务管理工作站

2016年《北京市"十三五"时期少数民族事业发展规划》明确要求："少数民族流动人口居住和工作比较集中的地区建立基层服务管理工作站。"首都北京少数民族流动人口相对集中的街道社区应当建立起专门的"少数民族流动人口基层服务管理工作站"，为少数民族流动人口提供专门的服务。但在具体落实中还存在欠缺，据课题组调研发现，有些少数民族流动人口聚居区并未建立少数民族流动人口基层服务管理工作站。

4. 少数民族流动人口合法权益保障方面的服务管理存在欠缺

2016年《北京市"十三五"时期少数民族事业发展规划》明确要求："加强服务管理的一线工作，使少数民族流动人口能够平等进入市场、融入城市生活。"少数民族流动人口在子女教育、平等就业、劳动保护等方面问题，民族工作部门没有办法解决。属地政府对少数民族流动人口服务管理没有专门的规范性文件、没有系统规划、没有经常性的保障措施。

5. 首都北京少数民族流动人口服务管理的法治思维、法治方式欠缺

有些基础管理人员不懂党的民族宗教政策，不了解少数民族文化，不注重少数民族流动人口的权利保护，未能真正树立"管理即服务"的主动服务理念。实践中首都北京少数民族流动人口管控的多，服务的少；堵的多，疏的少。

三、少数民族流动人口更好地融入首都北京的对策建议

少数民族流动人口融入首都北京的目标任务是：少数民族流动人口来到首都北京，经济上能够立足首都这样的超大城市，通过自身的调适主动适应首都社会，被首都社会接纳，在生活方式、价值观念和行为举止方面更加市民化；认可

首都文化，最终实现少数民族文化与首都主体文化相协调、和谐共生、多元文化一体化。要实现这一目标任务，需要我们做好方方面面的具体工作。

（一）政府发挥主导作用，引导帮助少数民族流动人口融入首都北京

运用法治思维、法治方式对待少数民族流动人口首都北京融入问题，在法治的框架下解决少数民族流动人口首都北京融入问题。法治作为治国理政的基本方式，也是解决少数民族流动人口首都北京融入问题的基本方式，法治要求贯彻其核心价值，即私权利的保障与公权力的制约。政府应当发挥主导作用，具体应当从以下几方面着手。

1. 制定专门的少数民族流动人口服务管理政策法规

首都北京目前没有专门规范和保障少数民族流动人口的政策法规，对少数民族流动人口这一特殊的弱势群体权益保障缺乏专门的制度性规范。国务院的行政法规《城市民族工作条例》、北京市地方性法规《北京市少数民族权益保障条例》规定的相关内容非常笼统。另外，通过制定政策性法规确定少数民族流动人口服务管理的体制机制，为自上而下建立完善首都北京少数民族流动人口服务管理"三个网络"和"四级机制"提供法律依据。

2. 做实"三个网络"和"四级机制"

《北京市"十三五"时期少数民族事业发展规划》明确提出建立完善首都北京少数民族流动人口服务管理"三个网络"和"四级机制"，这对于落实少数民族流动人口服务管理主体责任至关重要，是少数民族流动人口服务管理最重要的体制机制。

3. 提高广大党员领导干部的思想认识

民族宗教工作无小事，广大党员领导干部思想上一定要高度重视对少数民族流动人口工作。注重对少数民族流动人口合法权益的保障，重视少数民族流动人口合法诉求。工作中、生活上关心关爱少数民族流动人口，组织经常性的学习培训，如语言类培训、职业技能培训、心理调适培训等，增强语言交流能力，提高他们在首都的就业能力，使之尽快融入首都社会生活。

4. 设立少数民族流动人口基层服务管理工作站

《北京市"十三五"时期少数民族事业发展规划》明确，在少数民族流动人

口居住和工作比较集中的地区建立基层服务管理工作站，落实属地服务管理责任。少数民族流动人口基层服务管理工作站应当设在少数民族流动人口居住和工作比较集中的社区，真正发挥应有作用。

（二）企业积极参与，践行社会责任，帮助少数民族流动人口融入首都北京

民族工作是企业承担社会责任的重要内容。2011年国家民委、国务院国资委联合下发《关于加强新形势下社区民族工作的意见》，该意见是第一次规范国有企业民族工作的文件，明确要求国有企业重视民族工作，进一步维护了少数民族的合法权益。少数民族流动人口就业较多集中在民族特色鲜明的服务企业当中，这些服务企业与少数民族流动人口的合法权益直接相关。能否保障少数民族流动人口的合法权益，这些服务企业是一道关，起着重要作用。

（三）社会组织是政府做好民族工作、帮助少数民族流动人口融入首都北京的重要助手

社会组织在少数民族流动人口融入特大城市中发挥不可替代的作用。《北京市"十三五"时期少数民族事业发展规划》在总结首都"十二五"时期民族工作时明确提出，建立北京市少数民族联谊会，这是一家市级少数民族枢纽型社会组织，政府通过少数民族枢纽型社会组织，通过政府购买服务的形式，把对少数民族流动人口的教育培训（语言培训、职业技能提升、心理调适）委托给这些社会组织，保障了对各类少数民族社会组织的引导、管理，并加强了这些社会组织的自身建设，把经常性服务管理工作延伸至基层社区、社团、社工。

（四）加强对少数民族流动人口的理论研究，为党委政府精准施策提供智力支持

实践调研发现，少数民族流动人口本身族际文化程度及普通话等语言社交能力存在很大差异，少数民族流动人口首都北京融入呈现不平衡现象是客观存在的。不同少数民族流动人口语言、风俗习惯、宗教信仰不同，最重要的文化传统不同，融入首都社会生活快慢不一样，遇到的难题不一样。目前，少数民族流动人口首都北京融入的研究应当重点放在彝族、苗族等西南少数民族，以及蒙古

族、维吾尔族等少数民族流动人口上。党委政府应当组织各级社院、高校科研院所加强对不同少数民族流动人口融入问题的研究，为党委政府精准施策提供智力支持。

（五）调动首都北京少数民族流动人口的主动性、积极性

外因最终还是要通过内因起作用，少数民族流动人口首都北京融入问题，首先是少数民族流动人口本身愿意融入首都，其次是经济上能够立足首都。这些问题解决之后才可能论及如何尽快融入。少数民族流动人口首都北京融入问题，必须调动少数民族流动人口自身的主动性、积极性，愿意去学习、接受各种教育培训，思想上认可、情感上认同、行动上参与首都城市生活。政府、企业、社区、社会组织共同引导、帮助少数民族流动人口尽快融入首都社会生活。

（六）抓住社区融入这个关键

积极帮助少数民族流动人口融入首都北京，社区是关键。社区为少数民族流动人口办理人口登记，办理居住证。社区是少数民族流动人口直接联系的群众性自治组织。少数民族流动人口来到首都，各社区成为他们生产生活的重要场所。因此，做好社区民族工作是做好城市民族工作的重要基础，以推动构建相互嵌入的社会结构和社区环境。2011年国家民委专门出台《关于加强新形势下社区民族工作的意见》（民委发〔2011〕204号），北京市民委相应出台了《关于加强北京市社区民族工作的意见》，其中专门规定社区建立民族工作档案，建立少数民族、来京流动人口中的少数民族人员基本情况名册和代表人物库，了解掌握情况，搞好动态管理。①

城市民族工作是当前民族工作的重点，城市民族工作最终落脚到社区。做好城市民族工作的重要抓手是构建各民族相互嵌入式社区环境。社区是落实少数民族流动人口服务管理的关键。建立完善首都北京少数民族流动人口服务管理"三个网络"和"四级机制"，如落实流入地和流出地的两头对接，都需要社区具体承担。社区流管员应当熟知民族宗教政策法规，最好能够懂得一定的少数民族语

---

① 北京市民委关于加强北京市社区民族工作的意见［EB/OL］. http://www.beijing.gov.cn/zfxxgk/ftq11GG26/zdbz/2018-11/13/content_2eb31571fc904a96b1803ae07f17bd15.shtml.

言，便于解决少数民族流动人口的各种矛盾纠纷，便于开展少数民族流动人口权益维护、法治教育，帮助少数民族流动人口尽快融入首都社会生活。少数民族流动人口相对集中的街道社区应当建立起专门的"少数民族流动人口基层服务管理工作站"，结合民族宗教文化的特点，开展教育培训，开展形式多样的文体活动，满足少数民族流动人口的精神文化需求。

四、结语

尽管首都减量发展，在疏解非首都功能过程中，首都流动人口数量开始下降，少数民族流动人口数量也开始下降，但仍然有30来万少数民族流动人口，他们能否很好地融入首都北京，是关系到首都社会和谐、首都民族关系稳定的重要问题。从首都北京少数民族流动人口就业状况、族别、婚恋状况、人际交往、文化认可、心理归属等方面观察，融入首都现状不容乐观，呈现出很大的不平衡性，在经济融入、社会融入、文化融入、心理融入上都存在一定难度。北京市一直积极帮助少数民族流动人口融入城市生活，制定实施专门的少数民族流动人口服务管理政策法规、构建首都北京少数民族流动人口服务管理领导体制和工作机制（"三个网络"和"四级机制"）、做实首都北京少数民族流动人口服务管理等，帮助少数民族流动人口融入城市生活，但实践中还存在这样那样的问题。从长远看，城乡二元化结构应当改变。解决少数民族流动人口首都北京融入问题，政府应发挥主导作用，注重少数民族流动人口权益保障，制定实施专门的政策法规，做实"三个网络"和"四级机制"，抓住社区融入这个关键，发挥枢纽型社会组织作用，通过政府购买服务的方式，为少数民族流动人口提供更多的教育培训，帮助少数民族流动人口尽快融入首都社会生活。

参考文献

[1]沈桂萍.少数民族流动人口城市融入问题研究[M]//统一战线理论研究（2017）.北京：学苑出版社，2018.

[2]祁进玉.漂在北京：少数民族的身份认同与社会适应[M].北京：中央民族大学出版社，2011.

［3］张继焦.城市的适应——迁移者的就业与创业［M］.北京：商务印书馆，2004.

［4］马胜春.中国城市少数民族流动人口的生活适应性研究［M］.北京：中国财政经济出版社，2013.

［5］郑信哲，周竞红.少数民族人口流动与城市民族关系研究［J］.中南民族大学学报（人文社会科学版），2002（4）.

［6］郑信哲，张红.关于城市民族问题的研究评述［J］.黑龙江民族丛刊，2010（5）.

［7］马伟华.就业与融入：少数民族流动人口就业资源整合与城市融入问题探析——基于京津冀协同发展的视角［J］.中南民族大学学报（人文社会科学版），2017（3）.

［8］杨璇.北京市少数民族流动人口管理机制研究［D］.中央民族大学博士论文，2012.

［9］汤夺先.民族身份运用与资本禀赋制约：少数民族流动人口在城市中的就业［J］.青海民族大学学报（社会科学版），2014（1）.

［10］高向东.少数民族流动人口城市融入过程中遇到的问题及对策［N］.中国民族报，2016-04-01.

提高基层宗教工作法治化水平研究①

北京市顺义区社会主义学院课题组②

我国宗教历史悠久、信徒众多，宗教团体和寺庙教堂遍布各地，虽然目前已形成了以五大宗教为主体，兼与其他宗教和民间信仰多样共生、多元通和的宗教生态格局，但宗教事务管理面临的问题日益突出，宗教治理更为特殊复杂。因此，习近平总书记在2016年全国宗教工作会议上提出，做好新形势下宗教工作必须要"依法管理宗教事务"，妥善处理宗教领域各种问题，构建积极健康的宗教关系，"提高宗教工作法治化水平，用法律规范政府管理宗教事务的行为，用法律调节涉及宗教的各种社会关系"③。总书记高屋建瓴的讲话为新时代宗教工作指明了方向，提供了思路，但具体如何依法管理宗教事务，真正提高基层宗教工作法治化水平，则是新时代各级党委、政府推进宗教工作必须直面的重大实践课题。

一、提高基层宗教工作法治化的重要意义

在我国，宗教问题是一个重大而特殊的问题，④宗教工作在党和国家工作全局中具有特殊重要性。在法治成为治国理政基本方式的新时代，必须用法治精神

---

① 本文为北京社会主义学院（北京统战理论研究基地）2018年招标课题，立项编号：BJSY18203。
② 课题负责人：常有有（北京市顺义区社会主义学院副教授）。课题组成员：吕冬冬（北京市顺义区社会主义学院教授），张文婷（北京市顺义区社会主义学院副教授）。
③ 习近平. 发展中国特色社会主义宗教理论，全面提高新形势下宗教工作水平 [N]. 人民日报，2016-04-24（01）.
④ 李瑞环. 要重视民族宗教问题（节选）[J]. 中国天主教，2002（5）：4.

引领宗教工作、用法治思维谋划宗教治理、用法治方式破解宗教治理难题，因为宗教工作法治化是新时代处理宗教关系、解决宗教问题、开展宗教工作的出路、途径和保障手段。尤其是在基层宗教领域矛盾纠纷比较突出的背景下，提高基层宗教工作法治化水平更是刻不容缓。

（一）基层宗教工作法治化是落实依法治国方略的重要内容

党的十八大以来，以习近平同志为核心的党中央更加重视法治在国家治理中的作用，提出"举凡改革发展稳定、内政外交国防、治党治国治军，无不以法治为框架、用法治作支撑、由法治来贯穿"①。党的十九大对全面依法治国方略进行了最新战略定位，要求在各项工作中全面准确贯彻落实。宗教工作作为党和国家工作的重要组成部分，自然也不例外。从中央、省级层面看，宗教工作法治化水平有了较大提升，但宗教工作法治化的重点、难点和薄弱环节都在基层。因此，只有严格依法治教，用法律规制政府管理宗教事务的行为和调节涉及宗教的各种社会关系和行为，才能使宗教工作在法治的轨道上运行，避免全面依法治国方略的落实在宗教领域出现短板，并形成办事依法、遇事找法、解决问题用法、化解矛盾靠法的良好宗教法治环境，避免宗教问题被敏感化、特殊化。②

（二）基层宗教工作法治化是推进基层宗教事务治理现代化的根本要求

宗教事务治理就是将法治理念、治理理念植入宗教事务公共权力运作中，从而使宗教问题得以法治化解决的一种国家治理形式。长期以来，基层政府贯彻落实国家宗教政策以及相关法律法规，在宗教事务管理法治体系的基本框架下，依法维护公民宗教信仰自由和宗教界其他合法权益，对宗教事务进行监管，打击非法宗教活动，明确宗教活动场所法人资格和宗教财产权属等，宗教事务治理取得一定的成效，但在社会意识多元多样的当下，基层宗教事务治理现代化依然面临多重困境。因此，在以宗教事务为主要对象的治理活动中，必须将现代治

---

① 南方日报评论员.把法治作为基本思维方式和工作方式[N].南方日报，2016-03-08（02）.

② 同言.宗教问题是治国理政必须处理好的重大问题[J].中国统一战线，2016（5）：1.

理理念寓于宗教工作法治化中,以基层宗教工作法治化推进基层政府宗教事务治理现代化。

(三)基层宗教工作法治化是引导宗教与社会主义社会相适应的重要保障

历史地看,宗教总是某一具体社会的宗教,它必须适应当时的社会现实才能生存和发展,否则就不可避免地走向消亡。今天,我国坚持走中国特色社会主义道路,因此,宗教就应当顺应时代变化,坚持中国化方向,与社会主义社会相适应,这是我国对宗教的基本要求,也是宗教在社会主义社会长期存在与合法存在的条件。当前我国宗教工作矛盾多、问题多、形势错综复杂,所谓引导宗教与社会主义社会相适应的"引导",并不是简单劝导或疏导,而是在坚持保护合法、制止非法、遏制极端、抵御渗透、打击犯罪的原则下,用法治的手段,即通过保护、管理、引导、服务等多方面工作,综合施策,引导宗教界在政治上形成正向共识,支持他们在促进社会和谐进步中发挥积极作用,同时防范和治理非法违法活动,防止对党的执政基础和社会稳定造成不利影响。可见,引导的最终实现,必须依靠法治来保障,让法治成为引导最有效最积极的手段,让法治成为处理宗教问题的根本方式。

(四)基层宗教工作法治化是正确处理宗教领域各种矛盾和问题的根本途径

进入21世纪以来,虽然地方宗教势力迅速膨胀,非法宗教渗透活动猖獗,宗教问题较为突出,但由于宗教问题较为特殊,因此一些基层政府往往将宗教事务管理敏感化、特殊化、神秘化,导致宗教执法人员面对宗教问题时"不敢管、不愿管、不能管",特别是在宗教事务涉及多部门职权时,往往会出现相互推诿扯皮,甚至无人问津的现象,以至一些问题由小拖大、由大变炸。一些地方宗教管理实践表明,原有的"政策+法律",以政策为主导的宗教管理方式显然不能完全应对新时期宗教活动中出现的新问题,也无法解决既有的各种矛盾和问题。唯有提高基层宗教治理法治化水平,用法律法规形式明确宗教事务治理体系中各主体的职责和义务,用制度传导约束,督促各部门认真履行各自的权责义务,宗教领域各种矛盾和问题才有望解决。

二、基层宗教工作法治化的主要内容

以法治方式管理宗教事务，是我党开展宗教工作的一贯主张，但何为宗教工作法治化，其具体内容是什么的疑问一直困扰着基层宗教管理干部。习近平总书记曾明确指出："要提高宗教工作法治化水平，用法律规范政府管理宗教事务的行为，用法律调节涉及宗教的各种社会关系。"据此，我们认为，所谓宗教工作法治化，就是在法治观念下，政府宗教事务部门根据国家宪法、法律、行政法规和规章，对与宗教有关的一定社会关系和行为以及涉及宗教活动的事务进行治理，以保护公民宗教信仰自由。宗教工作法治化贯穿于宗教事务治理的各个环节，涉及宗教治理体制、治理过程各主要环节、治理目标和治理方法等各个治理结构要素，并通过治理的整体性呈现出理想状态。其内容主要包括以下两个方面。

（一）用法律规范政府管理宗教事务的行为

1. 依法合理界定宗教事务的范围

宗教事务是宗教管理的客体，其内容极度丰富，因此，准确界定宗教事务范围是宗教工作法治化的前提。在我国，政府对宗教进行管理，首要的是坚持宗教信仰自由政策，而不必事无巨细、事必躬亲，只有那些涉及国家利益和社会公共利益的宗教事务才属于宗教依法管理的对象。

2. 依法规范宗教事务管理职权和程序

明确宗教事务管理机构、职能、权限、执法程序、执法责任，通过权力清单、责任清单、负面清单和执法流程，为宗教事务执法机构依法执法设置权力范围，必要时或条件适宜时可以考虑通过机构改革实现执法权力资源的整合，防止出现执法不作为、乱作为等行为的发生。

3. 依法规范涉及宗教事务的行政决策

政府有关宗教事务管理部门必须建立和完善宗教工作依法决策的程序机制，把公众参与、专家论证、风险评估、合法性审查、集体讨论决定纳入宗教工作重大决策法定程序，确保决策制度科学、程序正当、过程公开、责任明确。同时还应当明确重大决策的范围，避免出现决策责任不清。

4. 依法规范宗教事务行政审批行为

有审批权的行政主体应当根据权责清单明确审批事项范围和审批流程，并推行受理单制度和办理时限承诺制度。

5. 依法规范宗教执法行为

宗教事务管理主体应该严格规范公正文明执法，遵循执法程序和裁量标准，全面落实宗教工作执法责任制，严格执行宗教执法人员持证上岗和资格管理制度，确保执法工作的规范性、公平性、稳定性、有效性。

6. 依法规范对宗教事务管理权力的监督制约

宗教事务管理部门应加强内部权力制约监督机制建设，实现自我监督的常态化，同时自觉接受人大、政协、司法等外部权力监督，防止执法不严、违法不究、法律落实不力等情况的发生。

7. 依法规范与宗教事务有关的政务信息

宗教事务主管部门一定要摒弃传统的宗教工作神秘化、特殊化的做法，依法推进决策公开、执行公开、管理公开、服务公开、结果公开。凡法律法规要求公开的事项，必须公开，为公众提供查询服务，自觉接受社会的监督。

（二）用法律调节涉及宗教的各种社会关系

宗教关系是社会关系的重要领域，尽管涉及面很广，但只有与国家利益和社会公共利益有关的宗教关系才应当受到法律的调控，主要包括以下几个方面。

1. 政教关系

政教关系是国家处理宗教关系的核心，当今世界，政教分离是大多数国家处理与宗教关系的基本原则。《中华人民共和国宪法》第三十六条关于宗教信仰自由的规定涵盖了中国式政教分离的原则。根据宪法规定及中国统战工作实际，中国式政教关系的科学内涵就是：①宗教活动必须坚持党的领导、巩固党的执政地位、强化党的执政基础；②宗教应当自觉接受政府管理，不得干预行政、司法、教育等国家职能实施；③宗教不是无政府主义；④宗教不受外国势力操纵。所谓用法律调节政教关系，就是应当将这四层政教关系纳入法律调整范围并依法进行规范管理，绝不允许任何宗教有超越政权的法律"飞地"。

2. 社会与宗教之间的关系

宗教作用的二重性，决定了必须用法律调节社会与宗教之间的关系。①通过法的规范作用和法的社会作用来引导宗教与社会主义社会相适应，即宗教界要把宗教看作社会的一部分，然后去顺应社会，履行社会责任，而不能将宗教身份和宗教问题特殊化、脱法化，要自觉认同由法律调节涉及宗教的各种社会关系；②各宗教都要与时俱进地同我国国情、社会制度、时代要求、法律制度、主流文化进行全方位、深层次的对接融合，以积极主动的姿态融入当代社会和主流文化中；③各宗教要转变观念，积极参与社会服务和主流社会的共建，实现宗教的现代化转型。①

3. 不同宗教之间的关系

在人类历史上，不同宗教之间曾经出现过排他的、兼容的和多元并存的三种关系。当前我国主张国内不同宗教之间的健康和谐，这就必须用法律调节不同宗教之间的关系，确保各宗教之间能够对话纳异、包容互鉴。①国家一律平等对待各个宗教，做到一视同仁，既不使用行政力量扶持或压制任何宗教，也不允许任何宗教在法律上享有超越其他宗教的特殊地位；②各宗教之间要积极开展对话、交流，坚决摒除唯我独尊、排斥其他宗教的态度，力求做到求同存异、互补共荣、和合共生；③把国家处理不同宗教纷争的原则、制度以及不同宗教之间互动交流的方式方法程序以及矛盾纠纷处理的规则用法律明确下来，并依法予以落实。

4. 我国宗教与外国宗教之间的关系

坚持独立自主自办的原则是我国依法调节我国宗教与外国宗教之间关系的根本准则。①坚持独立自主自办宗教原则。严格落实宪法关于宗教团体和宗教事务不受外国势力支配的规定，理顺中外宗教之间的关系。②坚持友好交往原则。尊重世界文明的多样性，我国宗教与外国宗教应当在相互尊重、平等友好的基础上进行交往。③抵御境外势力利用宗教进行渗透。政府各有关部门应整合力量强化管理，对各种非法宗教渗透活动依法依规进行严厉打击。④坚决打击宗教极端势力。政府坚持依法治理宗教事务，对涉及宗教因素的矛盾纠纷，各有关部门应当及时进行查处，违反什么法律就按什么法律处理，不搞特殊化，维护社会

---

① 张祎娜. 构建新时代积极健康的宗教关系[N]. 中国民族报, 2018-03-13(06).

和谐稳定。

5. 信教群众与不信教群众之间的关系

应淡化宗教特殊性，依法调节信教群众与不信教群众之间的关系。①政府要更加切实尊重和保护公民的宗教信仰自由权利，一视同仁地尊重和保护信教群众和不信教群众的合法权益，坚决遏止干涉宗教信仰自由、排斥和歧视信教群众、侵犯宗教团体和宗教活动场所合法权益的行为发生。②信教群众与不信教群众之间应当形成健康和谐关系。信教群众与不信教群众都要遵守法律，都要尊重他人的宗教信仰或不信仰宗教的权利，不得有侮辱、亵渎、恶搞、歧视他人的行为。③信教群众与不信教群众都要强化公民意识，树立法律面前人人平等的理念，不得因信教或不信教而有法外特权。

三、基层宗教工作法治化存在的主要问题

自《宗教事务条例》颁布实施以来，我国"宗教工作法治化明显加强"①。但是，由于受认识因素、执法力量、法治环境等客观因素，以及宗教市场化、国际化、网络化的综合影响，我国基层宗教法治状况不容乐观，提高宗教工作法治化水平形势较为严峻。

（一）多数基层领导干部宗教法治观念淡薄，提高宗教工作法治化内源性动力不足

当前，一些基层党政主要领导干部宗教法治意识非常淡薄，习惯于以政策为依据、以人治方式来处理宗教问题，加之对宗教本身的性质、作用及宗教信仰自由政策把握不透等诸多因素的共同影响，基层宗教事务管理往往出现对一些明显违法的宗教活动要么视而不见任其蔓延，要么担心招来麻烦而消极应付，要么坐等矛盾和问题激化才被动管理。甚至有的基层领导干部"谈教色变"，视宗教为洪水猛兽，在管理中工作方法简单粗暴，迷信行政强制手段，对正常或不正常、合法或违法的宗教活动不加甄别、不加分类，都要求下级执法人员"一限了事"，

---

① 习近平. 巩固发展最广泛的爱国统一战线，为实现中国梦提供广泛力量支持[N]. 人民日报，2015-05-21（01）.

或强行解散，以至侵犯信教群众合法权益，导致矛盾激化。有的地方领导各站各的台，各唱各的戏，在发展旅游经济的幌子下，暗中支持和鼓励乱建寺观教堂等。这种宗教法治生态，短期内很难得到改善，宗教工作法治化内源性动力明显不足。

（二）宗教事务管理体制不完善，执法合力难形成

当前，基层宗教事务管理已经形成了纵向的县（市、区）政府宗教部门、乡镇街道、村（居）委会三级管理体系和横向的宗教、公安、文化、建设、规划、工商、园林、国土、旅游、教育、出版、海关、民政、消防等部门共同管理格局。但是，法律法规未明确规定镇村基层组织宗教管理职权和法律手段，其管理宗教事务有责无权，谈不上依法管理。横向上，多元化的宗教事务管理主体也并没有建立起真正一体负责的部门联动机制，表现在：联合执法时一些单位畏惧宗教工作的复杂、敏感，认为抓得好无功劳，抓不好引火烧身而承担责任，因此在对宗教日常事务进行管理时尽力回避、推诿；有些单位虽然参与了联合管理，但执法积极性不高，经常出现推诿扯皮、拈轻怕重、出人不出力现象。遇事过分依靠宗教管理机关，齐抓共管格局有名无实，从而使一些本可以通过各部门配合执法就能够解决的事久拖不决，以致引起了信教群众和宗教界的强烈不满。

（三）基层宗教执法力量薄弱，执法能力欠缺

当前，我国基层宗教管理资源配置普遍薄弱，虽然县（市、区）一级普遍建立了专门的宗教事务管理机构，但基层宗教事务管理部门编制、经费配置不尽合理，表现在工作人员少、执法力量比较薄弱（一般为2—3人）、工作条件差、经费短缺、执法检查工作量大，"事多人少"的困局严重影响了宗教管理部门执法的数量和质量。由于基层宗教执法力量薄弱，致使一些基层宗教违法活动长期处于民不告、官不究，或者民虽告、官难究的状态。基层宗教执法力量薄弱不仅体现在执法人员数量上，而且还体现在宗教执法人员的业务素质上。部分执法人员因不懂法、不依法、对宗教政策把握不准，所以在对各种宗教违法行为进行执法检查时，工作多以没有任何约束力的批评教育劝告为主，而法定行政处罚、行政强制等执法权力使用较少，严重影响了执法效果。

（四）宗教界人士科学文化素质整体不高，提高宗教工作法治化的社会基础不牢

宗教法治化的基础是全民守法，而全民守法的前提是公民必须具有较高的科学文化素质。然而，我国宗教教职人员、宗教团体和宗教活动场所管理人员的科学文化素质整体不高。以塔尔寺为例，其教职人员未接受学校教育人数所占比例为18%，接受过小学教育的人数所占比例为49%，接受过初中教育的人数所占比例为26%，而接受过高中及以上教育的比例仅为7%。未接受学校教育和接受过小学教育的比例之和高达67%。[1] 这种状况不仅在广大的中西部地区如此，而且在东部发达地方亦如此。[2] 正是由于宗教团体负责人或宗教教职人员文化素质普遍较低，理解法律困难，使得宗教法治观念提升效果并不明显。从教徒角度来看，文盲、半文盲居多，文化素质更低，法治观念更淡薄。

四、提高基层宗教工作法治化水平的对策建议

（一）增强法治观念，提高运用法治思维和法治方式管理宗教事务的能力

1. 抓实学法责任，提高领导干部法治观念

（1）严格落实领导干部学法制度。把领导干部学法效果当作职务晋升和工作绩效考核的重要内容，以此来消除喊口号、练虚功、摆花架、做样子的做法，倒逼其真学、真懂、真信、真用。

（2）高度重视宗教法治工作。基层党委、政府要切实加强对宗教工作的领导，定期研究、部署和检查宗教工作，注意及时发现宗教工作法治化水平提升中的新情况，解决新问题。

（3）用法治精神引领宗教工作。通过学法、尊法、守法、用法，坚决破除领导干部的人治思想和长官意识，破除其"依法办事条条框框多、束缚手脚"的错

---

[1] 陈晓林，杜海蓉. 当代中国宗教管理的缺陷及其创新——以教职人员的科学文化素质为中心 [J]. 北方民族大学学报（哲学社会科学版），2015（3）：114.

[2] 上海市民族和宗教事务委员会. 以文化教育为基础，不断提高宗教教职人员综合素质 [J]. 中国宗教，2010（2）：65.

误认识，形成用法治精神引领宗教工作，用法治思维谋划宗教工作、用法治方式处理宗教问题的行为习惯。

2. 转变对宗教工作的传统认识，实现宗教事务的"脱敏"

当前宗教工作法治化水平之所以不高，一个重要原因在于对宗教事务管理的范围、宗教的社会作用、宗教关系的本质存在认识误区。因此，要提高宗教工作法治化水平，首先必须彻底转变对宗教的不科学认识，纠正当下基层党委政府把宗教问题政治化、敏感化、特殊化，进而规避法律而习惯于用政策来处理宗教问题的做法，并把其作为普通的社会事务来治理，善于将宗教事务管理转化为法律关系，用法律来调整宗教关系中的各种矛盾。

3. 树立宗教治理理念，推进宗教工作由形式法治向实质法治转化

树立宗教治理理念，把对单纯符合法律规定的形式法治向不仅符合法律规定，而且还要符合法的精神和人类良善价值的实质法治提升。宗教治理不仅意味着用法治方式来管理宗教事务，确保宗教治理行为合法、内容合法、程序正当，而且还意味着保护、管理、引导、服务等行为方式的综合运用，以及政府法治、社会共治和宗教自治三位一体的多元主体的共治。因此，提高宗教工作法治化除了政府层面的依法管理宗教事务外，还应当积极发挥宗教团体和宗教场所在宗教治理中的重要作用，发挥社会各组织参与宗教治理的作用。

（二）明确宗教管理主体法律责任，不断完善宗教事务管理体制

当前，基层宗教执法工作存在各部门"都搞不清楚谁应该先管，应该从何处管起，管到什么程度，没有统一指挥，也没有具体分工，各部门之间缺少技术上、环节上的沟通协调，导致大家无从下手，只能在一边观望"[①]的现象，迫切需要不断深化宗教事务管理体制改革，变"九龙治水"为"一体同责"。

1. 落实基层党委统一领导宗教工作职责

基层党委和政府在宗教工作中负有主体责任，基层党委主要负责人为本地区宗教工作第一责任人。党委应把提高宗教工作法治化水平作为宗教工作的重要内容，及时研究宗教事务依法管理中的重要问题。落实宗教工作考核评价，并将贯彻执行

---

① 羿宗哲，刘丽利，丁桂芳，王东全.关于提高基层宗教工作法治化水平的几点思考[J].湖南省社会主义学院学报，2017（1）：62.

宗教工作政策法规、妥善处置涉及宗教各类问题作为衡量工作能力和绩效的重要内容。只有党委统一领导宗教工作并负主体责任，才有利于宗教法律法规的贯彻落实。

2. 完善工作机制，实现党政齐抓共管

（1）基层党委统战部门要切实承担起宗教工作法治化的牵头协调职责，积极开展宗教工作法治化理论政策研究、执法工作协调、执法督促检查、重点难点问题处理等工作。

（2）基层宗教事务部门应当履行依法管理宗教事务的法定职责。在机构改革整合宗教事务管理职能时，秉承宗教事务优先和能合则合的原则进行权力配置，由政府宗教部门统一管理，避免遇到问题扯皮。

（3）与宗教事务管理有关的其他部门应各司其职，在各自职责权限的基础上，建立一体同责、部门联动的执法机制，从而克服宗教工作中存在的无人管、多头管、胡乱管的现象。

（4）建立社会各方共同参与宗教治理的机制，推动人民团体、企事业单位、群团组织、社会组织，特别是宗教团体和宗教界人士等各方共同参与、积极支持宗教法治化工作。

3. 健全完善三级管理网络和两级责任制

针对基层宗教工作力量较为薄弱和县乡村三级管理网络虚化的实际，今后应当加强对宗教工作的领导，抓实宗教法律政策落实，强化属地责任，优化资源配置，整合县（市、区）、街道（镇、乡）、社区（村、居）宗教工作力量，建立县（市、区）级负责宗教工作协调、街道（镇、乡）主抓落实、村（居）委员会负责协助宗教工作的三级宗教工作管理网络和县（市、区）镇（乡）两级责任制，通过职能下移、权力下移、责任下移、人员下移，为镇村两级赋予更多的管理权和协助管理权，补足镇村信教群众多，而宗教管理机构缺位的短板。依靠"镇街吹哨，部门报到"机制，推进乡镇涉及宗教的多部门联合执法，有效整合基层宗教事务管理和宗教行政执法力量，夯实基层宗教执法工作基础。

（三）狠抓宗教法律规范实施，提高宗教管理服务保障水平

1. 强化培训，提高宗教工作执法人员专业素质

宗教法治化迫切要求通过强化宗教理论知识和法律知识培训，为基层打造一

支专职化、专业化的宗教执法队伍。

（1）强化系统内专业知识和法律知识培训。制订科学的学习计划、学习内容、学习方式和考核标准，每年对执法人员宗教理论知识和法律专业知识进行严格的综合测试，实行不及格淘汰制。

（2）改革基层党校（行政学院、社会主义学院）培训。建设系统化的课程体系，改变基层党校干部培训内容中宗教及宗教法治化内容阙如的状况，增加宗教方面的课程设置来拓宽干部视野，为新时期推进宗教事务法治化管理提供人才支持。

2. 推进严格规范公正文明的宗教执法

提高宗教工作法治化水平，宗教执法是关键。首先，基层要做到严格规范公正文明的宗教执法。

（1）依法规范基层政府部门权力，确保权力不缺位、不越位。坚持"法有授权必须为，法无授权不可为"的原则，凡与宗教事务有关的行政执法，任何部门都必须依职权单独或参与联合执法，不得推诿塞责、躲闪腾挪或自扫门前雪；凡与本部门的宗教事务无关的行政执法，任何部门都不得参与。政府和宗教事务部门应坚决摒弃造声势、壮胆等非法律目的的参与式执法。

（2）严格遵循宗教执法程序，确保执法程序正当。宗教执法应当遵循法治要求，确保每一次宗教执法都能够在法定的职权范围内公正、公开、严格、规范、文明地进行，切实做到适用法律、法规、规章正确，符合法定程序，符合法律制定之目的。

3. 建立和完善宗教执法监督和问责机制

（1）建立和完善宗教执法监督机制。基层应高度重视对宗教执法权力的制约监督，构建多层次宗教执法监督体系，形成科学有效的宗教行政执法权力运行制约和监督体制机制，增强宗教执法监督合力和实效。通过多向度、多层次、立体化监督，坚决消除宗教执法中存在的权力躲闪、权力挪移、消极怠工等执法不作为现象的发生。

（2）建立执法责任追究制度。"动员千遍不如问责一次"[1]，对基层宗教执法

---

[1] 王岐山. 用担当的行动诠释对党和人民的忠诚[N]. 人民日报，2016-07-19（02）.

中存在的重大决策失误、行政不作为、行政乱作为及其他严重违法行为,只要群众反映强烈且造成了一定法律后果或不良社会影响,有权机关必须严肃问责,逐级抓落实,增强宗教执法人员的责任意识,激发其敢于担当的精神。

4.重视和发挥司法在宗教权益保障中的根本性作用

面对日益增多的涉及教产、信仰自由、宗教活动场所争议、宗教文化产品合法性争议等纠纷,必须充分发挥司法机关的法治保障功能,要通过公正裁判,让人民群众感受到司法的公平正义,并且通过司法结果来引导信教群众的行为,引导宗教与社会主义相适应。而要实现该目标,司法机关应当做到:①坚持有诉必理、有案必立原则,坚决破除宗教纠纷不入司法的保守主义和神秘主义做法,让宗教纠纷回归社会;②公正司法,发挥司法对宗教执法的监督和引导,保护争议当事人的合法权益;③健全人民群众特别是宗教界人士参与司法的保障机制,保护公民宗教信仰自由;④积极推进阳光司法,以公开换取公正,以公正引导宗教活动合法。①

(四)加强法制宣传教育,提高宗教人士依法开展宗教活动的意识

1.创新法制宣传形式,增强宣传的针对性和实效性

(1)在合法宗教活动场所利用讲经讲道的机会,进行宗教法律、法规、规章的宣传。政府或宗教团体可以委托专业法律人士或精通宗教执法制度的有关人员,通过一定的方式在教职人员、信教群众中开展宗教政策及法律、法规的宣传普及,就宗教活动中存在的有关问题进行讲解,引导广大教职人员及信教群众牢固树立国家意识、公民意识和法律意识,增强教职人员和广大信教群众分清是非和抵御国内外敌对势力思想渗透的能力。

(2)创新法制宣传方式,在宗教界营造良好法治氛围。在广播、报纸期刊、标语、公益广告、公益讲座、培训等传统宣传载体外,政府还可以通过在镇(街)、村(居)组织司法观摩、以案说法、文艺表演、舞台歌剧、散发传单等形式,有针对性地加大宗教法律法规的宣传和普及,提升宣传效果。通过全域、广角、持久的法制宣传,在宗教界营造学法、知法、尊法、守法、用法的良好社会

---

① 常有有.提高宗教工作法治化水平研究[J].中央社会主义学院学报,2017(1):60—61.

氛围。

2.重视网络宗教法治传播，提高宗教法制宣传形式的时代适应性

习近平总书记强调："要高度重视互联网宗教问题，在互联网上大力宣传党的宗教理论和方针政策，传播正面声音。"[①] 基层宗教工作部门在依法管理互联网宗教事务的同时，还应顺应时代变化，强化宗教法治传播。针对当前我国宗教类网站以及网络社交平台主要传播宗教新闻资讯、宗教教义教规、网上宗教教育、宗教信仰心得、宗教募捐和宗教类用品销售等信息，而缺乏引导网络宗教活动走向法治轨道的实际，政府宗教部门应当掌握网络主动权，充分利用数字网络的便捷条件，创新宗教网络法治传播新形式，通过开通以宗教为主要内容的网站、门户网站宗教专题频道、博客、微博、微信、QQ、动漫、微电影、宗教纠纷网络模拟法庭、客户端等，分清宗教人士文化层次、分清宗教类别、分清宗教法治化中不同问题的轻重缓急，有针对性地加大宗教法律、法规的宣传和普及，提升宣传效果。

---

① 习近平.发展中国特色社会主义宗教理论，全面提高新形势下宗教工作水平[N].人民日报，2016-04-24（01）.

新时代提高基层宗教工作法治化水平研究[①]

北京市东城区社会主义学院课题组[②]

宗教是在人类文明发展过程中产生的，是人类文明的有机组成部分。中共十八大以来，我国全面推进依法治国，把宗教治理纳入国家治理体系，用法律规范政府管理宗教事务的行为，用法律调节涉及宗教的各种社会关系，对宗教工作做出了一系列理论创新和制度创新。全面贯彻新时代党和国家的宗教工作基本方针政策，提高基层宗教工作法治化水平，引导宗教和社会主义社会相适应，是当前和今后一个时期基层宗教工作面临的一项重要而紧迫的工作。

保障宗教信仰自由权是保障宪法所规定的基本人权要求，做好基层宗教工作，使之与时代相适应，与社会发展相适应，不断提高法治化水平，是新时代宗教发展过程中所面临的共同问题。北京市东城区是多种宗教并存的首都核心区。[③]本课题组对东城区基层宗教工作现状进行了走访摸底和抽样调查，并向教职人员、宗教工作者及信教群众等发放和回收调查问卷100余份，经科学分析后撰写形成了本课题报告。

[①] 本文为北京社会主义学院（北京统战理论研究基地）2018年招标课题，立项编号：BJSY18204。

[②] 课题负责人：姚苹（北京市东城区社会主义学院副教授）。课题组成员：邵芸（北京市东城区社会主义学院教务科干部），丁玥（北京市东城区社会主义学院对外培训科副科长），陈彬彬（北京市东城区社会主义学院副教授）。

[③] 东城区有天主教、基督教、伊斯兰教、佛教四大宗教，共有14座宗教活动场所，其中3座天主教堂（王府井教堂、东交民巷教堂、南岗子教堂），3座基督教堂（珠市口教堂、崇文门教堂、宽街教堂），2座佛教场所（雍和宫、通教寺），6座清真寺（东四清真寺、南豆芽清真寺、安外清真寺、东外清真寺、花市清真寺、沙子口清真寺）。有3个区级爱国宗教团体（东城区天主教爱国会、东城区基督教"三自"爱国运动委员会、东城区伊斯兰教协会），教职人员共计151人。信教群众约4万人。北京市基督教"三自"爱国运动委员会、市基督教青年会、女青年会的办公地点都在东城区。

一、基层宗教工作法治化的现状及其重要意义

在 2016 年全国宗教工作会议上，习近平总书记强调指出，宗教问题始终是治国理政必须处理好的重大问题，宗教工作在党和国家工作全局中具有特殊重要性，关系中国特色社会主义事业发展，关系党同人民群众的血肉联系，关系社会和谐、民族团结，关系国家安全和祖国统一。坚持我国宗教的中国化方向，构建积极健康的宗教关系，提高宗教工作法治化水平是中共十八大以来党和国家在宗教工作方面的根本要求。

（一）坚持基层宗教工作法治化是适应当前宗教工作形势发展变化的迫切需求

当前，国际形势正在发生深刻的变化，作为非传统安全的宗教因素在国际争端、人权斗争等方面的影响愈加突出。宗教冲突和教派仇杀等宗教极端主义和暴力恐怖活动泛滥，对各国的政治安全、经济安全、文化安全、社会安定等都产生了深刻影响。宗教问题越来越成为衡量现代化国家治理成败的重要指标。近年来，境外势力利用宗教对我国进行渗透活动日益加剧，宗教极端主义产生严重隐患。例如，20 世纪 90 年代以来，境内外"三股势力"（民族分裂势力、宗教极端势力、暴力恐怖势力）在我国新疆策划并组织实施了爆炸、暗杀、投毒、纵火、袭击、骚乱、暴乱等一系列暴力恐怖事件，新疆一些地方在一段时间内暴力恐怖事件呈多发频发态势。2013 年新疆制定了《关于进一步依法治理非法宗教活动遏制宗教极端思想渗透工作若干问题的意见》，将非法宗教活动总结界定成了 26 个情形，以清单式列举，比较明确具体，有效地遏制住了宗教极端思潮。

目前，国内的宗教工作形势发生了一些新变化，一是信教人数和信教种类均呈现递增态势。单从宗教种类上看，除天主教、基督教、佛教、伊斯兰教、道教等五大宗教外，东正教、犹太教、摩门教、巴哈伊教等在我国都事实上存在。二是五大宗教本身的一些问题也逐渐凸显，如佛教、道教商业化问题，伊斯兰教如何实现去极端化、去沙化、去阿化的问题，基督教私设聚会点（家庭聚会）的问

题,天主教的自选自圣主教、民主办教的问题,等等。三是宗教信徒的结构、社会地位、收入都发生了变化,高知高收入群体信仰宗教的比例明显提高。四是宗教团体和信徒的宗教信仰自由意识、维权意识、教产意识都明显增强。另外,一些非法宗教活动屡禁不止,社会普遍反映强烈的宗教乱象有:借宗教名义敛财、经营承包寺观、乱塑大型露天宗教造像、假活佛坑蒙拐骗等。地方上出现"宗教搭台,经济唱戏",未经宗教团体内认定、未经备案的宗教教职人员来主持宗教活动,未经批准在场所以外开展宗教活动等情况比较普遍。

由于宗教问题的特殊性和敏感性,导致宗教工作面临的形势比以往任何时候都更加复杂和尖锐,更需要妥善处理党和政府与宗教(政教关系)、社会与宗教、国内不同宗教、我国宗教与外国宗教、信教群众与不信教群众、宗教团体和世俗团体等多种关系,依法管理基层宗教事务的重要性,比任何时候都要凸显。以前在计划经济时代,主要是靠政策主导、单一行政模式管理,进入了新时代,社会主要矛盾已经发生了新的变化,亟须向法治化管理转变。

(二)坚持基层宗教工作法治化是引导宗教与社会主义社会相适应的重要举措

2016年,全国宗教工作会议首次提出了坚持和发展中国特色社会主义宗教理论,中国特色社会主义宗教理论是中国特色社会主义理论的重要组成部分。积极引导宗教与社会主义社会相适应,一个重要的任务就是支持我国宗教坚持中国化方向。要用社会主义核心价值观来引领和教育宗教界人士和信教群众,弘扬中华民族优良传统,用团结进步、和平宽容等观念引导广大信教群众,支持各宗教在保持基本信仰、核心教义、礼仪制度的同时,深入挖掘教义教规中有利于社会和谐、时代进步、健康文明的内容,对教规教义做出符合当代中国发展进步要求、符合中华优秀传统文化的阐释。为此,国家宗教事务局在全国开展了宗教"四进"活动——国旗、宪法和法律法规、社会主义核心价值观、中华传统优秀文化进宗教活动场所。当然,党和政府支持宗教界加强自身建设,包括思想建设、组织建设、制度建设、作风建设,发挥宗教在促进经济社会发展方面的积极作用,推动中央宗教工作重大决策部署的贯彻落实。

(三）坚持基层宗教工作法治化是全面推进依法治国的必然要求

党的十九大报告强调，全面依法治国是国家治理的一场深刻革命，必须坚持厉行法治。宗教工作法治化是我国新时代依法治国方略的有机组成部分，是建设法治国家、法治政府和法治社会的客观要求，是宗教工作适应时代变化和社会发展的必然选择。贯彻落实依法治国的基本方略，包括依法管理宗教事务，运用法治思维、法治方式来处理各方面宗教问题和宗教关系。

当前，我国宗教法律规范体系已经基本形成，是中国特色社会主义法律体系的重要组成部分。截至2018年12月，据不完全统计，已有综合性宗教行政法规2部，宗教部门规章12件；涉及宗教内容的法律共56件，涉及宗教内容的单项行政法规40件，涉及宗教的单项部门规章88件；全国范围内，有60多部地方性法规和政府规章。其中，地方综合性宗教行政法规51件，如北京市人大常委会制定了《北京市宗教事务条例》。近年来我国修订的《刑法》《国家安全法》和制定的《民法总则》《境外非政府组织境内活动管理法》《反恐怖主义法》等法律，都将保护宗教信仰自由作为重要内容纳入其中，为规范和调节宗教关系提供了法律依据。特别是2017年修订的《宗教事务条例》，立法目的和精神是维护公民宗教信仰自由和宗教界合法权益，维护国家安全和社会和谐，规范政府管理宗教事务的行为，有利于构建积极健康的宗教关系。

(四）坚持基层宗教工作法治化是打造共建共治共享社会治理格局的重要基石

宗教存在的前提和基础是满足人的精神信仰需求。宗教作为意识形态，既有积极的一面，也有消极的一面。应当辩证和客观地看待宗教的社会作用和功能，在社会治理中，发挥宗教的积极作用，避免其消极作用，只有通过将基层宗教工作纳入法治化轨道，才能充分发挥宗教在政治、经济、文化、社会等领域的促进作用。

实行宗教信仰自由政策，出发点和落脚点是要最大限度地把广大信教和不信教群众团结起来。宗教工作的本质是群众工作，做好宗教工作的关键是要做好信教群众的工作。2018年4月，国务院公开发布了《中国保障宗教信仰自由的政策和实践》白皮书，首次披露我国现在信教公民近 2 亿，宗教教职人员 38 万余人。中国还存在多种民间信仰，与当地传统文化和风俗习惯结合在一起，参与民间信仰活动的群众较多。近 2 亿的信教群众，非常庞大的群体，相当于全国人口的 1/7。所以，有序开展基层宗教活动，应当重点关注信教群众。在新形势下，党和政府既不要过分保护，也不要打压宗教组织和宗教活动，而是要重点引导近 2 亿的信教群众遵守国家法律法规，成为社会主义的劳动者、建设者、爱国者。

当然，全国还有近 12 亿群众是不信教的，包括不信教的 8956 万中共党员（统计数字截至 2017 年 12 月 31 日）。宗教信仰自由权利除了受我国宪法和法律保障外，还应当被全体社会认同和接纳。首先，信教和不信教公民应当和睦相处。其次，不信教公民应当尊重信教公民的宗教信仰，不歧视和排斥信教公民，信教公民应当尊重不信教公民的信仰选择。最后，在多数公民不信教的地方，少数信教公民的合法权利得到尊重和保护；在多数公民信教的地方，少数不信教公民的权利同样得到尊重和保护。总之，宗教团体既不是一个特权阶层，也不是社会的二等公民，应该和其他社会团体一样平等地对待。在社会生活领域，宗教组织与信众和其他社会群体在法律框架之内和谐共处，彼此权利都能得到保障，营造共建共治共享的社会治理格局。

二、依法管理基层宗教事务面临的主要障碍

2005 年 3 月 1 日实施的《宗教事务条例》是我国第一部宗教行政法规，标志着我国宗教真正进入法治化管理阶段。2017 年 6 月 14 日，国务院又修订了《宗教事务条例》，并于 2018 年 2 月 1 日起施行。目前，基层宗教事务有法可依的问题已经基本解决，关键是执法难和守法难的问题比较突出。推动基层宗教工作法治化的重点和难点是保障相关法律法规得到严格实施和普遍遵守，做到"法立，有犯而必施，令出，唯行而不返"①。

---

① 王作安．在法治轨道上推进宗教工作［N］．人民政协报，2014-11-07．

（一）对基层宗教组织的监督体系尚不健全

法律的生命力在于执行，法律法规是否得到有效执行和实施是宗教法治建设的重要环节，宗教法治监督在宗教法治化工作中发挥着重要的作用。修订后的《宗教事务条例》第五十八条规定，宗教团体、宗教院校、宗教活动场所应当接受其所在地的县级以上人民政府宗教事务部门监督管理，并以适当方式向信教公民公布。宗教事务部门应当与有关部门共享相关管理信息。政府有关部门可以组织对宗教团体、宗教院校、宗教活动场所进行财务、资产检查和审计。但是，目前我国的宗教法治监督工作还很不健全。第一，对宗教行政权力监督不到位。基层宗教事务部门的工作人员在管理宗教事务的过程中，必须受到法律的制约与监督，但在现实中还存在宗教执法主体不健全、执法行为不规范、执法程序有瑕疵的情况。第二，司法诉讼监督力度不足。司法是法律实施的重要保障，是保证涉宗领域诉讼公正的最后防线。但因宗教领域的特殊性，在涉及宗教诉讼时常常碰到立案难、审判难、执行难等问题，特别是在涉及民事诉讼和行政诉讼时表现得更加明显。第三，社会监督缺失。因为宗教信息比较敏感，政府宗教事务管理部门政务信息公开程度不够，宗教团体内部信息严重隐蔽化，这就缺乏让社会知情、表达、参与的前提和基础，无法实现社会监督。同时，我国公民参与意识整体淡漠，个体监督的主动性弱，同样也体现在宗教领域，由于信息不对称、不公开、不透明，大多数信教公民对于宗教事务管理的知情权缺乏保障，也无从进行有效的监督。

（二）基层宗教事务部门的执法力量普遍薄弱

从现实实践来看，第一，宗教事务部门的机构设置不统一，不同地方归口不同，有的在民宗委、有的在政府办、有的在统战部等，机构设置不统一、不明确。这在一定程度上反映出各地对宗教工作的定位不清，影响其职能的发挥。第二，人员编制有限，人数少。以东城区为例，政府部门主抓宗教事务管理的部门是区民宗办的宗教科，一个科室只有2个编制，加上一个副处级主任，只有3个人负责监督、执法等宗教事务工作。北京其他区（如大兴区）设立了区民委（宗教局），只有4个编制，包括1个主任，2个副主任，1个科长，而大兴区有19

个民族村，19个宗教场所。北京基层宗教工作力量比较薄弱，这个问题普遍存在，已经引起中央有关部门的重视。第三，宗教干部的法治素质参差不齐，有关法律知识的学习培训少。调查结果显示基层宗教事务部门的工作人员的法治类培训机会少，被调查者中60%选择了一年两次的培训频次。调研过程中还发现，2018年2月1日已经正式实施数月的《宗教事务条例》，在除了统战部门和民族宗教部门以外的处级领导干部中并未开展大规模学习培训。培训的不及时甚至是缺失，使得基层单位和干部无法及时了解中央对宗教工作的新要求，甚至部分干部对宗教法规、政策不熟悉、不重视，影响了其对宗教工作的认知度和执行力，导致解决宗教问题的能力低，妥善处理宗教事务的办法少。第四，综合执法难度大。在基层实践中，宗教执法是个综合性的工作，涉及统战、民族、公安、工商、文委、建委、旅游、民政、安监、教育、税务、环保、水务、食监药监、消防、文物、园林、土地、卫生、交通、新闻、出版、广电、网信等20多个部门。目前，多部门联合执法，主要在重大宗教节日或者农历节日（如大年初一、圣诞节、开斋节、圣母升天节）人群聚集时，按照重大活动预案和实施方案，多个执法部门到位来保障重大节日安全，预防重大突发事件，但在处理偶发性非法宗教事件时，多部门联合执法的沟通协调成本较高，也难以保证执法的常态化和规范化。

（三）非法宗教活动隐蔽性强，监管难度大

改革开放以来，我国的宗教政策营造了较为民主、宽松的宗教环境，促使宗教团体迅速发展，其中一些打着宗教旗号的非法宗教活动，甚至是邪教组织也趁势发展起来，严重影响了我国宗教事业的健康发展，影响了我国社会和谐和民众安全。修订后的《宗教事务条例》第六章有9条对宗教活动进行了规范，其中，第四十一条规定，非宗教团体、非宗教院校、非宗教活动场所、非指定的临时活动地点不得组织、举行宗教活动，不得接受宗教性的捐赠。非宗教团体、非宗教院校、非宗教活动场所不得开展宗教教育培训，不得组织公民出境参加宗教方面的培训、会议、活动等。第四十四条规定，禁止在宗教院校以外的学校及其他教育机构传教、举行宗教活动、成立宗教组织、设立宗教活动场所。但是，非法宗教活动形式多样、隐蔽性强，区分界定存在一定难度。

因非法宗教活动的隐蔽性、临时性、内部管理严格等特点，不易被宗教事务部门发现。而且，即使被宗教事务部门发现，按照法律的规定对非法宗教活动界定难、处置难，本课题组认为最难区分的是宗教活动与民族风俗习惯，对于在公安部门有案底的非法宗教组织，比较容易认定和查处。例如，近年来，在北京发现有守望教会、锡安教会、新天地教会、韩国教会和"达洼宣教"等非法宗教活动。还有的非法传教组织为了逃避法律法规的监管，以文化咨询公司的名义注册，但是实际从事非法宗教活动，宗教事务部门即使发现，也很难对其直接进行行政处罚。另外，宗教法律法规目前仍存在空白，特别是在非法宗教活动场所的调查取证、处罚取缔上，缺乏强制性的措施。以佛道教为例，假僧假道乱做佛事道场现象大量存在。一些未经依法登记的宗教活动场所，未经认证备案的僧侣，违规从事宗教活动、收取宗教性捐献，甚至骗取钱财，扰乱了正常的宗教活动秩序，损害了宗教界的权益与形象。

（四）新兴的"互联网宗教"出现监管盲区

在20世纪90年代后期，随着互联网的兴起，大量的网络宗教开始出现，互联网成为宗教组织与信徒、信徒与信徒之间沟通交流的重要平台。宗教在传播方式上呈现出从人际传播、纸质媒体传播、广播电视传播向互联网传播的转变，这也是宗教适应能力的体现。2001年，我国的天主教和基督教的网页网站有7100个，[①]涵盖网上传教、网上售卖非法宣传品、网上烧香、网上拜佛等。到2015年网页网站增长为2740万个，[②]在短时间内其比例和幅度呈几何倍数增长，非常迅猛。

"互联网传教"利用互联网的开放性、广泛性、参与成本低等特征，有力地促进了宗教的发展。在互联网时代，在虚拟空间中，人人都是传教士，人人都可以发布宗教文化、宗教活动等相关信息，每个人都是传道者，每个人也都是受道者。但是，互联网技术是一把双刃剑，利用宗教名义实施网络诈骗犯罪成本低，邪教等非法组织容易利用虚拟网络进行传播和扩散，境外宗教极端势力利用互联网进行渗透和煽动，使得我国在网络立法、监管力度、技术创新等方面面临着新

---

① 刘金光.国际互联网与宗教渗透[J].中国宗教，2003（8）：27.
② 王秀丽.宗教的互联网传播及网络舆情引导管理[J].淄博师专学报，2016（1）：71.

的挑战。

（五）宗教活动场所管理尚缺乏"法人治理结构"

过去受立法水平和社会认知的制约，《民法通则》《物权法》等民事法律，包括 2005 年制定的《宗教事务条例》，都没有赋予宗教活动场所法人资格，导致宗教团体和宗教活动场所之间，权利和义务的界限不明确，在捐赠财产、教产等方面产生矛盾和纠纷。2017 年《民法总则》实施以后，这意味着"团体+场所"双重法人制被采用，为宗教组织明确各自的权利义务和财产管理提供了法律依据。①

修订后的《宗教事务条例》将宗教活动场所专门设有一章，有 17 条，其中，第二十三条规定，宗教活动场所符合法人条件的，经所在地宗教团体同意，并报县级人民政府宗教事务部门审查同意后，可以到民政部门办理法人登记。《宗教事务条例》明确赋予宗教活动场所法人民事主体资格，是宗教主体财产（包括宗教不动产，如寺观教堂；宗教动产，如佛像、捐赠及知识产权等）的所有者，并且享有这些宗教财产的所有权、使用权和受益权，对外独立承担民事责任、对内实行民主管理，从而与宗教团体"两权分离、各行其是"，有助于消除内部纷争。②因为修订的《宗教事务条例》2018 年 2 月刚开始实施，"法人治理结构"的理念比较超前，许多地方宗教活动场所的管理者并没有与时俱进，按照新型的"法人治理结构"来进行管理，管理的思想和观念仍然滞后、过时，管理方式随意性大。例如，有些宗教活动场所没有单位银行账户，宗教信徒的奉献流入私人腰包或"小金库"，造成财务的混乱和腐败。

三、以法治思维和法治方式管理基层宗教事务

宗教信仰自由包括"精神信仰自由"和"实践信仰自由"，宗教信仰并不是简单的信仰层面和思想层面的问题，还涉及社会生活的各个方面、各个领域。在

---

① 冯玉军，周泽夏. 改革开放四十年宗教工作法治化回顾［J］. 中央社会主义学院学报，2018（6）：95—101.

② 同上。

错综复杂的宗教形势面前，运用法治思维和法治方式处理宗教领域的突出问题，成为必然选择。一方面，基层政府要依法管理宗教事务；另一方面，宗教团体和宗教界人士、信教者要普遍遵守法律。宗教工作的重点和难点在基层，基础不牢，地动山摇。本课题组研究的基层宗教事务特指县乡两级层面与宗教有关的各项社会公共事务，县级设立有专门机构，如民宗委、宗教局、宗教办等管理宗教事务，乡级设立有宗教专员管理宗教事务。基层政府守土有责，对宗教事务负有属地责任。以法治思维和法治方式管理基层宗教事务，主要包括以下几个方面。

（一）以大统战思维创新和完善基层宗教工作机制

进一步明确主体责任，建立健全基层宗教工作机制。宗教工作本质上是群众工作，宗教团体是党和政府团结、联系宗教界人士和广大信教群众的桥梁和纽带。[①]一方面，宗教团体既要把宗教工作的基本方针、政策和具体要求在宗教界、宗教团体场所、信教群众中得以贯彻；另一方面，也应该及时地把信教群众的意见和建议反映给党和政府有关管理部门。宗教管理部门要高度重视发挥基层宗教组织的桥梁和纽带作用，加强对基层宗教组织的指导建设，每年例行开展对各宗教团体的督查，践行目标责任管理，指导帮助其提高自我管理能力水平，更好地发挥桥梁和纽带作用。

中共十九届三中全会通过了《深化党和国家机构改革方案》，确定中央统战部统一管理宗教工作。为加强党对宗教工作的集中统一领导，全面贯彻党的宗教工作基本方针，坚持我国宗教的中国化方向，统筹统战和宗教等资源力量，积极引导宗教与社会主义社会相适应，将国家宗教事务局并入中央统战部。中央统战部对外保留国家宗教事务局牌子，从体制机制上保证加强党对宗教工作的集中统一领导。截至2019年3月，从国家级、省级、市级到县级、乡级五级自上至下的机构改革都要实施到位，将宗教事务并入统战部门，有助于构建大统战工作格局，由党委统一领导、统战部牵头协调、有关方面各负其责，容易形成工作合力。

---

① 习近平在全国宗教工作会议上强调　发展中国特色社会主义宗教理论　全面提高新形势下宗教工作水平［N］.人民日报，2016-04-24.

（二）提高宗教事务部门执法的能力和水平

作为职能部门，要把握好宗教管理的度，贯彻"导"的方针，做到"导"之有效。既不能过度行政干预，进行强有力的控制，否则会助推非法宗教活动增多，增加普通群众接受和参与非法宗教活动的可能性，但也不能放任不管，任非法宗教活动野蛮生长。同时要建立绩效考核制度和终身责任追究制度，切实解决宗教管理工作的"无人管、不想管、不会管、不敢管"的被动性，强化宗教领域的综合执法力度。此外，还应当配备了解和熟悉宗教工作、懂得宗教工作规律的人来管理宗教事务，既不是高高在上，对宗教防范的态度，也不是缩手缩脚，对宗教事务不敢管、推诿的态度。

《宗教事务条例》规定了四种形式的行政处罚权：第一种是针对情节较轻的，由宗教事务部门责令改正；第二种是情节较重的，由登记管理机关（民政部门）或者批准设立机关（宗教事务部门）责令该宗教团体、宗教院校、宗教活动场所撤换直接负责的主管人员；第三种是由登记管理机关（民政部门）或者批准设立机关（宗教事务部门）责令停止日常活动，改组管理组织，限期整改；第四种是吊销登记证书或者设立许可，没收违法所得或者非法财物。调研中发现，很多基层宗教事务部门是"零处罚"。符合行政处罚的法定情形，宗教事务部门就应当给予处罚，不能怕伤害宗教人士和信教人群的感情就不予以处罚。行政处罚本身不是目的，只是一种管理的手段。《宗教事务条例》第五十八条规定，县级以上人民政府宗教事务部门有权监督管理宗教组织的财务状况、收支情况和接受、使用捐赠情况。有的基层宗教事务部门在监督管理宗教团体、宗教院校、宗教活动场所的财务状况和收支情况时，通过"政府购买服务"的形式，聘请第三方进行审计，由第三方做出专业的审计报告，这种监管方式比较独立和公正，能排除人为因素的影响，值得推广。另外，对于财务状况、收支情况和接受、使用捐赠情况是否以适当的方式向信教公民公布，公开接受社会监督，宗教事务部门应当每年进行"清单式"管理。什么是法定的"适当的方式"，《宗教事务条例》没有明确规定，是纸质公示栏还是电子版网络公开？具体实操中应该进一步细化和明确，易于执行。

信教群众在基层，宗教工作重心同样也在基层。调研中发现有的地方采取比较好的做法，如北京市为推动宗教管理部门重心下移，确保基层宗教事务部门具有执法主体资格和能力，对基层宗教工作实现"横到边、竖到底"网格化管理，使每个宗教活动点都被网络覆盖，建立和完善宗教工作"区、街、社区"三级网络两级责任制，建立"街乡吹哨、部门报到"联合执法长效机制，充分发挥"网格化服务管理"优势，有效解决宗教领域和宗教活动中存在的问题。

（三）依法加强宗教团体自身建设和严格规范管理宗教教职人员

宗教团体作为典型的社会团体法人，是本宗教信教公民自愿组成的协会组织，代表宗教活动场所、宗教教职人员和信教群众的合法权益，负有协助各级政府贯彻落实法律、法规、规章和政策，指导宗教教务，阐释宗教教义教规，开展宗教思想建设，认定管理宗教教职人员等多项职责。因此，第一，应该加强对宗教团体的物质保障，政府部门对基层宗教团体，应当在办公场所、办公经费等方面给予充分的保障，调动基层宗教团体协助开展依法管理宗教事务工作的积极性和主动性，支持宗教团体充分发挥积极作用。第二，强化宗教团体自身建设和宗教团体人员的思想建设，应当重点加强宗教团体负责人和教职人员的教育培训。要采取多样化的形式有效开展宗教教职人员的教育培训，培养其法治思维，提高其法治意识。例如，设立宗教教职人员教育培训专项资金，每年通过和地方社会主义学院联合办班、委托办班、专门办班等形式，加大对基层宗教教职人员教育培训力度，集中开展宗教法律法规、宗教政策等方面的教育培训，提升其法治观念，增强爱国爱教意识。

同时，加强对宗教教职人员的规范管理，《宗教事务条例》第三十六条规定对宗教教职人员采取认定备案制，第三十七条规定对宗教活动场所的主要教职人员采取任职备案制和离职备案制，认定备案之后，由宗教团体发放相关证书。例如，由中国佛协开发的藏传佛教查询系统在中国佛教协会网站、国家宗教事务局网站和中国西藏网同步上线，输入姓名、法号、活佛证号、寺庙号，就能查询到是否有认证的活佛，假活佛们无处遁形。对于普通宗教信徒来说，确实很难识别真伪。活佛查询系统上线之后，很多活跃多时的假活佛瞬间销声匿迹，社会效果较好。

但是，现在国家宗教局等官网上设有宗教基础信息查询，包括宗教院校基本信息、宗教活动场所基本信息、藏传佛教活佛查询，尚不包括全部宗教教职人员的资格查询。对于宗教教职人员应该实行全国联网和动态管理，在发放的资格证书上附有能够验证真伪的二维码等标识，通过现代化高科技手段来提高管理的水平，防止出现假冒情形。假冒宗教教职人员的情形主要表现为：一是未取得或者已丧失宗教教职人员资格的；二是自封或者由境外认定为宗教教职人员，在我国开展宗教活动；三是受商业利益驱使，假冒宗教教职人员进行招摇撞骗。对于假冒宗教教职人员，《宗教事务条例》第七十四条有相应的行政处罚规定，构成犯罪的，追究刑事责任。对于正式教职人员，应该有充分的社会保障、生活保障，符合条件的全部纳入低保，免除其后顾之忧。目前，北京和上海两地做得比较好，所有教职人员的社保和医保都社会化，纳入社会保障体系，基本上实现了社会保障体系全覆盖。

（四）依法遏制宗教商业化倾向，严禁非法宗教活动

《宗教事务条例》第三条明确规定了规范宗教事务的原则是坚持保护合法，制止非法。在社会实践中，难以界定非法宗教活动的主要原因是很难鉴别和认定假借宗教名义开展的违法犯罪活动。另外，宗教活动乡土化，有时和民族风俗习惯融合在一起。在我国，宗教信仰自由，但是宗教传播是不自由的，按照《宗教事务条例》第四十条规定，宗教传播一般只能在宗教活动场所内举行，只能由宗教活动场所、宗教团体或者宗教院校组织，只能由宗教教职人员或者符合本宗教规定的其他人员主持，按照教义教规进行。

在理论上，宗教是成体系的信仰和行为，包括所谓的我们生存的现实世界之外的神和其他超自然力量。宗教信仰通过仪式来表现，并以此来引导信徒的生活。① 在社会实践中，应当正确和准确区分"合法"宗教活动与"非法""违法"宗教活动的界限。非法宗教活动，包括活动方式非法、传播方式非法、活动场所非法、活动主持者非法等，用负面清单形式很难完全列举所有情形。而且，哪些宗教活动是合法的，哪些宗教活动是非法的、违法的，政府和宗教界有着不同的认定标准和统计口径。事实上，宗教领域存在着大量的灰色空间，除了五大合法

---

① 菲利普·威尔金森，道格拉斯·查令. 宗教百科全书［M］. 北京：中国大百科全书出版社，2017.

的宗教，以及 2014 年由中央办公厅、国务院办公厅和公安部明确认定为邪教的 14 个组织以外，还事实上存在着大量民间宗教，如儒教，还有民间信仰，如妈祖教，等等。对于宗教事务部门明确界定为非法宗教的，应当按照《刑法》等法律的规定，严格制裁利用宗教名义所进行的犯罪活动。

另外，依法有效治理宗教商业化问题。基层宗教工作法治化的突出问题是治理佛教、道教商业化问题。佛教、道教商业化，扰乱了正常的宗教秩序，损害了佛教、道教的正常发展，败坏了社会道德。依据相关法律法规的规定治理宗教商业化问题是正确有效的方式，也是正常的宗教活动开展的根本保障。宗教商业化在宪法上违背了宗教信仰自由原则，在民法上违背了公序良俗原则，也违背了《合同法》《民法总则》《民法通则》的相关规定。2012 年，国家宗教事务局、中国证监会等十部委联合发布的《关于处理涉及佛教寺庙、道教宫观管理有关问题的意见》明确规定：不得以任何方式将寺观搞"股份制""中外合资""租赁承包""分红提成"等。2017 年，国家宗教事务局等 12 部门联合出台的《关于进一步治理佛教道教商业化问题的若干意见》亦明确：禁止将佛教道教活动场所作为企业资产打包上市或进行资本运作。修订后的《宗教事务条例》第五十三条新增规定：禁止投资、承包经营宗教活动场所或者大型露天宗教造像，禁止以宗教名义进行商业宣传。不仅南方地区，北京地区也曾出现过某寺庙的资产被作为上市公司资产的情形，被宗教事务部门发现后及时责令从上市公司资产中剥离出来退市。2017 年，普陀山旅游发展股份有限公司申请上市，即沸沸扬扬的"普陀山被上市"事件，经中国证监会要求撤回 IPO 申请。其实，四大佛教名山，其中已经有峨眉山（峨眉山 A）、九华山（九华旅游）两家佛教名山相关的公司上市了，应当以治理"普陀山被上市"事件为契机，彻底治理佛教、道教商业化问题，促进宗教活动正常开展，纯洁社会风尚。

（五）按照"捐赠法人"的现代法人治理结构管理宗教活动场所

《民法总则》第九十二条第二款规定，依法设立的宗教活动场所，具备法人条件的，可以申请法人登记，取得捐助法人资格。法律、行政法规对宗教活动场所有规定的，依照其规定。这条规定是宗教活动场所法人资格的"上位法"法律依据。宗教场所法人属于典型的非营利法人中的捐赠法人。按照《宗教事务条例》第二十三条规定，宗教活动场所符合法人条件的，经所在地宗教团体同意，并报县级人民政府宗教事务部门审查同意后，可以到民政部门办理法人登记。经过法人登记程序之后，宗教活动场所就具备民事法律主体的资格，依法独立享有民事权利和承担民事义务，独立承担民事责任。立法上并没有要求所有的宗教活动场所都应当或必须进行法人登记，首先是符合法人的条件，其次是自愿。宗教活动场所是否进行法人登记，选择权在于宗教活动场所本身。

从立法层面上讲，赋予宗教活动场所法人资格，是个新鲜事物，在实践中有利于推进宗教场所现代化、规范化管理，也有利于政府宗教事务部门对其进行监管。按照《民法总则》第九十三条规定，设立捐助法人应当依法制定法人章程。捐助法人应当设理事会、民主管理组织等决策机构，并设执行机构。理事长等负责人按照法人章程的规定担任法定代表人。捐助法人应当设监事会等监督机构。这意味着在宗教活动场所法人内部应当设立三个机构——决策机构、执行机构和监督机构。2019年1月，国家宗教局会同民政部联合发布了《关于宗教活动场所办理法人登记事项的通知》，对宗教活动场所的法人登记做了细化规定，并于2019年4月1日起实施。

按照《宗教事务条例》第五十八条的规定，宗教活动场所的管理应当依法执行国家统一的财务、资产、会计和税收制度。从法律意义上说，具备法人资格的宗教活动场所理应和其他非营利法人一样，能够开设单位银行结算账户，以法人名义开展公益慈善活动，依法办理纳税申报，按照国家有关规定享受税收优惠。例如，宗教活动场所作为独立的捐助法人之后，可以给捐助人开具能抵税的发票，方便管理，而不是捐助的收入进了"小金库"。当然，也允许按照法人退出机制来注销或者终止。当然，如果违反国家有关财务、会计、资产、税收管理规定，也要依法承担法律责任。按照《民法总则》第九十五条规定：为公益目的成立的非营利法人终止时，不得向出资人、设立人或者会员分配剩余财产。按照民法总则的立法精神，宗教活动场所法人终止时，其剩余财产应当用于与其宗旨相符的事业，而不能向管理人、出资人、捐助人分配。《宗教事务条例》第六十条也有相衔接的终止和清算规定，主要的立法目的是避免宗教活动场所出资人、实际控制人的商业化倾向。

基层政府应当根据当地信教公民集体信教的实际需要，将宗教活动场所建设纳入土地利用总体规划和城乡规划，包括对宗教活动场所进行扩建、异地重建等，都要符合土地利用总体规划、城乡规划和工程建设等有关法律、法规。尤其是在城镇化的过程中，有的宗教活动场所面临如拆迁问题，有的宗教活动场所（如东城区珠市口教堂）作为国家级文物建筑，历史久远，现成为危楼，面临新建。另外，在新的人群聚集社区配备和建设新的宗教活动场所，如北京昌平区回龙观、天通苑等小区，需要政府科学合理规划，满足信教群众的精神需要。

针对宗教活动场所管理，一是推进宗教活动场所规范化建设。应当持续开展"和谐寺观教堂"创建活动。基层宗教事务工作部门要以《宗教事务条例》为依据，指导宗教活动场所建立健全相关管理制度，实现规范化、标准化和法治化。二是要依法加强对宗教活动场所法定代表人、管理人员和教职人员的思想交流，及时掌握各场所管理人和教职人员的思想状况和工作情况，以便及时进行调整。指导各场所负责人和教职人员要严格按照有关法律法规规定来规范宗教活动，加强对外来教职人员资质审查，及时向宗教部门备案。指导宗教团体严格按照相关规定做好教职人员身份认定、考核、备案、登记等工作，切实把宗教活动场所和教职人员纳入规范化管理的轨道。

（六）加大对信教群众的普法宣传

许多基层信教群众经常世俗化地理解和信仰宗教，功利性色彩很浓厚，有的比较盲从，很难正确区分封建迷信和正常的宗教活动，有的被打着宗教旗号的冒用宗教名义的非法传教人士所欺诈，骗取供奉，有的不能明辨是非，容易被裹挟参加非法宗教活动。应当广泛开展社会性、群众性宗教法治宣传教育活动。

2017年5月17日，中共中央办公厅、国务院办公厅印发了《关于实行国家机关"谁执法谁普法"普法责任制的意见》，这个意见是落实中共十八届四中全会明确提出的国家机关"谁执法谁普法"普法责任制。这意味着各级宗教事务部门是宗教政策法规的普法责任主体，应当加大普法宣传的实效性，不仅在宗教场所内要有普法宣传栏，在宗教场所之外，要充分利用报纸、杂志、纸质媒体、电子网络媒体等载体，以及基层党校和社会主义学院等宣传主阵地，做好党的宗教理论政策和宗教法律法规的宣传普及，教育引导基层信教群众正确认识和理解国法和教规的关系，知道国法高于教规，培养法律至上理念，让法治观念进入信教群众的头脑。例如，东城区社会主义学院在2018年10月正式启动雍和宫教学基地，设置雍和宫现场教学课，对外开展有关宗教知识和优秀传统文化教育。从2019年开始，东城区社会主义学院计划在各类培训班进一步增加宗教政策知识、法律法规方面的课时。通过学习培训，提高国家机关干部对宗教的认识，真正把思想认识统一到党对宗教的基本观点和基本政策上来，使机关干部特别是各级领导干部从讲政治的高度认真对待和处理宗教方面的问题，深刻认识宗教工作的重要性，带头分析研判宗教领域的矛盾和问题。让宗教法律法规和规章进机关、进社区、进乡村、进学校、进企业、进寺观教堂，使基层党政领导、宗教工作干部、宗教教职人员和广大信教群众真正做到尊法、学法、知法、懂法、守法。

（七）严格规范"互联网宗教"，实现线上线下监管全覆盖

按照《宗教事务条例》第四十七条规定，从事互联网宗教信息服务，经省级以上人民政府宗教事务部门审核同意后，还应当按国家互联网信息服务管理有关规定到公安机关内设的网管部门办理许可证等手续。但是，《宗教事务条例》第四十七条规定的还是比较概括，缺乏实操性。针对互联网传教的无人监管、野蛮生长的状态，2018年9月10日，国家宗教事务局等五部门首次发布了《互联网宗教信息服务管理办法（征求意见稿）》，包括不得在互联网上直播或者录播宗教活动等；讲经讲道实行实名制管理，其他任何组织或者个人不得在互联网上讲经讲道；任何个人不得以宗教名义进行网络募捐；等等，向社会公众征求意见。这意味着，我国马上要正式制定和出台利用互联网进行宗教信息服务的相关具体规定。旨在规范互联网宗教信息服务活动，维护宗教和睦与社会和谐。除了严格规范"互联网传教"、实现线上线下监管全覆盖以外，还应当加强对互联网舆情的管理，重点关注有网络号召力的宗教人士的微博、微信等。

参考文献

[1]习近平在全国宗教工作会议上强调 发展中国特色社会主义宗教理论 全面提高新形势下宗教工作水平[N].人民日报，2016-04-24.

[2]冯玉军，周泽夏.改革开放四十年宗教工作法治化回顾[J].中央社会主义学院学报，2018（6）：95—101.

[3] 国务院新闻办.《中国保障宗教信仰自由的政策和实践》白皮书全文[EB/OL].（2018-04-03）[2018-11-30]. http://www.scio.gov.cn/zfbps/32832/Document/1626514/1626514.htm.

[4] 中共中央组织部.图解：2017年中国共产党党内统计公报[EB/OL]（2018-06-30）[2018-11-30]. http://news.12371.cn/2018/06/30/ARTI1530343889643695.shtml.

[5] 王作安.在法治轨道上推进宗教工作[N].人民政协报，2014-11-07.

[6] 刘金光.国际互联网与宗教渗透[J].中国宗教，2003（8）：27.

[7] 王秀丽.宗教的互联网传播及网络舆情引导管理[J].淄博师专学报，2016（1）：71.

[8] 中共中央印发《深化党和国家机构改革方案》[N].人民日报，2018-03-22.

[9] 菲利普·威尔金森，道格拉斯·查令.宗教百科全书[M].北京：中国大百科全书出版社，2017.

年轻一代民营企业家精神培育研究[①]

北京市昌平区社会主义学院课题组[②]

改革开放40年来，民营企业和民营企业家在中国经济社会发展进程中扮演了重要角色，在推动经济社会发展中发挥了重要作用。中国经济发展的内生动力之一就在于不断激发和形成着企业家精神。党的十八大以来，以习近平为核心的党中央对弘扬和培育包括民营企业家在内的企业家精神尤为重视。培育民营经济领域企业家精神，造就优秀的民营企业家队伍，通过引领民营企业家健康成长，实现我国民营经济的健康发展，对于中国经济的行稳致远具有至关重要的意义。

伴随着中国特色社会主义进入新时代，以及中国经济向高质量阶段发展的转型升级，历经40年的改革开放，我国民营经济正处于一个历史的代际转换期，一大批民营企业迎来了年轻一代企业家的接班；与此同时，21世纪以来，随着一大批自主创业的新生代创业企业家的崛起，我国民营经济领域的企业家队伍出现了代际的交替与过渡。未来中国民营经济发展的重任，不可避免地落在了年轻一代民营企业家肩上。随着我国经济发展进入新常态，转型升级迎来"关键期"，在民营经济发展面临难得机遇的同时，也面对着更加严峻的挑战。跨越中国经济转型期和民营企业的代际转换期，不仅迫切地需要企业家精神的传承，对于肩负着代际转换责任的年轻一代企业家来说，更为迫切地需要企业家精神的培育。换言之，在全面建成小康社会进入决胜阶段和经济发展进入新常态的背景下，激发、培育、构建年轻一代民营企业家精神，对于实施创新驱动发展战略、推动经

---

① 本文为北京社会主义学院（北京统战理论研究基地）2018年招标课题，立项编号：BJSY18205。

② 课题负责人：林建华（北京市昌平区社会主义学院哲学政治学教研室主任、教授）。课题组成员：吴灿（北京市昌平区社会主义学院干部），史耀波（北京市昌平区社会主义学院讲师）。

济结构转型升级、促进经济社会持续健康发展，对于实现社会主义现代化强国的宏伟目标具有极其重要的意义。

正是在上述背景下，我们认为，研究年轻一代民营企业家精神的养成和培育问题，是促进年轻一代民营企业家健康成长，并通过促进他们的健康成长以促进我国民营经济健康发展的重要任务和严峻课题；是新时代中国经济实现高质量发展的必然要求；更是新时代建设社会主义现代化强国实现中华民族伟大复兴的必然要求；还是做好新时代统战工作的题中应有之义，不仅具有重要的理论意义，而且具有极其重要的现实意义。

本课题聚焦民营经济领域年轻一代企业家精神培育问题，选取年轻一代民营企业家（45岁以下，民营企业新一代接班人和近年来自主创业的青年企业家，以80后、90后为主体，也包括出生于70年代中后期的企业家）为调研对象，努力做到覆盖行业广、样本全面且有代表性，结构上实现创一代和创二代、海归和本土、已经接班和准备接班、传统行业和新兴行业分布合理的样本布局。主要采取三种调研形式：其一，问卷调查，即对每位遴选的调研对象发放调查问卷，以获得课题所需的基础数据和资料，共发放调查问卷100份，收回100份，有效问卷92份；其二，小型座谈会，举办5—10人的小型座谈会6次，对展开课题所需的调研资料进行深度挖掘，座谈会包括青年企业家座谈会和老一辈企业家座谈会；其三，重点企业走访和重点企业家访谈，即选取重点企业重点代表人物进行一对一的专访，共访谈16位企业家。此外，还跟踪了工商联组织企业家的相关活动。在上述调研基础上，本课题围绕年轻一代民营企业家精神培育这一主题，在摸清年轻一代民营企业家对企业家精神的认知、年轻一代民营企业家精神现状及其存在的主要问题的基础上，尝试对民营经济领域年轻一代企业家精神应具备的内涵与特质进行探讨与剖析，对新时代培育民营经济领域年轻一代企业家精神的路径方法，进行思考和探讨，提出对策和建议。

一、新时代民营经济领域年轻一代企业家精神现状

（一）年轻一代民营企业家心目中的企业家样板

调研首先关注的是年轻一代民营企业家心目中最敬佩且作为自己样板的企业

家。在回答"你最认可、最佩服的企业家是谁"时,位列前三位的是:乔布斯、马云、任正非。访谈中着重关注了"你最佩服的企业家身上的哪些精神品质是你最认可、敬佩且想向他们学习的",对于这一问题,受访的年轻一代民营企业家认识上的共识是比较充分的,对乔布斯的认可和敬佩在于他引领时代潮流的能力、追求卓越的创新精神和对产品品质的精益求精;对马云的认可与敬佩在于他天马行空般的卓绝奇思和纵横捭阖的运筹帷幄;对任正非的认可和佩服在于他赋予企业发展的艰苦奋斗的意志品质和长远发展的布局谋略与战略定力。由此,我们可以比较清晰地看出年轻一代民营企业家对企业家精神的向往与追求、认知与认同,可以清晰地得出优秀企业家精神在年轻一代民营企业家心目中是有着足够分量的,也可以由此透视出年轻一代民营企业家关于企业家精神的价值取向。

(二)年轻一代民营企业家对企业家精神内涵的认知

调研主要考察了两个方面。其一,年轻一代民营企业家认同的企业家精神包括哪些内容和因素。问卷调查中,关于你最认可的"企业家精神",排在前三位的依次是:创新(91%)、责任(78%)、诚信(69%)。其二,年轻一代民营企业家对企业家精神的最大共识和企业家精神的突出代表是什么。座谈和访谈中进一步了解到,年轻一代民营企业家关于企业家精神的共识集中在创新与胆识、组织力与战略眼光方面,尽管他们也认同在创新基础上做好企业的同时应该履行好作为企业家的社会责任,但是将实现中华民族伟大复兴作为新时代中国年轻一代民营企业家的最高境界,还没有成为最大的思想共识,做好企业的同时履行好企业家的社会责任,也还未成为他们认可的企业家精神的突出标识。由此,我们可以清晰地看出年轻一代民营企业家关于企业家精神认知的特点:一方面,缘于成长年代与所受教育情况,他们具有开阔的国际视野与科学理性的思考认知能力;另一方面,缘于企业和自身成长的阶段,他们的家国情怀与将个人奋斗融入中华民族伟大复兴历史进程的思想意识还严重缺位。这便是年轻一代民营企业家关于企业家精神认知的一对优劣并存的矛盾,是培育年轻一代民营企业家精神时必须高度关注的特质。

（三）年轻一代民营企业家对企业家精神作用的认知

调研主要考察了两个方面。其一，改革开放40年的民营企业发展中是否形成了真正的企业家精神，如何对其进行概括，其在民营经济发展中究竟起了什么样的作用，如何评价其优劣和得失成败。调研了解到，有73%受访的年轻一代民营企业家认为"改革开放40年的民营企业发展中还未形成真正的企业家精神"，年轻一代民营企业家比较共同的认识是，期待伴随着中国经济转向高质量发展，民营经济领域的企业家精神可以真正在自己这一代人的努力下形成，期待在中国特色社会主义进入新时代的背景下，民营经济领域的企业家精神可以加速完成。其二，是否认同当下中国迫切需要企业家精神，企业家精神在引领企业发展中的位置，企业家精神是否在企业发展中乃至未来国家发展中不可或缺。在这个问题上，年轻一代民营企业家的认识差异较大，受教育程度高的特别是有着海外留学经历的年轻一代企业家，或者从事高新技术领域的年轻一代企业家，对企业家精神之于企业发展乃至国家发展的重要意义认识比较深刻，认为进入新时代的中国迫切需要企业家精神，未来在国际、国内更为激烈的市场竞争中，真正比拼的是企业家精神，因而必须从自己主观方面着手以促使企业家精神的尽快养成，在外部客观方面更期盼党和政府的相关部门加大对企业家精神的培育力度，但是不能否认的是，仍有相当数量的年轻一代民营企业家对企业家精神的作用缺乏必要且充分的认识，或者说处于一种茫然无意识的状态。

（四）年轻一代民营企业家对习近平总书记关于民营经济发展与企业家精神的相关思想的认识

习近平总书记非常关注民营经济发展和民营企业家的健康成长，对年轻一代民营企业家的健康成长尤为关心。2017年9月，中共中央、国务院专门研究出台了《关于营造企业家健康成长环境弘扬优秀企业家精神更好发挥企业家作用的意见》，对弘扬企业家精神、促进企业家健康成长做了指导性安排。调研中，年轻一代民营企业家对该意见普遍给予好评，认为该意见体现了对企业家的关爱、鼓励和尊重，会有力地推动更快形成企业家精神。年轻一代民营企业家更是对2018年习近平总书记在全国民营企业座谈会上的讲话赞不绝口，对习近平总书记回顾改革开放40年中国民营经济发展的成就引以为傲。他们认为习近平总书记指出的"40年来,我国民营经济从小到大、从弱到强,不断发展壮大。概括起来说,民营经济具有'五六七八九'的特征,即贡献了50%以上的税收,60%以上的国内生产总值,70%以上的技术创新成果,80%以上的城镇劳动就业,90%以上的企业数量。在世界500强企业中,我国民营企业由2010年的1家增加到2018年的28家。我国民营经济已经成为推动我国发展不可或缺的力量,成为创业就业的主要领域、技术创新的重要主体、国家税收的重要来源,为我国社会主义市场经济发展、政府职能转变、农村富余劳动力转移、国际市场开拓等发挥了重要作用。长期以来,广大民营企业家以敢为人先的创新意识、锲而不舍的奋斗精神,组织带领千百万劳动者奋发努力、艰苦创业、不断创新。我国经济发展能够创造中国奇迹,民营经济功不可没"是对民营经济和民营企业家的高度肯定。与此同时,年轻一代民营企业家更为关心的是党和政府关心民营企业发展的好政策进一步推出并落实到位。但是应该看到,年轻一代民营企业家自身对习近平总书记的思想与党中央的精神还缺乏充分准确的解读和全面深刻的认识,对于自身应该如何践行、如何落实、如何担当,思考还很不够,认识也比较肤浅。这也体现和折射出年轻一代民营企业家对自身思想精神方面的自觉意识的欠缺,这种欠缺正折射和体现出了他们身上企业家精神的自觉意识的欠缺,说明年轻一代民营企业家精神的培育任重道远。

(五)年轻一代民营企业家的自我认知

年轻一代民营企业家对自我的认知制约着其企业家精神的形成和培育。为此,调研考察了几个层面。其一,年轻一代民营企业家对民营企业家群体的社会处境的看法,他们普遍认为虽然经历改革开放40年民营经济的发展,民营企业家整体还未被整个社会真正地认同和认可,这固然和民营企业家的整体作为和表现有关,但也迫切需要社会环境的改善;其二,年轻一代民营企业家对以老一辈企业家为代表的企业家群体的认知,他们普遍佩服老一辈企业家的打拼精神与敢为人先的胆识,但也认为老一辈企业家的整体素质存在着先天的欠缺和整体上的参差不齐,认为老一辈企业家身上体现的企业家精神对于他们来说,既有需要学习和借鉴的地方,也有需要扬弃的地方,作为年轻一代应该取其精华、去其糟粕，不迷信不盲从，认为在企业家精神方面有足够的自信去超越老一辈企业家；其三，年轻一代民营企业家对自身持有较为普遍的自信，但是认为处理危机的能力和对国家宏观发展大势的把握，还有待磨炼与提升，他们认为自身的法治意识较高，对法治环境与政府公正廉洁从政也有着更高的期盼；其四，对于国家、企业和企业家个人的关系，他们更看重和突出自我，但是在企业发展和管理中比自己父辈的老一辈企业家更关注员工的获得感与认同，更侧重在企业发展中让员工共享企业发展利益。年轻一代民营企业家上述的自我认知特点，是培育年轻一代民营企业家精神时必须加以研究和重视的。

（六）年轻一代民营企业家整体上体现出的企业家精神的矛盾特质

年轻一代民营企业家的特点，不仅决定了他们对于企业家精神认知上的特点，而且决定了他们整体上反映出来的企业家精神的特质。调研发现，我国年轻一代的民营企业家对比老一辈企业家具有自身鲜明的特点。一方面，他们总体受教育程度更高，有些还具有海外留学背景，因而他们知识丰富、视野开阔、对新事物的感受力强，整体成长环境所致，对西方的企业经营管理理念与价值观接受得更多、更易，他们对企业家精神的认知与企业家精神在其身上的体现，更接受和接近于西方企业家精神的内容；另一方面，他们对中国国情、国史党史特别是中国近代史的了解相对较弱，在思想上、心理上有着对党的主流意识形态的疏离倾向，相比老一辈民营企业家思想上、心理上对中国共产党的亲近底色有着明显的差异，因而就其整体来讲，他们对中国特色社会主义企业家精神的特质，是缺乏认知的，甚至认为是不需要的。年轻一代民营企业家整体上体现出的企业家精神的以上矛盾特质，是培育年轻一代民营企业家精神时必须给予高度关注的，它告诉我们，在年轻一代民营企业家中塑造和培育深度融入中国特色社会主义事业的企业家精神，不仅是当务之急，而且具有至关重要的意义，这是实现对年轻一代民营企业家健康成长的引领，使广大的年轻一代民营企业家跟上中国特色社会主义新时代的步伐，再创中国经济神话的关键，是党的统战工作面对的极具挑战性的课题，也凸显了年轻一代民营企业家精神培育的紧迫性。

二、新时代年轻一代民营企业家精神的内涵与特质

2017年,中共中央、国务院出台了《关于营造企业家健康成长环境弘扬优秀企业家精神更好发挥企业家作用的意见》(以下简称《意见》),该《意见》用36个字对弘扬优秀企业家精神提出要求,即"弘扬企业家爱国敬业遵纪守法艰苦奋斗的精神、弘扬企业家创新发展专注品质追求卓越的精神、弘扬企业家履行责任敢于担当服务社会的精神",这36个字全面而准确地界定了中国特色社会主义进入新时代背景下企业家精神的核心内涵。调研发现,这36字要求受到了年轻一代民营企业家的一致认可,实践中更应该成为培育民营经济领域年轻一代企业家精神的标准样本。

但是,调研显示,对企业家精神的认知,仅仅停留在这36个字的表述上是很不够的,对于年轻一代民营企业家精神的培育来说,以此为基准,无论是在理论上还是在实践上,我们必须对中国特色社会主义新时代所要求的年轻一代民营企业家精神做三个层面的认识和厘清。

(一)企业家精神的共性与共识

应该承认,古今中外企业家精神有着许多共性的内容,调研发现,企业家精神的共性因素也是年轻一代民营企业家对企业家精神共识集中的地方,这些共性的因素大多已经在实践中成为年轻一代民营企业家共同的精神追求,且日益熔铸成为年轻一代民营企业家的自觉意识。这些企业家精神的共性方面,我们可以大致概括为如下精神特质:敢于冒险的胆识与创新精神;追求梦想的敢为与执着的事业心;应对挑战的智慧与实践经验;敏锐超前的眼光与战略思维;超强的组织力和领导力;诚实守信与契约精神;回馈社会的社会责任感。应该看到,这些企业家精神的必备精神特质,是中国发展社会主义市场经济过程中最难能可贵的精神品质,正在被年轻一代民营企业家追求着,正在年轻一代民营企业家身上身体力行地践行着。毋庸置疑,这些古今中外企业家的精神共性方面,亦应是中国特色社会主义新时代对年轻一代民营企业家精神所要求的必备内容,是培育年轻一代民营企业家精神必须具备的基本因素和方面。调研发现,这也是年轻

一代民营企业家关于企业家精神认知最清晰的地方，是他们关于企业家精神的最大共识。

（二）中国特色社会主义新时代企业家精神的特质

我们在看到古今中外企业家精神共性内容的同时，还应该看到，包括年轻一代民营企业家在内的中国特色社会主义新时代的企业家精神，还必须具备自己独特的个性方面的特质。这些独特的个性方面的特质是中国特色社会主义的国家性质所决定的，但确是年轻一代民营企业家当下尚未形成自觉意识的方面，也是年轻一代民营企业家关于企业家精神尚未形成共识的内容。

必须看到，中国已经进入了建设富强民主文明和谐美丽的社会主义现代化强国的新时代，每一位年轻一代民营企业家都是奋斗在中国特色社会主义新时代的历史方位上，都是奋斗在中华民族伟大复兴的历史进程中的。也就是说，年轻一代民营企业家的奋斗是和中国共产党带领中国人民实现中华民族伟大复兴的事业相一致的，二者是不可分割的关系，年轻一代民营企业家同样也必须成为这一事业的奋斗者和贡献者。这就决定了中国特色社会主义新时代年轻一代民营企业家精神的个性特质要求：第一是爱国，爱中华人民共和国，具体体现为要有坚定的为实现中华民族伟大复兴而奋斗的使命担当，即年轻一代民营企业家必须要有对国家民族的使命感、责任感和担当精神，把推动创新民营企业发展作为实现中华民族伟大复兴历史使命的内在要求和任务，更多、更好、更自觉地担当起对国家和民族的使命和责任；第二是信党，具体体现就是坚定地坚持中国共产党的领导，发自内心地拥护中国共产党的领导，正确认识中国共产党的领导是中华民族伟大复兴的根本保障，在企业创新发展中自觉地与党的大政方针相一致，自觉地践行党在新时代的路线方针政策和发展战略；第三是信社会主义，具体来说，就是自始至终身体力行地做合格的中国特色社会主义建设者，即年轻一代民营企业家要自觉地将自己定位为中国特色社会主义的建设者，自觉地为建设、发展中国特色社会主义做出贡献，要自觉地执行、引领、践行新发展理念和在引领改革发展创新中自觉地践行"先富带后富"；第四是亲人民，具体体现就是年轻一代民营企业家要有更大、更强的社会责任感，立足于中国特色社会主义新时代的年轻一代民营企业家要有比老一辈民营企业家更大的视野、更大的格局、更大的情怀、更大的担当，在发展企业的同时更好地奉献社会、服务人民，自觉把人民大众利益的实现作为企业发展的前提；第五是知敬畏有信仰，具体来说，就是年轻一代民营企业家要自律自爱，要有良好的品行操守，作为引领中国社会进步的财富精英，亦应在社会风尚良俗的塑造中起到正向的作用，在创新企业发展中自觉肩负起年轻一代民营企业家的政治责任和经济责任的同时，更肩负起文化责任、社会责任和家庭责任，要心中有信仰，内心懂敬畏。

以上五个方面，如果用简明的"否定式"话语表述，就是年轻一代民营企业家作为改革开放党的致富政策的先行者与受益者，不能在致富之后以及致富的过程中，让自己成为和祖国离心离德的人，不能成为与党离心离德的人，不能成为与人民离心离德的人，不能否定中国共产党和中国特色社会主义，更不能成为败坏社会风气的逐利者。这是进行年轻一代民营企业家精神培育时必须高度关注与着力的方面，简言之，没有这些特质内容的塑造，中国特色社会主义新时代的年轻一代民营企业家精神不仅是不完整的，而且会使企业家精神的塑造偏离正确的方向。总之，年轻一代民营企业家要始终在以习近平为核心的党中央领导下，踏踏实实地做企业，一心一意地搞创造，自觉地将企业命运和国家命运紧密地联系在一起，在中华民族伟大复兴的征途上主动担当、积极作为，为中国特色社会主义事业贡献力量。这便是中国特色社会主义新时代年轻一代民营企业家精神必备的特质，是当下应该着力塑造和培育的。

（三）需要厘清和摒弃的误区和陋习

回顾已经走过的改革开放40年，我们可以说，中国经济最强大的动能之一是成长中的企业家精神。但是，我们在总结伴随这40年成长的企业家精神时，在称颂中国企业家精神的奋斗与创新所创造的成就时，也必须承认伴随改革开放40年成长的中国企业家精神是有着缺陷、误区和畸形成分的。例如，有的人将财富作为唯一追求，不愿承担社会责任，追求不正当的政商关系，个人修为和精神境界的欠缺等。这正是对处于中国特色社会主义新时代的年轻一代民营企业家精神进行培育时必须正视的问题，过去40年中存在和积累的种种认知误区与实践陋习正是年轻一代民营企业家精神培育时必须摒弃和迫切需要改变的。

三、新时代培育年轻一代民营企业家精神的路径与对策

（一）把年轻一代民营企业家精神培育工作作为统战部和工商联工作的首要着力点抓好抓实

基于对统战部特别是工商联工作的长期跟进调研，本报告认为，对年轻一代民营企业家的引领，应该聚焦于年轻一代民营企业家精神的培育上，以企业家精神的培育为着力点统领工商联关于年轻一代民营企业家的工作。调研发现，一个时期以来，工商联的工作基本可以概括为两个方面：一是关心、服务、助力企业发展；二是推动党和国家相关政策在民营企业的理解、贯彻和落实。应将这两个方面的工作整合于企业家精神的培育上，即在帮助企业发展中灌输培育企业家精神，在政策的解读和指导落实中培育塑造企业家精神，工商联在具体的工作实践中应该大胆探索并尝试找到这两个方面的工作与年轻一代企业家精神培育的契合点。在中国特色社会主义进入新时代的大背景下，在全党全国人民建设社会主义现代化强国的征程上，年轻一代民营企业家不仅是重要的力量，而且是作为经济增长与社会发展的发动机的关键少数。因而，必须把年轻一代民营企业家精神的培育和塑造，作为统战工作的重点内容和新时代的一项紧迫任务，下大力气抓紧抓好，这不仅是工商联、统战部的重要工作，而且是全党的一项重要工作，是关乎党的事业兴衰成败的重要问题。工商联和统战部应该在对年轻一代民营企业家的教育引领过程中，更加着力于企业家精神的培育，更加关注于企业家精神的养成，将工作的侧重点由帮助企业发展转变为引领企业家思想精神，引领企业家精神的培育。也就是说，把工作的重心由重物重企变成重精神重人，由重视、关心、培养老一辈民营企业家转变为更加重视、关心、培养年轻一代民营企业家，这是当下工商联、统战部在工作中必须实现的转变，对这一工作转变的实现完成情况应该由党的组织部门逐级进行考核，以推动这项工作由虚转实、由浅转深，从而真正实现年轻一代民营企业家精神培育工作的破局。

(二)针对年轻一代民营企业家思想精神特点进行中国特色社会主义新时代企业家精神的专题培训

培育和塑造年轻一代民营企业家精神，一方面必须放在新时代全面建设社会主义现代化强国的大背景下，必须放在实现中华民族伟大复兴的历史进程中；另一方面必须紧密结合年轻一代民营企业家的思想精神特点，必须依据其特点厘清其优势与劣势，从而必须着重弥补年轻一代民营企业家在企业家精神方面的短板，必须着重弘扬他们在企业家精神方面的长处。为此，应该尽快由组织部门统领、由区级以上社会主义学院主办，集中选择一个时期进行对年轻一代民营企业家精神的专题培训，必须在专题培训中将中国特色社会主义新时代需要的企业家精神的内涵对每一名年轻一代的企业家讲清讲透，必须着重对年轻一代民营企业家进行国史党史、国情党情与中国近代史的教育，必须着重中国特色社会主义的理想信念教育，必须着重习近平新时代中国特色社会主义思想教育，从而提高年轻一代民营企业家对习近平新时代中国特色社会主义思想的思想认同、对社会主义核心价值观的价值认同、对中国共产党路线方针政策的政治认同；必须着重对年轻一代民营企业家进行国家、民族的社会责任和使命感的教育，使广大年轻一代民营企业家真正认识到，企业家精神的最高境界是在中国共产党领导下为实现中华民族伟大复兴贡献力量，新时代的优秀企业家必须具有政治意识和家国情怀。因而，过去已经开展的理想信念教育，当下必须转变为着重于年轻一代民营企业家的教育，在对年轻一代民营企业家的各类培训中突出以建设中国特色社会主义和实现中华民族伟大复兴的理想信念教育为统领的企业家精神培育的专题内容，优选师资，保证培训的课时量和效果质量。

(三)严格落实习近平总书记全国民营企业座谈会上的讲话精神和中央关于民营企业发展的相关政策，积极营造年轻一代优秀民营企业家健康成长的环境

培育、塑造、弘扬年轻一代民营企业家精神，需要党和政府作为和发力。党的十八大以来，中央已经把企业家精神培育上升到党和国家工作的最高层面，使之成为党和国家工作的大局大事。2017年，党中央发布了《中共中央、国务院关

于营造企业家健康成长环境弘扬优秀企业家精神更好发挥企业家作用的意见》，对从制度上保护企业家精神、从机制上激发企业家精神、从文化上塑造企业家精神做出了重要安排。习近平总书记在党的十九大报告中再次明确了企业家的地位和企业家精神的重要性。2018年11月习近平总书记在民营企业座谈会上的讲话，鲜明阐述了中国特色社会主义新时代发展民营经济的思想和政策，同时对年轻一代民营企业家及企业家精神寄予了厚望。当下最为关键的是，把习近平总书记的讲话和中央的精神转化成可执行的政策和可操作的制度措施，并且有执行力度地落实，才能为民营经济领域年轻一代企业家精神的培育与养成提供良好的环境保障。当前，营造企业家健康成长环境和弘扬优秀企业家精神已经成为当务之急，为此应该着重做好以下工作：其一，以法治塑造公正执法的社会环境，让年轻一代民营企业家有安全感，包括财产安全和人身安全，让他们踏踏实实地干事创业。其二，让年轻一代民营企业家对未来可预期，包括企业经营的法律环境和社会环境预期，政府政策的长远目标和导向预期。其三，努力构建好中国特色社会主义新时代的"亲清"新型政商关系。其四，全社会范围内营造年轻一代民营企业家健康成长的环境，尊重、鼓励他们贡献和创造。

（四）以改革开放40年百名杰出民营企业家为标杆与样板，全力塑造年轻一代优秀民营企业家精神

2018年是改革开放第40年。为纪念改革开放40年中国民营经济做出的不可磨灭的历史性贡献，鼓励广大民营企业家把握时代大势，坚定发展信心，心无旁骛地创新创造，踏踏实实地办好企业，合力开创民营经济更加美好的明天，为实现中华民族伟大复兴的中国梦做出更大的贡献，中央统战部、全国工商联共同评选表彰了改革开放40年百名杰出民营企业家。这项活动展示了民营企业家作为中国特色社会主义建设者的风采，大力弘扬了优秀企业家精神，对年轻一代民营企业家有着很好的正向激励作用。在全国庆祝改革开放40周年大会上，获得改革先锋称号的100人中，也有优秀杰出的民营企业家（如马云、马化腾、李彦宏、李书福、南存辉等）入选其中，这一称号的获得更是杰出企业家和优秀企业家精神的集中体现，获得改革先锋称号的优秀企业家本身就是百名杰出民营企业家成员。他们坚决拥护中国共产党的领导，坚定走中国特色社会主义道路，拥护

改革开放政策，认真践行社会主义核心价值观，遵守国家法律法规、爱国敬业、守法经营、创新创业、回报社会，自觉践行"亲清"新型政商关系，具有良好的道德品行和社会形象，他们身上很好地体现了优秀的民营企业家精神。我们应该以此为契机深度挖掘他们身上的优秀企业家精神，挖掘他们身上作为新时代企业家精神的格局、使命、担当和情怀，挖掘他们身上体现的开拓创新、百折不挠、坚守实业的锐意进取精神和致富思源、富而思进的投身公益慈善事业及"万企帮万村"精准扶贫行动的勇于担当社会责任的精神，以他们为指向的鲜明样板和标杆，引领年轻一代民营企业家成长进步，塑造和培育年轻一代民营企业家精神。

（五）在组织培养、选拔使用和政治安排中突出对年轻一代民营企业家的优秀企业家精神的考察

无论是组织培养、选拔使用还是政治安排，都要把党的十九大精神、习近平总书记关于发展非公有制经济思想与促进年轻一代民营企业家健康成长的重要论述、2018年习近平总书记民营企业座谈会上的讲话，以及《中共中央、国务院关于营造企业家健康成长环境弘扬优秀企业家精神更好发挥企业家作用的意见》落到实处。从全局上看，必须在全面推进依法治国的过程中，进一步健全法制，进一步完善与民营企业家相关的各种制度和政策。在政治上，必须加大对年轻一代民营企业家的组织培养、选拔使用和政治安排的工作力度，进一步完善对年轻一代民营企业家政治安排的制度，在对年轻一代民营企业家的组织培养、选拔使用和政治安排上突出优秀企业家精神的培养和考察，让工商联、统战部、政协等相关组织和部门成为具有全球战略眼光、市场开拓精神、管理创新能力和爱党爱国爱民、社会责任感突出的杰出的中国特色社会主义建设者的舞台，成为年轻一代优秀民营企业家的集中地，以实现对年轻一代民营企业家群体的企业家精神的引领。

（六）在吸收本来、借鉴外来的新时代企业文化和商业文明的塑造中实现年轻一代民营企业家精神培育的时代转换与创新

培育和塑造年轻一代民营企业家精神，必须以塑造优秀企业文化和良好的商业文明为依托，为此，我们既要借鉴世界上培育企业家精神的优秀经验和先进成

果,又要吸纳继承本国利于企业家精神塑造的优秀文化基因,取其精华、去其糟粕,在历史和时代转换中培育和塑造新时代年轻一代民营企业家精神。既要注重企业家精神培育的共性,又要注重缘于我国自身国情、历史文化、发展阶段的个性,注重缘于改革开放实践的个性,特别是注重缘于中国特色社会主义的个性特质要求。每个民族的企业家精神都是在自己民族的文化中孕育的,文化是企业家精神的源头活水。当代中国的民营企业家是在改革开放的背景下成长起来的,与之伴随的企业家精神也是在这样的背景下孕育成长的,具有鲜明的时代烙印。改革开放的重大成就之一,就是中国企业家精神被激活,这是改革开放释放的强大生产力和改革红利。因而,必须突出改革开放的时代精神对企业家精神的价值,同时更要继承中华民族一以贯之的爱国主义精神、使命感、责任感、家国天下的境界气度,同时借鉴国外企业家精神的优秀元素,在不忘本来、吸收外来、面向未来的前提下,实现年轻一代民营企业家的企业家精神培育的时代转换与创新,在中华民族复兴的伟大实践中塑造新时代的企业家精神。

参考文献

[1] 中国共产党统一战线工作条例(试行)[EB/OL].人民网,(2015-09-23).http://politics.people.com.cn/n/2015/0923/c1001-27623257.html.

[2] 习近平.毫不动摇坚持我国基本经济制度 推动各种所有制经济健康发展[EB/OL].党建网,http://www.dangjian.cn/gbbd/xxhtwx/201603/t20160318_3222207.shtml.

[3] 中共中央、国务院关于营造企业家健康成长环境弘扬优秀企业家精神更好发挥企业家作用的意见[EB/OL].http://www.xinhuanet.com/2017-09/25/c_1121722103.htm.

[4] 习近平.决胜全面建成小康社会 夺取新时代中国特色社会主义伟大胜利——在中国共产党第十九次全国代表大会上的讲话[M].北京:人民出版社,2017.

[5] 习近平.在民营企业座谈会上的讲话[M].北京:人民出版社,2018.

[6] 丁栋虹.企业家精神:全球价值的道商解析[M].上海:复旦大学出版社,2015.

[7] 林左鸣.用企业家精神点燃时代引擎[M].北京:中航出版传媒有限公司,2013.

[8] 吴晓波.激荡十年,水大鱼大[M].北京:中信出版社,2017.

[9] 秦朔.秦朔访问:照亮世界的中国企业家精神[M].北京:东方出版中心,2017.

[10] 黄文锋.企业家精神:商业与社会变革的核能[M].北京:中国人民大学出版社,2018.

东城区年轻一代民营企业家精神培育研究[①]

北京市东城区社会主义学院课题组[②]

2018年11月1日，习近平总书记在民营企业座谈会上指出："新一代民营企业家要继承和发扬老一辈人艰苦奋斗、敢闯敢干、聚焦实业、做精主业的精神，努力把企业做强做优。"中共中央、国务院印发的《关于营造企业家健康成长环境弘扬优秀企业家精神更好发挥企业家作用的意见》先后三次强调："要做好年轻企业家引导工作。"为了对东城区年轻一代民营企业家精神培育进行深入研究，课题组从东城区年轻企业家精神培育现状、年轻企业家精神的要素及存在问题和年轻企业家精神培育路径三个主要问题出发，对200位东城区年轻企业家发放了调查问卷，其中收回有效问卷100份；对20位"青创会"年轻企业家进行了访谈和座谈，并在此基础上进行了深入研究和探讨。

一、年轻一代民营企业家精神培育的重要意义

民营企业家是指私营企业主要出资人，年轻企业家就是指私营企业的继任者和新的创业者，也就是所谓的"富二代""创一代"。对年轻一代民营企业家进行精神培育对于促进其政治认同、增强其社会责任和激发其作用发挥都具有十分重要的意义。

---

① 本文为北京社会主义学院（北京统战理论研究基地）2018年招标课题，立项编号：BJSY18206。

② 课题负责人：朱长林（北京市东城区社会主义学院副院长）。课题组成员：徐珊珊（北京市东城区社会主义学院副教授），范光建（北京市东城区委统战部调研室主任），李红玲（北京市东城区社会主义学院对外培训科科长），许杨（北京市东城区社会主义学院讲师），刘军霞（北京市东城区社会主义学院科研科副科长），赵本涛（北京市东城区社会主义学院干部）。

（一）精神培育是促进年轻一代民营企业家政治认同的基础

党的十八大以来中国特色社会主义进入新时代，我国经济发展进入新常态。2017年9月8日《中共中央 国务院关于营造企业家健康成长环境弘扬优秀企业家精神更好发挥企业家作用的意见》（以下简称《意见》）中指出，企业家是经济活动的重要主体。改革开放以来，一大批优秀企业家在市场竞争中迅速成长，一大批具有核心竞争力的企业不断涌现，为积累社会财富、创造就业岗位、促进社会经济发展、增强综合国力做出了重要贡献。年轻一代民营企业家绝大多数成长于改革开放之后，既见证了改革开放的过程，也参与了改革开放的建设，他们爱党爱国，坚定不移地走中国特色社会主义道路，具有很强的政治意识。同时，年轻一代民营企业家由于成长经历的不同，受教育程度和方式的差别，以及所受环境影响的差异，也使得他们具有一些个性化的差异，如主人翁意识淡薄、看问题的方式片面等。坚持不懈的精神培育对于坚定年轻一代民营企业家政治意识、营造企业家健康成长环境、弘扬优秀企业家精神，都起到了十分重要的基础性作用。《意见》中先后三次强调："要做好年轻企业家引导工作。"以习近平同志为核心的党中央对年轻一代民营企业家寄予亲切关怀和殷切希望。对年轻一代民营企业家进行精神培育具有重要的政治意义，这就要求把年轻一代民营企业家作为团结对象和工作对象，关注他们的思想动态，关注他们的企业状况，不断增强他们对中国特色社会主义的信念、对党和政府的信任、对自身企业发展的信心和对社会的信誉，造就一支优秀的中国特色社会主义建设者队伍。

（二）精神培育是增强年轻一代民营企业家社会责任的路径

改革开放40年来，非公有制经济在经济增长、促进创新、扩大就业、增加税收等方面发挥着重要作用。有数据显示，非公有制经济市场主体数量已占市场总量的90%，对GDP的贡献率超过60%，就业贡献率超过80%，民营企业是非公有制经济的重要组成部分。可以说政治上有觉悟、经济上有实力、社会上有影响、对人民有贡献的民营企业家队伍在不断扩大，他们在经济社会发展中扮演着越来越重要的角色。几十年来，民营企业大多数已经开始进入新老交替阶段。据估算，我国民营企业85%以上是家族企业，未来5—10年，约75%的家族企业面临交接班问题。同时,全国每年自主创业的应届毕业生有10多万人,海外留学人员归国创业的也有两三万人。在大众创业、万众创新的时代洪流中,还将涌现出更多青年"创客"。这些年轻一代民营企业家的思想和精神与上一辈企业家已经有了较大的变化,在承担社会责任方面都有自己个性化的需求和认知。例如,在对待促进就业、扶贫济困、助力公益等工作上,参与度和热情度都不充足。对年轻一代民营企业家进行精神培育,是增强其社会责任感的有效路径。促进年轻企业家健康成长,既关乎经济持续发展,又关乎社会和谐稳定。新时代呼唤造就的民营企业接班人和新一代创业者登上历史舞台,承担更多的社会责任。

(三)精神培育是激发年轻一代民营企业家发挥作用的有效手段

对于东城区而言,年轻一代民营企业家的精神培育具有重要的实践意义。东城区作为首都核心城区,拥有得天独厚的区位优势,其深厚的文化底蕴、丰富的文化资源能够为民营企业,特别是文化创意、科技创新型企业带来更大的发展空间,也吸引了一大批年轻一代民营企业家来此创业和发展。一方面,党和政府需要把这些年轻一代民营企业家紧密地团结在周围,使其为社会经济发展和服务人民群众做出更大的贡献;另一方面,年轻一代民营企业家也有向党和政府靠拢、贡献社会的需求。通过多元化的方式和途径对年轻一代民营企业家进行精神培育,既符合了党和政府的工作要求,也顺应了年轻一代民营企业家的需求。精神培育是激发年轻一代民营企业家发挥作用的有效手段,有利于大力弘扬年轻一代民营企业家创业拼搏精神,促进企业创新发展,促进青年创业者成长进步;有利于发现、培养和使用年轻创业人才,激发年轻一代民营企业家为东城区的文化、经济、社会发展助力的热情;有利于打造一支新时代优秀的青年创业者队伍。

二、东城区年轻一代民营企业家基本情况分析

为了对东城区年轻一代民营企业家基本情况有一个较为客观的认识,课题组采取抽样调查方式,对东城区17个街道商会的200位中青年民营企业家进行了问卷调查,这17个街道商会的年轻民营企业家基本上是"青创会"会员,由于调查问卷是以微信填写的方式进行的,因此回收率仅有50%,收回有效问卷100

份。据综合调查问卷分析、座谈会、访谈及个别访谈的情况，我们得出了以下一些基本结论。

（一）性别、年龄分布

性别比例分布：其中男性 55.7%，女性 44.3%。

年龄结构分布：受访者中，年龄在 30 岁以下的所占比例为 26.2%，30—40 岁的所占比例为 44.3%，40 岁以上的所占比例为 29.5%。由此可见，从性别结构上看，被访者男性偏多；从年龄结构上看，40 岁以下的企业家占绝大部分。问卷中设置 40 岁以上这一选项，是因为与"青创会"的企业家代表座谈时发现，"青创会"中存有部分 40 岁以上的成员，通过问卷发现，在年轻一代民营企业家队伍中 40 岁以上的成员比例占到了 29.5%。对于年轻企业家的界定可以从两个层面来讲：第一，年轻的"创一代"；第二，以家族企业第二代接班人为主的企业继任者。

（二）文化、知识、党派结构分布

对年轻一代民营企业家学历状况和政治面貌的调研，有助于我们客观地认识年轻一代民营企业家的受教育程度，同时也有助于我们了解年轻一代民营企业家对我国政党制度的认识程度。从文化知识结构上看，中专及以下学历的比例为 1.6%，大学专科学历的为 26.2%，大学本科学历的为 45.9%，硕士及以上学历的为 26.2%，大学本科以上学历的占到 72% 以上。有海外学习经历的仅为 8.2%，从这组数据可以看到年轻一代民营企业家到海外留学的比例要低于人们观念中的认知。可见，年轻一代民营企业家的知识层次在不断提高，知识水平层次较高。从政治面貌上看，其中共青团员占 4.9%，中共党员占 37.7%。年轻一代民营企业家加入党团组织的占到了 42.6%。可以看到，年轻一代民营企业家中有相当一部分人不仅认同我们的政党制度，而且愿意加入我们的党团组织。

（三）企业行业和企业规模情况

调查问卷结果显示，被调查的年轻一代民营企业家所在企业从事的行业主要有文化创意类、电子信息类、金融类、商业服务类、高新技术类、旅游类和其他服务类，共七大类。其中，商业服务类占到46%，是七大类行业中占比最高的，其他依次是其他服务类（21%），文化创意类（20%），旅游类（6%），金融类（3%），电子信息类和高新科技类（都是2%）。从这一数据可以看到，东城区家族型民营企业的行业类型还不是特别丰富，而各类服务型行业仍占据主体地位。从企业规模上看，企业员工300人以上的占比13.1%，企业员工在100—300之间的占比16.4%，企业员工在10—100之间的占比54.1%，企业员工在10以下的占比16.4%。被访年轻一代民营企业家所在企业年营业收入10亿元以上的占23%，1000万到10亿元之间的占38%，100万到1000万的占21%，100万以下的占18%。可见这些被访者所在企业规模以中小型企业为主，企业规模较小，员工数量较少。

（四）职务及身份情况

为了进一步了解年轻一代民营企业家在企业中的地位、作用和身份，我们对这些被访企业家进行了职务及身份情况调研。数据显示，被调查的年轻一代民营企业家在企业中担任董事长职务的比例占到了29.5%，担任总经理职务的占到了27.9%，担任企业高层副职（含副董事长、副总经理、副厂长、副书记）的占到了14.8%，担任部门负责人（总监、部门经理）的占到了14.8%，其他占到了13.1%。数据显示，超过57.4%的年轻民营企业家担任企业的一把手，成为企业中的实际领导者。而余下的42.6%的年轻民营企业家也担任了企业副职或重要岗位的领导者。可见这些被访年轻民营企业家已经成为企业的中流砥柱。在"您是独自创业、在父辈的帮助下创业还是在父辈公司工作"这一选题中，独自创业的年轻企业家的比例达到了55.7%，超过了被访者的一半以上，在父辈公司工作和在父辈帮助下创业的比例仅为6.5%。由此也可以看出，年轻一代民营企业家中的绝大部分是独自创业，对企业的发展具有绝对的领导权。

三、东城区年轻一代民营企业家精神培育现状及问题

改革开放40年来，我国民营经济从小到大、从弱到强，不断发展壮大。截至2017年年底，我国民营企业数量超过2700万家，个体工商户超过6500万户，

注册资本超过165万亿元。① 2018年11月1日习近平总书记在民营企业座谈会的讲话中指出："非公有制经济要健康发展，前提是非公有制经济人士要健康成长。希望广大民营经济人士加强自我学习、自我教育、自我提升。民营企业家要珍视自身的社会形象，热爱祖国、热爱人民、热爱中国共产党，践行社会主义核心价值观，弘扬企业家精神，做爱国敬业、守法经营、创业创新、回报社会的典范。民营企业家要讲正气、走正道，做到聚精会神办企业、遵纪守法搞经营，在合法合规中提高企业竞争能力。"

这对民营企业家特别是年轻一代民营企业家的精神培育具有十分重要的意义和价值。

东城区一直以来都非常重视年轻一代民营企业家精神培育方面的工作。2008—2012年，东城区先后在全区17个街道成立了17家企业商会，2013年9月创建东城区"青创会"。这些组织的建立，一方面，为民营企业家和年轻一代创业者和企业家提供学习、交流、合作与发展的平台；另一方面，也依托这些平台加强对年轻企业家的精神培育。在总结东城区年轻企业家精神培育工作实践基础上，结合调研、访谈的结果，我们从以下方面对东城区年轻一代民营企业家精神培育的现状及问题进行了分析。

（一）东城区年轻一代民营企业家精神的要素

1. 企业家精神的要素

对企业家精神的要素进行界定，目前尚无统一标准，但综合目前国内研究者的普遍观点，可以确定的是企业家精神主要包含创新精神、冒险精神、诚信精神、敬业精神、奉献精神和合作精神六大要素。② 2017年9月，中共中央、国务院发布的《关于营造企业家健康成长环境弘扬优秀企业家精神更好发挥企业家作用的意见》，提出当代中国优秀企业家精神应当包括爱国敬业、遵纪守法、艰苦奋斗的精神，创新发展专注品质追求卓越的精神，履行责任敢于担当服务社会的

---

① 习近平：在民营企业座谈会上的讲话［EB/OL］.新华网，http://www.xinhuanet.com/2018-11/01/c_129984122.htm.

② 张玉琴.企业家精神研究——基于国企与民营、中外企业家精神的对比分析［J］.沿海企业与科技.2017（5）.

精神三大要素。2018年11月1日，习近平总书记在民营企业座谈会上指出："新一代民营企业家要继承和发扬老一辈人艰苦奋斗、敢闯敢干、聚焦实业、做精主业的精神，努力把企业做强做优。"进一步将新一代民营企业家精神聚焦在"艰苦奋斗、敢闯敢干、聚焦实业、做精主业"四大精神上。

2. 东城区年轻一代民营企业家精神的要素

党的十九大报告和《中央统战工作条例》，特别是习近平总书记系列重要讲话精神中，都传递出支持非公经济健康发展的强烈信号，明确了引导非公经济人士健康成长的工作重点，就是要高度重视年轻一代非公经济人士的健康成长。[①] 当前我国经济进入新常态，经济增速放缓，民营经济进入一个相对困难的发展时期。年轻一代民营企业家绝大多数都是成长于条件优越、物质丰富的家庭。他们的受教育程度高、知识结构丰富、思想活跃、视野开阔。他们认为年轻企业家精神的要素应该包含创新精神、敬业精神、合作精神、决策与应变精神、学习能力、组织协调能力等方面，其中"创新精神"占比最高，占到被访者的91.8%，然后依次是"合作精神"（83.6%）、"敬业精神"（78.7%）、"学习能力"（78.7%）、"决策与应变能力"（77.1%）、"组织协调能力"（75.5%）。

为了深入剖析和了解东城区年轻企业家自身对企业家精神的认识，我们设计了"就您的了解来看，新生代企业家整体在以下方面表现如何"这一主观题，请被访者对"前瞻、变革、创新、开放、冒险、执着"六个方面，按照"1很好、2比较好、3一般、4比较差、5很差"的标准进行自我评价。他们对于"前瞻、变革、执着"三项自评为"一般"的比例最高，而对于"创新、开放、冒险"三项自评为"很好和比较好"占比较高。

在"与上一代企业家相比，年轻企业家的主要特征有哪些"一题中，认为在"国际视野"上有差距的占到75.4%，排名第一，然后依次是"思维方式"（65.6%）、"学历层次"（63.9%）、"创业激情"（59%）（图1）。综合分析这些数据，东城区年轻一代民营企业家在自身应该具备的精神中，创新精神、合作精神、敬业精神、开放精神、冒险精神分值较高，而对于自身的执着精神、前瞻能力和变革能力的评价一般。在与上一代企业家相比，他们认为自己身上的国际视

---

① 杨正琳. 试析年轻一代非公经济代表人士思想政治工作的新路径[J]. 吉林省社会主义学院学报，2018（3）.

野、思维方式、创业激情都有别于他们的父辈。通过这些数据我们认为，东城区年轻一代民营企业家对于他们自身应该具备的企业家精神主要集中在了创新精神、敬业精神、冒险精神、敬业精神、合作精神上，而较少思及奋斗精神和奉献精神。

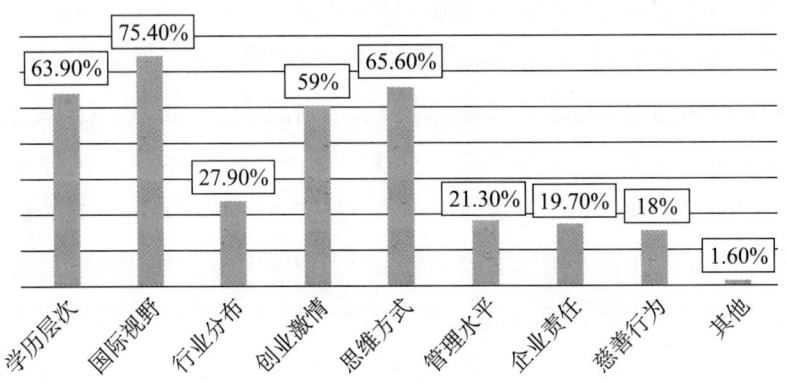

图1 与上一代企业家相比，年轻一代企业家的主要特征

（二）东城区年轻一代民营企业家精神培育现状分析

为落实习近平总书记关于加强年轻一代非公经济人士教育培养的重要指示精神，培养政治上有方向、发展上有本事、责任上有担当、文化上有内涵的新时代企业家，东城区委区政府、统战部加强对东城区年轻一代民营企业家的精神培育工作。主要从以下几个方面加强对年轻一代民营企业家的精神培育。

1.建立党支部，增强核心意识

充分发挥党组织在年轻一代民营企业家群体中的政治引领作用，在条件成熟的以年轻一代民营企业家为主的组织中建立党支部，通过党组织的政治优势，把年轻一代民营企业家凝聚在党的周围，建立"亲清"新型政商关系。例如，2018年4月，东城区工商联帮助"东城区青创会"成立党支部。"青创会"成员以50岁以下企业家为主，共有136名正式会员，其中有21名党员。在协会党支部和党员的带领下，会员积极参与东城区重大项目的工作，在疏解整治促提升、"百街千巷"环境治理、城市更新改造等重点工作中，积极发挥协会自治作用，把青年创业者的力量充分调动起来，共同参与，维护良好的经营环境。同时，通过党组织的作用，引导年轻企业家把精力用于扩大再生产、投资实体经济、投入公益慈善事业，引导他们致富思源、富而思进。

2. 规范培训制度，深化思想引领

为加强对年轻一代民营企业家的精神培育，东城区不断规范培训制度，深化对年轻一代民营企业家的思想引领，建立"常规培训+重点调训+企业助训"的培训制度，深化思想引领。一是常规培训。区委组织部、区委统战部和区工商联每年固定举行5—10期培训班，针对年轻一代民营企业家在不同阶段遇到的挑战和问题，围绕市场拓展、金融合作、科技创新等问题开展培训，帮助企业解决技术创新、投融资、市场开拓等方面的困难，激发青年创业者创新活力，推动其经营能力不断提升。二是重点调训。对重点年轻民营企业家进行调训培训，搭建专业化、机制化、效率化的学习实践平台。例如，依托清华大学举办企业培训，提供理想信念、宏观形势、企业管理等培训，提升了年轻一代民营企业家综合素质、创新精神，增强了发展信心。三是企业助训。为企业内部单独举办的各类培训提供师资、内容和场地等支持，采取请进来、走出去的办法，建立及时掌握党的理论方针政策路线、国家宏观政策、政府经济政策等的动态助训制度。

3. 丰富培育方式，强化责任意识

强化年轻一代民营企业家的责任意识，丰富培育方式，引入"三项责任"，助推年轻一代民营企业家不断在政治上行稳致远、在事业上走向成熟。一是政治责任。引导年轻一代民营企业家坚定理想信念，知党恩，听党话，跟党走。始终与党鼓励、支持、引导非公有制经济发展的方针政策同频共振。例如，开展学习党的十九大精神、习近平新时代中国特色社会主义思想、习近平总书记在民营企业座谈会上讲话精神、学习贯彻全国年轻企业家理想信念报告会精神等系列座谈活动；参观北大红楼、"光辉起点·中国共产党早期组织在东城"展览等教育实践活动。二是发展责任。作为年轻一代民营企业家，企业经营必然要承担发展责任。东城区通过开展专家讲坛、读书分享会、青年演说家等系列主题活动，围绕创业环境、互联网、人工智能、消费模式等展开探讨，分享创业过程的心得体会和经验。为年轻一代民营企业家搭建互动交流平台。三是社会责任。鼓励年轻一代民营企业家富而思源、富而思进，回报社会。例如，2016年以来打造的"手拉手　共成长"资助贫困生的品牌活动，50位年轻民营企业家与东城区100名品学兼优的贫困学生成功对接，建立资助信息档案，形成长期帮扶机制，三年累计捐款119.8万元，形成了良好的社会效应。

（三）东城区年轻一代民营企业家精神培育面临的主要问题

近年来，东城区虽然在年轻一代民营企业家精神培育方面探索了一些有效的路径和方法，但仍然面临一些问题。

1. 精神培育的靶向尚未完全聚焦

东城区对年轻一代民营企业家的精神培育面临的最大问题依然是靶向尚未完全聚焦。一是聚焦群体不足。年轻一代民营企业家具有比较明显的群体特征，他们是企业的带头人或主要领导者，对企业的发展起着举足轻重的作用，因此这是一个非常繁忙的群体，在对这一群体进行精神培育的过程中，往往面临无的放矢的局面，有一大部分的年轻企业家由于主、客观的原因，不接受或接受不到精神培育。在"你参与过东城区有关年轻企业家精神培育的有关活动吗"一题中，被访者中有54.1%的年轻一代民营企业家没有参与过类似活动，仅有26.2%的企业家明确表示曾经参与过此类活动，整天忙没时间参加此类活动的比例占到9.8%。二是聚焦内容不精。年轻民营企业家精神突出体现在创新变革、敬业合作、艰苦奋斗、敢闯敢干、聚焦实业、做精主业等精神上。在"您认为年轻企业家最需要提升的能力是什么"一题中，74%的被访者认为最需要提升的能力是"思维能力"。从目前东城区进行的年轻一代民营企业精神培育工作的内容和形式上看，还没有完全聚焦这些十分具体的企业家精神，并进行有针对性的培育。

2. 精神培育的制度建设尚待完善

对于年轻一代民营企业家的精神培育工作是一项十分重要的工作，同时也是一个较新领域的工作。年轻一代民营企业家与他们的父辈企业家，在思想上、思维方式上、工作作风和观念上已经有了比较明显的区别，以往的方式和制度已经不能完全适应年轻企业家的精神培育需求。目前，一方面，东城区对年轻一代民营企业家的精神培育的顶层设计不足，制度建设还有待完善；另一方面，已有制度在年轻一代民营企业家群体中的宣传推广力度不够。在"您对东城区年轻企业家精神培育工作制度了解程度"一题中，不太清楚相关制度的占到了54%，在"你参与过东城区有关年轻企业家精神培育的有关活动吗"一题中，还有3.3%的年轻一代民营企业家认为东城区没有举办过此类活动。

3. 精神培育的工作形式方法欠缺创新

目前,东城区对于年轻一代民营企业家精神的培育在一定程度上滞后于年轻一代民营企业家的需求。在当前经济发展形势下,在与政府的关系上,年轻一代民营企业家更看重政府可以为年轻企业家自身和所在企业的发展提供哪些具有实质意义的指导和帮助。在政府对年轻企业家精神培育方面更看重相关制度的落地和推行,希望能够通过政府的培训和指导得到实实在在的能力提升。在调研过程中,一些年轻民营企业家认为,目前对于年轻企业家精神培育方面存在的问题主要集中在"培育的内容不深入、前瞻性不够、创新精神培育内容不足、国际化视野拓展基本缺失"等方面。而在"你对年轻企业家精神培育工作的看法"一题中,认为"有必要,是推动企业发展和实现青年个人成长的必要途径"和"有必要,对企业发展与个人成长都有实际意义"的比例占到86%,可见年轻一代民营企业家非常认同对年轻一代民营企业家进行精神培育。但也有14%的企业家认为"有必要,但实际操作过程中落实的少"。这也从一个侧面说明对年轻一代民营企业家精神培育工作的形式、内容和方法都亟待创新和发展。

四、加强东城区年轻一代民营企业家精神培育的几点建议

年轻一代民营企业家精神培育工作是一项系统工程,有较强的政治性和政策性,对年轻一代民营企业家精神培育的主要目的是"加强对企业家特别是年轻一代民营企业家的理想信念教育和社会主义核心价值观教育,开展优良革命传统、形势政策、守法诚信教育培训,培养企业家国家使命感和民族自豪感,引导企业家正确处理国家利益、企业利益、员工利益和个人利益的关系,把个人理想融入民族复兴的伟大实践"①。结合东城区年轻一代民营企业家精神培育的现实情况,可以从以下几个方面改进和加强对年轻一代民营企业家的精神培育工作。

---

① 中共中央、国务院关于营造企业家健康成长环境弘扬优秀企业家精神更好发挥企业家作用的意见[EB/OL].中华人民共和国中央人民政府网站,http://www.gov.cn/zhengce/2017-09/25/content_5227473.htm.

（一）明确目标，瞄准方向

进一步明确年轻一代民营企业家精神培育的目标，不断激发年轻一代民营企业家身上的创新精神、合作精神、敬业精神、诚信精神、奉献精神和艰苦奋斗精神，把年轻一代民营企业家培养成为政治上有方向、经营上有本事、责任上有担当、人格上有魅力的企业领导者和接班人。一是强化政治引领。通过精神培育提高年轻一代民营企业家的政治能力，在大是大非面前，在关键时期，始终保持正确立场，培养其政治智慧和政治修养。二是弘扬社会责任。激发年轻一代民营企业家的奉献精神，引导年轻一代民营企业家承担更多的社会责任。增强年轻一代民营企业家履行社会责任的荣誉感和使命感，引导和支持年轻一代民营企业家奉献爱心，参与光彩事业、公益慈善事业、精准扶贫行动、应急救灾等，在构建和谐劳动关系、促进就业、关爱员工、依法纳税、节约资源、保护生态等方面发挥更加重要的作用。三是鼓励创新精神。激发年轻一代民营企业家的创新活力和创造潜能，保护年轻一代民营企业家的创新空间，增强年轻一代民营企业家的创新自信，提升年轻一代民营企业家创新能力，鼓励产品创新、技术创新、商业模式创新、管理创新、制度创新。吸收更多企业家参与到企业创新中来。四是弘扬爱国敬业遵纪守法艰苦奋斗精神。加强对年轻一代民营企业家的理想信念教育和社会主义核心价值观教育，开展优良革命传统、形势政策、守法诚信教育培训，培养企业家国家使命感和民族自豪感，引导企业家正确处理国家利益、企业利益、员工利益和个人利益的关系，把个人理想融入民族复兴的伟大实践；教育年轻一代民营企业家要自觉依法合规经营，依法治企、依法维权，强化诚信意识；激励年轻一代民营企业家自强不息、勤俭节约，在企业发展遇到困难时，要坚定信心、迎接挑战、奋发图强。

（二）顺应需求，完善制度

顺应需求、完善制度是提升年轻一代民营企业家精神培育工作品质的基础。一是完善沟通联系制度。畅通各级党委和政府，尤其是统战部门、工商联与年轻一代民营企业家之间的沟通联系机制，规范政商交往行为。形成在党政领导宏观指挥下，各级团组织与相关部门协调配合，促进中心、行业协会等外围组织或直属单位密切分工合作的组织体系。各级党政机关干部要坦荡真诚地同企业家交往，树立服务意识，了解企业经营情况，帮助企业解决实际困难，同年轻一代民营企业家建立真诚互信、清白纯洁、良性互动的工作关系。鼓励年轻一代民营企业家积极主动同各级党委和政府相关部门沟通交流，通过正常渠道反映情况、解决问题，依法维护自身合法权益。二是健全服务保障机制。通过整合政府资源，形成党委、政府统战部、工商联、团委等部门的联动机制，营造鼓励创新、宽容失败的文化和社会氛围，对年轻一代民营企业家合法经营中出现的问题、困难予以帮助解决，发生的失误、失败给予更多理解、宽容和支持。从制度层面增加对年轻一代民营企业家的创业扶持专项资金的设立，用于奖励优秀创业企业，以提高自主创新能力、实现创新成果。设立年轻企业家创业促进工作资金，鼓励和激发年轻一代民营企业家不断创业的实践活动，以投资入股等方式鼓励年轻一代民营企业家拓展事业。三是建立年轻一代民营企业家鼓励机制。在制度层面上建立常态化的年轻一代民营企业家鼓励激励机制，把年轻一代民营企业家的成长和发展列入区政府青年人才培养和发展规划之内，为年轻一代民营企业家提供更多施展才华和能力的机会和舞台，通过树立企业典型、年轻一代民营企业家奖项等具体的方式，鼓励年轻一代民营企业家健康发展。

（三）加强调研，创新方式

年轻一代民营企业家的群体特征是思维活跃、视野开拓、学历层次高，具有较强的行动力。对这样一个群体进行思想培育，前提是加强调研，基础是完善制度。一是常态化调研。组织专门力量对年轻一代民营企业家队伍进行常态化的调查研究，从最基础的摸清底数、人员构成、行业性质、企业规模等方面开始，全方位、实时了解年轻一代民营企业家的各项动态信息，了解年轻一代民营企业家对精神培育方面的需求、期待，为年轻一代民营企业家精神培育工作的推动和完善提供科学决策依据，使年轻一代民营企业家精神培育工作有的放矢、切近实际。二是创新培育方式。完善分类培训，加强针对性。以年轻一代民营企业家的需求为导向，进行分类培育。例如，针对思想观念保守、创新意识不强的企业家，通过举办行业论坛、专家讲座、创新典型报告会等形式，引导年轻一代民营企业家转变思维；针对思想活跃、创新能力较强的年轻一代民营企业家，可以通过外出考察学习、邀请国内外成功企业家和著名专家学者授课等形式，帮助年轻一代民营企业家开阔眼界、提升境界、增强素质。此外，还可以搭建年轻一代民营企业家相互学习、交流、资源共享的培育平台，实现年轻一代民营企业家之间的互助、互学、互利、互惠。三是丰富培育内容。顺应年轻一代民营企业家的培育需求，不断丰富培训内容。在"年轻一代企业家最迫切需要培训的内容"一题中，受访者对于"企业经营管理""政策法规教育""理想信念价值观培育"三个选项的需求比例都超过了70%，而对于"国学与传统文化"的需求也达到了60.7%。以强化忠诚意识、拓展世界眼光、提高战略思维、增强创新精神、锻造优秀品行为重点，不断丰富年轻一代民营企业家精神培育内容。通过开展精准化的理论培训、政策培训、科技培训、管理培训、法规培训，全面增强年轻一代民营企业家发现机会、整合资源、创造价值、回馈社会的能力。结合东城区的特点，依托东城区丰富的文化教育资源，对年轻一代民营企业家进行传统文化教育、红色文化熏陶、社会主义现代文化普及，提升年轻一代民营企业家的文化素养。

年轻一代民营企业家精神培育路径及模式研究[①]

北京市延庆区社会主义学院课题组[②]

自我国实行改革开放政策以来，至今已过了40多年，非公有制经济（其主体是民营经济）已成为我国社会主义市场经济的一个重要组成部分，在我国经济社会发展中发挥了重大的作用。[③]非公有制经济有力地促进创新、扩大就业、增加税收，已成为"我国经济社会发展的重要基础"[④]。非公有制经济人士主要是指民营企业家，他们是中国共产党重要的群众基础、执政基础，是组成中国力量重要的一部分。在改革开放中，一批企业家得到了成长，民营企业家就是其中的一个重要群体，他们在推动经济社会发展中发挥了重要的作用，是一种稀缺的社会资源。中国特色社会主义的现代化建设速度与民营企业家的素质有直接的关系，中华民族伟大复兴的进程也与民营企业家的素质有直接关系。习近平同志指出，年轻一代的非公有制经济人士，一定要充满企业家精神，不断提高个人综合能力，将企业家的才能充分发挥，使企业的创造力和内在活力得到增强，以促进企业不断取得更新、更好的发展。加强对年轻一代民营企业家（企业家的新生力量）企业家精神的培养，以及对培养路径的探究，在理论上和现实上都有着非常重要的意义。

[①] 本文为北京社会主义学院（北京统战理论研究基地）2018年招标课题，立项编号：BJSY18207。

[②] 课题负责人：赵威（北京市延庆区社会主义学院副院长、博士）。课题组成员：侯军（北京市延庆区社会主义学院副院长），陈新（工业与信息化部人才交流中心副书记），张鼎政（人社部国家职业汉语能力测试中心主任），王丹阳（中国地质大学博士），皇甫国利（中国集团化管理研究院院长），赵梦阳（北京市延庆区社会主义学院讲师）。

[③] 习近平谈治国理政 [M]. 北京：外文出版社，2014.

[④] 中共中央文献研究室编. 十八大以来重要文献选编：上 [M]. 北京：中央文献出版社，2014.

一、年轻一代民营企业家界定

在现代汉语词典中，对年轻一词的解释有两种。一是指年纪不大，历时不久；二是用于比较时，指年纪小。因此，"年轻一代"中"年轻"不仅指年纪小，也是一种相对概念，这种比较既可以是横向同时代人之间的年龄对比，也可以是纵向的历史对比，这一时期的"年轻"，必将会成为下一时期的"上一代"或更久以后的"老一代"。在现代汉语中，企业通常是以盈利为目的的，是具有独立法人资格的社会经济组织，企业自主经营、自负盈亏、独立核算，通过运用土地、资本、劳动力、技术等各类生产要素，向市场提供服务和商品。专门从事企业经营的人即为企业家，企业家一词最初来自法语，是指"冒险事业的经营者或组织者"。如今，企业家一般分为两类：企业所有者和职业企业家。前者是企业的所有者，对企业进行经营和管理，大部分情况下，企业家就是指企业的所有者。后者也称为职业经理人，是受企业所有者聘任，对企业进行经营和管理。民营一词，是充满中国特色的一个词语，狭义上的民间资产是指中国公民的私有资产，国有资产和境外所有者拥有的资产（国外资产）是不包含在民营资产中的。

因此，民营企业是指"在我国境内的个人独资企业、合伙企业、有限责任公司、股份有限公司"。国有企业、国有资产控股企业、外资企业不属于民营企业。民营企业家是指"在我国境内的除国有企业、国有资产控股企业、外资企业以外的所有企业的所有者"。

"年轻一代民营企业家"的概念当前我国尚未定义明确，主流的观点是依据辜胜阻教授的企业家成长时代背景划分法，在邓小平南方谈话即1992年之前，为第一代企业家，主要代表有柳传志、年广久等；南方谈话至互联网兴起也就是1992—2000年，为第二代企业家，主要代表有冯仑、田源等；进入21世纪后，经济全球化趋势的急剧扩张，涌现出一批有胆有谋的高技术、高学历的年轻企业家，依靠互联网大数据成长壮大起来，以马云、李彦宏为代表，被称为第三代企业家。有学者在此基础之上提出，继承第一代企业家和第二代企业家或者是自主创业的、1980年以后出生且受过良好高等教育的，为第四代企业家。亦有学者按照类型对"年轻一代企业家"进行划分：一是"子承父业"型，从父辈手中接过家族业务，即继承型的"民企二代"；二是独自创业的技术精英和专家型人才；三是由在校大学生及毕业生群体组成的自主创业者。笔者综合以上论述对年轻一代民营企业家的定义为：出生在1980年前后，接受过良好教育的自主非公有制经济创业者或"老一代"民营企业家的继承者。

二、企业家精神及其新时代意义

（一）企业家精神辨析

企业家精神这一名词，最早可以追溯到百余年前的法国学者巴斯夏，其通过对农业、农民与土地之间的深入研究，进而提出这一指标名词。随着工业革命的不断深入，科学技术水平的不断提升，企业家精神的理论研究成果不断得到完善。奥地利学者约瑟夫·熊彼特在其专著《经济学发展理论》中，首次对企业家的社会作用以及承担的职能进行了较为系统的论述，引起了经济学界的极大关注。

欧美国家对企业家精神的研究起步早、关注度高，形成了众多的理论成果，主要有：经济学家奈特认为"企业家精神是在不确定的外部环境中，充分发挥主观能动性，以创新方式去开辟发展道路，具有大无畏的担当精神"[1]；熊彼特认为"企业家精神具有创新性，能够不断地对生产组合进行推陈出新"[2]；新的组合包括：研发新产品、优化新生产技术、寻找新市场、寻找新的供货方。熊彼特特别指出，产品创新严重依赖于企业精神，是新产品不断出现的内在原动力，企业改革也离不开企业家精神的支撑；著名经济学家彼得·德鲁克对企业家在经济发展中所承担的任务也予以了充分肯定，其认为企业家所承担的角色要高于资本家。彼得·德鲁克在其著作《创新与企业家精神》中也指出，企业发展除了受到资本、劳动力、土地等因素的影响，也严重依赖企业家与企业家精神，且企业的创新工作对于企业家精神依赖程度更高。[3]

---

[1] 弗兰克·H.奈特.风险、不确定性和利润[M].北京：中国人民大学出版社，2005.
[2] 约瑟夫·熊彼特.经济发展理论[M].北京：商务印书馆，1990.
[3] 彼得·德鲁克.创新与企业家精神[M].彭志华，译.海口：海南出版社，2000.

虽然经过多年的发展，但时至今日，有关企业家精神的理论研究仍未形成一个统一的定论，主要通过两个视角来进行研究：一是个性特质论，二是行为特质论。个性特质论研究侧重于企业家的个性，尤其关注企业家个人所经历的成长过程、具备的文化背景，重点研究什么是企业家精神、企业家需要具备何种人格特征。德鲁克认为，企业家精神通过数据调研来对人格特征进行梳理分类，进而提炼成为企业家这一整个群体所应当具备的共同特征。行为特质论主要侧重于"企业家的行为特征，并不研究个人特征"[1]。行为特质论认为企业家精神的本质应当是研究企业家需要干什么、需要具备何种行为。通过对企业家个人的行为进行整理汇总，进而提炼出企业家这一整个群体所应当具备的共同行为，从而得出企业家所应当具备的能力。

虽然欧美学者关于企业家精神的研究较为分散，尚未形成统一的定论，但是细加整理可以发现，不同的研究理论中仍然存在为数众多的共通之处。例如，所有学者都认为企业家精神需要包括创新精神、个人学习精神、担当精神及奉献精神等，并且承认创新精神的核心地位。学者们也都认可企业家精神的一个显著特征是创新，只有通过创新才能不断提升资源能力，进而获取更多的社会财富。德鲁克则是将这一精神划入社会创新精神范畴，且认定其对于整个社会的发展有着杠杆效用。[2]

随着经济的发展，国内诸多学者也开始关注企业家精神研究这一领域，并且相关分析多是集中于企业家个人的心理特征和经营能力两个方面。前者主要指企业家的冒险、自信、雄心、宽容大度等精神品质；后者主要体现在经营能力方面，如创新、合作、精明、敏锐、机会敏感、洞察力、战略眼光等方面。总体上看，与国外学者的相关研究不谋而合，但也有少数学者独辟蹊径，着重从伦理和世界观角度来剖析企业家精神的相关内核。其中，李靖（2004）认为必须建构企业家精神的伦理维度以实现企业家精神的范式重构；[3] 汪岩桥（2004）则认为企业家精神系统内在要素主要包括企业家的实践能力或操作能力、哲学世界观、价

---

[1] 彼得·德鲁克.创新与企业家精神[M].彭志华，译.海口：海南出版社，2000.
[2] 同上.
[3] 李靖.企业家和企业家精神：一个伦理维度上的诠释[J].理论与改革，2004（1）.

值观、信仰、经济伦理等。①

虽然众多学者从多个维度来剖析企业家精神这一概念，但总体上对这一概念的理解是趋向统一的。在此，笔者认为企业家精神是指企业家或企业经营组织，具有强烈的创新意识、敏锐的洞察力及强大的抗风险能力，能够运用智慧和能力广泛整合资源，抓住机遇，迎接挑战，推动企业改革发展，创造价值，从而实现利益最大化的精神要素。

（二）企业家精神的新时代意义

习近平总书记指出：市场活力源自人，特别是来自企业家，来自企业家精神。企业家精神既是优秀企业家所共有的特殊技能，又能彰显出他们独特的个人素质、价值取向及思维模式。企业家精神是企业家管理和经营企业综合才能的凸显，是评价一个企业家是否优秀的重要指标。因而在日常生活中，人们也会以此为标尺来衡量一个企业家的成功与否。

企业家精神是一种文化。作为企业文化最主要的构成之一，其在推动企业良性发展方面有着至关重要的作用。企业之间的竞争，除了产品之间的竞争外，企业文化之间的较量也颇为激烈。一名企业家是否具有完备的企业家精神，将会直接影响其所在企业的发展。只有具备了敏锐的洞察力，才能够对企业有着精准的市场定位，从而提升企业的整体竞争力，获取最大利润。也只有具备了企业家精神中的创新意识、冒险意识、合作意识、挑战意识、坚韧刻苦等优良品质，才能从容应对企业经营，即在面对低谷高峰时皆能坦然自若，因时因地做出合理的判断与选择。企业家精神有利于企业家保持积极的心态，在逆境中保持韧性及信心，在顺境中保持理智与斗志，才可以使企业长远健康发展；内在的企业家精神必然会通过外在的实践活动显现出来，这种实践活动不仅可以体现企业家个人的气质与风骨，还在有形或无形中有助于企业产业结构的优化和资源的合理配置，推动企业的健康发展，新时代的背景下，对企业家能力和意志精神有了更高的要求和考验，企业家精神将有助于企业家带领企业在新时代下精益求精、乘风破浪。

---

① 汪岩桥. 关于企业家精神的思考 [J]. 浙江社会科学，2004（3）.

企业家精神是一种可贵品质,有助于促使企业家坚定经营信心,更好适应新时代新契机、新常态新发展,振奋企业家信心,促进国民经济发展;企业家精神作为企业家内在的精神品质,在经济全球化背景下,有助于企业家保持民族气节,发扬中华民族坚韧不拔、诚信经营的优秀品质,发挥勇于创新、敬业敬职的工作态度,体现改革开放40年来中国企业的优秀物质精神文化成果,推动着我国经济快速发展,上升至全球GDP第二的位置;企业家精神不仅是促进现代企业发展的重要内在力量,还是推动企业活动乃至促进整个社会经济发展的强大动力源泉。我国改革开放已经进入重要时期,改革开放初期成长起来的企业家大半面临交班和转型期。同时,一批满怀梦想与激情的新生代企业家已然发展为目前整个社会创业、创新、创富的主要力量,在年轻一代企业家中弘扬培育企业家精神有十分重要的意义。

三、企业家精神在年轻一代民营企业家中的现状及分析

(一)现状

采取问卷调查与个别访谈相结合的方式开展研究,问卷围绕"年轻一代民营企业家存在的企业家精神状况"这一问题展开。首先,设计前期大量阅读相关文献,确定问卷设计的主旨:通过对年轻一代民营企业家个人情况的具象化分析,探究其在具备企业家精神方面的真实状况;其次,在样本的选择方面,主要以北京、浙江、广东、湖南、广西的年轻一代企业家为样本,综合考量经济发达地区、中部地区及经济欠发达地区样本,避免数据的特殊性,提高样本数据的准确性和可靠性;最后,在问卷的发放与回收方面,一是委托当地工商联进行问卷的发放和回收,二是通过向调查对象发送电子邮件的方式发放和回收。每个地区发放200份问卷作为调研的样本,总共发放1000份问卷。最终回收有效问卷428份,其中北京91份、浙江87份、广东83份、湖南85份、广西82份;问卷的调研对象中女性企业家173位、男性企业家255位;从事的行业中零售商业16.4%,建筑、房地产业13.6%,加工制造业12.4%,酒店服务业11.9%,新媒体业6.1%,其他行业39.7%;从企业家的年龄段来看,1980年前出生的有25.2%,1980—1985年出生的有27.1%,1985—1990年出生的有25.5%,1990—1995年出生的有16.6%,

1995 年后出生的有 5.6%。

从图 1 可以看出，年轻民营企业家的留学比重与日俱增，20 世纪 80 年代前的民营企业家出国留学的比重是 20% 以下，在 80 后的民营企业家中有留学经历的已超 25%，在 90 后至 95 后的新一代民营企业家中，有留学经历的已接近 30%，95 后的年轻一代民营企业家中，有过留学经历的已超 30%。综上可知，年轻一代民营企业家适应经济全球化的环境，接受外界新鲜事物的能力较强，国际交流能力呈增长趋势。

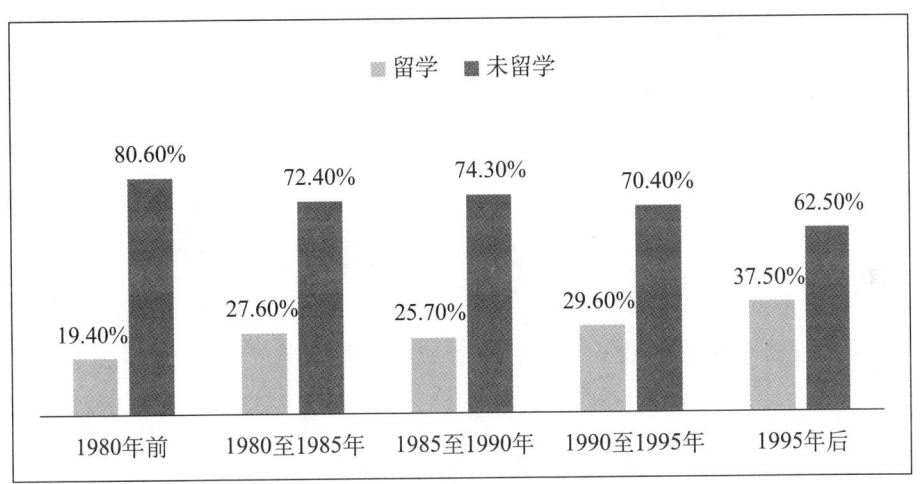

图 1　年轻一代民营企业家留学情况图

调查结果显示，新一代民营企业家中，每日阅读学习的时间是 1 小时以下的居多，占 48%，快接近一半的比例；1—2 小时阅读习惯的占 30% 左右；2 小时以上阅读习惯的占 12%；4 小时以上阅读习惯的占 6%。综上可知，新一代民营企业家中，习惯阅读的比重较低，缺乏良好的阅读积累。

调查结果显示，新一代民营企业家的每年公益次数比重，每年 2 次以下和 2—4 次的比重相对较高，各占据 30% 左右，5—7 次的比重就较低了，只有 19%，7—9 次和 9 次以上的共占 9% 左右。综上可知，年轻一代民营企业家的慈善热情不太高，还有进一步提高的空间。

从图 2 可以看出，年轻一代民营企业家在管理公司中，组织企业员工每年参加培训的次数较多集中于 2—5 次，还有一些年轻一代民营企业家对员工培训的认知较低，每年只组织 1 次左右，在 6—9 次和 9 次以上的占 17.6% 和 5.1%。

综上可知，年轻一代民营企业家中对企业员工培训的重要性有较清晰的认识，但是还有一小部分年轻一代民营企业家管理认知不足，对企业员工培训不够重视。

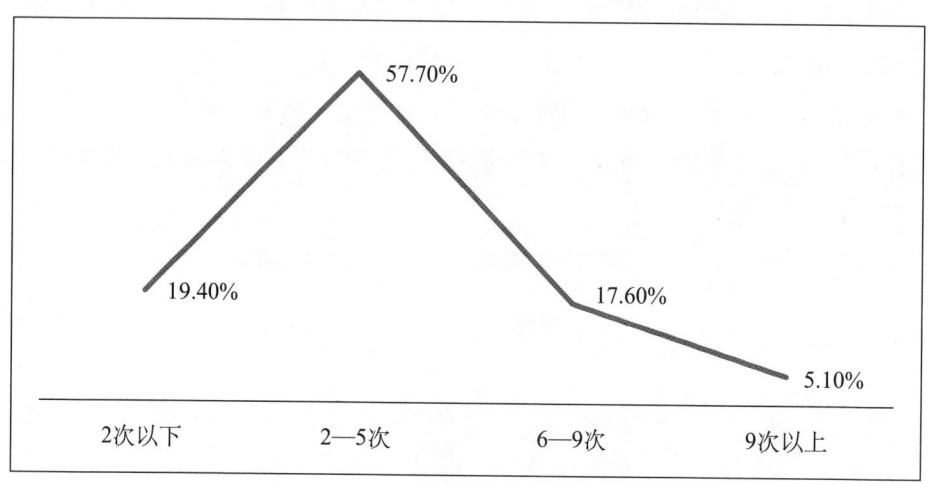

图2　年轻一代民营企业家每年组织企业员工培训次数图

（二）数据分析及年轻一代民营企业家精神要义

通过对调查数据的分析，可以看到年轻一代民营企业家在理想与现实、企业家精神与世俗伦理、价值观与利益方面存在着矛盾和冲突，主要表现在以下三个方面。

一是创新精神与风险意识的冲突。数千年的传统观念形成了中国人安于稳定的心理状态，重安稳、乐守成。在中国经济发展进入新常态，面临结构性改革的特殊时期，没有变革精神的企业和企业家都难以在现代商业社会长久发展。二是人才理念与家庭伦理的冲突。创业初期的企业更多的通过血缘来保证企业的稳定、统一，而随着企业的发展，专业、规范的员工甚至是职业经理人必然成为企业不得不面对的选择，企业利益与家族伦理的平衡，是企业家必须面对的艰难抉择。三是企业利益与企业责任的冲突。实质上是利与义的碰撞，本质上涉及企业的价值观问题，是在企业利益最大化与社会责任的承担之间的选择与平衡。

那么，年轻一代民营企业家应该具有什么样的企业家精神，或者说企业家精神在年轻一代民营企业家中应该得到怎样的体现？事实上，企业家精神本身就是一种充满时代性的、与时俱进的文化。伴随改革开放成长起来的新一代民营企业家已经成为我国经济发展最活跃的力量。改革开放40年间，经济全球化和政治多级化成为显著标志。国际贸易和合作中保护主义重新抬头，我国经济发展进入"新常态"，国内产业发展迎来了机遇难得、挑战空前的时代。一方面产业结构亟待优化升级、经济增长方式亟待优化；另一方面国际贸易和科技的竞争空前激烈，在保持社会经济的可持续发展过程中，中国年轻一代企业家必须极富创新和创业的精神，只有这样才能完成这一历史时期的艰巨使命。其要义主要表现在以下几个方面。

1. 锐意进取，勇于创新

创新和进取是民营企业家的立身之本，原有的思维定式容易禁锢思想，而非常规的方法往往可能使难题迎刃而解，传统的经济发展模式重管理，而现代经济发展模式重创新。没有市场企业无法生存，市场的需求总是瞬息万变，为了满足市场的需求就必须具有紧跟时代发展更新换代的能力，不能实现产品或经营方式的前沿创新，就很可能被市场淘汰。在这样充满挑战的市场竞争环境中，企业家的市场分析能力和风险评估能力是基础，而挑战精神、超越精神和坚定的意志是关键。

2. 诚信经营、合作共赢

信用就是品牌和品质，是一个优秀企业和企业家的重要标志。企业家具有良好的诚信精神对于企业形象的塑造非常重要，在社会关系网络构建中更容易成功，从而为自己的企业打下牢固的社会基础。"三鹿"奶粉事件，诚信缺失，带来的不仅是企业自身的破产，而更严重的是国人对本土奶业和监管机构公信力的质疑。随着产业发展，产业成熟度越来越高，市场细分会更加凸显，现代企业家必须具备整合资源、分工协作的能力，必须以诚信为基础积极合作、实现共赢。

3. 高瞻远瞩、居安思危

市场经济永远处在动态的竞争环境中，不能进步的企业只能被淘汰。开放的市场环境中，科技急速发展，传统产业快速萎缩，市场变幻莫测，竞争激烈纷繁。一个企业家是否具有长远的战略眼光，首先表现在是否具备足够的风险意识，企业在发展壮大中需要时刻保持对市场的灵敏与警觉。新一代民营企业家承担着中国经济承前启后的关键责任，是中国未来发展的主力军，应具备足够的战略意识与纵览全局的能力。年轻一代民营企业家成长在改革开放的和平时期，经济飞速发展，忧患意识不强，必须完善居安思危的企业家精神。

4. 爱国敬业、遵纪守法

在全球化经济大发展中,企业和国民之间的交流交往更加频繁,特别是年轻一代的民营企业家,很多都有国外留学经历,对国外的了解程度越来越高。随着企业的发展,经营活动也经常走出国门,但是企业家的心中永远不能忘记国家利益。同时,守法经营也是企业经营的基本要求,年轻一代民营企业家要懂法守法用法,依法经营,依法保障自身的合法权益。新时代的年轻一代企业家要担负起实现中国梦的重任,要把爱国情怀和企业家的奋斗精神结合起来,将个人理想融入中国梦的伟大建设中。

5. 与时俱进、博学广智

汉代哲人王充云:"人有知学,则有力矣。"近代英国学者培根也说:"知识就是力量。"知识社会意味着科学技术进步速度更快,思想观念的更新间隔更短,组织形态不断优化。企业家必须注重学习,更新观念,保持探索精神,对新事物保持足够的敏感,在激烈的市场竞争中充满活力。年轻一代的民营企业家富有眼界,要建立优秀的企业首先要加强自身的学习,与时俱进。

6. 执着坚守、勇于担当

优秀的企业家必然具有执着精神和责任担当精神,懂感恩,知回馈。一个优秀的企业家讲究人性的慈善,具有社会良知与社会责任感,关心社会弱势群体,热心社会公益事业。企业绝不仅仅是创造效益的工具,同时也是社会肌体的重要组成,对整个社会发展有着重要意义,企业家和企业在履行社会职责的过程中可以得到更好的成长。

7. 勤俭节约、艰苦朴素

古人云:"俭,德之共也;侈,恶之大也。"勤、俭、朴是一个优秀企业家的基本修养,这一理念也被西方企业家所认同,新时代的年轻一代民营企业家坚守"俭以养德",戒奢戒靡,拒绝享乐主义,有利于个人和企业更健康长远地发展。

四、年轻一代民营企业家精神的培育路径

我国经济发展进入新常态,经济增速放缓,在年轻一代民营企业家中大力弘扬企业家精神具有独特意义。发扬优秀企业家精神,推动民营企业更好、更快地

发展，实现企业发展对产业发展的推动作用，促进经济发展。培育年轻一代民营企业家的企业家精神，需要从个人、社会、国家三大层面共同努力，实现内外配合、多管齐下促发展。

（一）个人层面

1. 提高自身的学识素养

在知识经济高速发展的背景下，教育在企业发展中的重要性日趋显现。年轻一代民营企业家往往拥有较高学历，其中有出国留学经历的也不在少数，但是随着社会发展加快，年轻一代民营企业家需要不断地阅读积累、学习思考、交流互助，不断提高自身的文化素养，对企业家而言学历可能是一成不变的，但学识必须是探索求变的。注重对自身性格、人格的培养和调节。企业家自身必须具有高度的自我调节系统，在其从事的企业活动中能够不断塑造和完善自己的性格品质。学识素养不仅指文化知识的素养，还包括理想信念，精神世界的修养。在中国特色社会主义市场经济发展中，新一代企业家必将承担着极其重要的作用。在弘扬社会主义核心价值观中，民营企业家精神的培育尤为重要，想要发挥企业在社会发展中的积极作用，就要将企业家精神与社会主义核心价值观融合，给予企业正确的发展导向。

2. 提升自身的实践能力，重视实践在企业家精神培育中的重要位置

年轻一代企业家大多出生在改革开放之后，生活成长环境大大优于父辈，缺乏自身艰苦历练的过程，缺乏对国情民生的理解把握，大都具有相同的特点，即处事风格自我、缺乏实践经验与社会责任感等。因此，新一代民营企业家必须将实践经验的提升放在首位，从企业基层做起，了解企业整体运转。只有立足于实践，才能更好地具有前瞻性眼光，使年轻一代企业家了解企业家精神的真正含义，这样才能使企业家在经济竞争中找准方向，更好地确立企业的发展基石，并在压力之下进行有效的自我调适；提升自身的管理技能和水平，建立良性的决策和管理体系，以高尚的责任感为出发点，对消费者、对社会、对国家拥有奉献精神，为公司建立和维持一个良好的企业价值观。

3. 增强企业的文化软实力

企业文化对企业竞争的作用不容小觑，不但可以更好地促进与激励企业良性

竞争，也起到了很好的识别与引导等作用。在企业稳步发展的过程中，企业家将创业精神及价值观通过一定的管理形式，逐渐被员工认可和执行，逐步过渡成企业精神，形成企业的文化软实力，并形成可持续发展的强大内在动力。增强企业的文化软实力，培育现代企业文化，建立社会责任发布制度，提供一流品质、一流标准的产品和服务，打造有文化、有愿景、负责任的企业形象。塑造企业员工爱国、爱企、敬业的意识，以真诚的工匠精神铸就每一个产品和服务，在提升企业文化软实力的过程中，进一步提高创业精神和创业能力。树立典型，传递并引导年轻一代民营企业家不断向善、向新，弘扬社会正能量。

（二）社会层面

1. 塑造充满活力的营商环境，构建"亲清"政商关系

培育年轻一代民营企业家的企业家精神，还需要在整个社会层面建立完善的社会价值体系，营造自由平等、充满活力的营商环境。企业家精神是嵌入社会与文化之中的一种价值体系，国家大政方针的制定和社会环境的改善，会在很大程度上影响企业家精神的培育和提升。应在全社会营造自由平等的基本价值取向，让民营企业家更加自信地加入市场竞争，对他们的创业活动应给予足够的理解和尊重，而不是用传统的世俗观点来看待他们，这样才能帮助其具备更多的创新动力和承担风险的底气，这对提高企业积极性和民营企业家的活力，特别是对年轻一代的民营企业家更为重要。完善的营商环境，有助于强化年轻一代民营企业家对中国经济发展的信心。开放包容、互利合作、重信守诺、亲商清商、尊商护商的营商环境，有助于年轻一代民营企业家企业家精神的进一步提升。

2. 发挥教育培训的重要作用

企业家的成长受环境因素影响较多，如经济、教育、文化、法律等，政治的复杂性也是影响企业家成长的重要因素之一，想要更好地弘扬企业家精神，必然要考虑到这些环境因素。高等院校承担着培养高水平社会建设者的重任，在培育未来企业家、塑造拥有企业家精神的创业创新人才上承担着非常重要的责任。年轻一代民营企业家很大一部分拥有本科及以上学历，都有较长的高校学习经历，创新创业类课程在我国高校重视程度低，设立时间也比较短。实现高等教育的创新创业课程培训，避免虚化和边缘化，在课程设置上增加对企业家精神相关内容

的讲授，将理论与实践相结合，真正做到"讲""练"融合。在高校中搭建专业平台，融入创业创新氛围，使青年学生在学习、创业中体会企业家精神。同时，构建企业家精神培育交流平台，提供系统化的培训，推动经营理念与时俱进，使彼此之间沟通交流更为便捷，进而促进企业家更多地参与到社会发展与社会责任的承担之中。

3. 发挥工商联、企业联合会和统战机构的纽带作用

优秀企业家精神的传承，并不是一蹴而就的。工商联与企业联合会、统战机构要发挥好引导作用，在企业家拥有较高教育自觉性的同时给予企业家精神更好的培育平台。利用教育和制度两个抓手，通过人为地控制环境变量来更大限度地释放人们的企业家精神，将个人层面的企业家精神扩充到组织和社会层面上来。工商联等机构应当利用其影响力和号召力，把非公有制经济人士团结统一起来，组织多种有理论深度和现实意义的教育培训，帮助企业家开阔视野、提升精神、拓展知识、增强能力，使他们坚定理想信念、同心同德，拥有高度政治自觉性，为建设国家而不懈努力，将企业发展上升到民族、国家的高度。发挥企业联合会与统战机构的优势，通过信息沟通与人脉流动解决非公有制企业在发展中存在的诸多问题，如人才匮乏、技术水平低与资金短缺等。此外，鼓励由具有各种知识结构的专业人员组成和建立咨询系统，从事决策研究，使经济领域中非公有制企业在决策初期有一些更专业性的参考，或者决策后有更为科学化的实施方案。

（三）国家层面

1. 坚持市场化改革，完善企业家创新创业体制机制

主要可以从以下几个方面进行：①对科技资源共享平台进行全方位的管理；②建立符合法规、公平公正的创业体制；③进一步提升对维护费用、知识产权申请费用的补贴标准；④废除多余的缺乏实用性的规章制度，让每个创业者对创业机制都能清晰易懂；⑤降低企业运营成本和社会治理费用。

保障企业家的创新收益和产权收益，激励现代年轻人大胆进行创业。分清企业经营界限和政府的职能界限，以企业利益促进科技成果转换，进一步促进法制建设，严格推进依法治国，保障企业家的合法权益。同时规范企业家行为，让真正有企业家素质和企业家精神的人才脱颖而出，把成功的机会给予素质与精神都

在一个较高层面上的人，促进全社会对企业家精神的弘扬。

2. 引导青年企业家参政议政

政府切实做好对民营企业家的政治关怀，关注老中青三代民营企业家的切实诉求，关心创业初期的年轻一代民营企业家的困难与诉求。将民营企业家的经营诉求与社会主义民主法制建设相结合，从根本上解决企业在发展中遇到的困难与瓶颈。为了进一步加强民营企业家的政治认同感，政府应加强与民营企业家的交流和沟通，了解他们的内心所想并加大社会主义核心价值观在民营企业的培育。鼓励民营企业家参政议政，激发他们的社会责任意识，提升他们对参政议政的热情度。与此同时，通过多种途径吸引更多的年轻企业家参与到政府的管理之中，不仅有利于培养企业家的创业精神，还能让政府深入民营企业家内心，增强民营企业家对政府的了解与认同，促进民营企业更好更快地发展。年轻一代民营企业家要自觉树立良好的企业家形象，有明确的责任意识，主动承担社会责任。自觉遵守国家相应的法律法规，为新一代年轻人树立一个好的榜样，吸引更多的青年参与到创新创业中去。

3. 构建"亲清"新型政商关系

政府推动民营企业发展，培育年轻一代民营企业家的企业家精神要落实到为企业服务中去。政府在构建新型政商关系时，必须将年轻一代民营企业家的需求放在首位，在服务和平台上给予新一代民营企业家最大的支持，多听取年轻民营企业家的呼声，更好地解决民营企业发展中遇到的问题。在解决企业发展问题的同时牢记法律法规，坚守底线，站好自身位置，做好企业发展的引导者。尊重企业的市场主体地位、自主经营权利，保护企业依法经营获得的一切合法财产和权益，并为企业提供其所需要的公平制度和公共基础设施服务。政府部门通过减少不必要的行政干预，激励年轻一代民营企业家将资源集中在真正有发展潜力的创新活动上，完善政商之间的沟通渠道，建立实现沟通的常态化机制，以坦荡真诚的态度同企业交流，构建"亲清"型政商关系，培育促进新时代背景下年轻一代民营企业家传承弘扬优秀企业家精神。

参考文献

[1] 习近平. 决胜全面建成小康社会　夺取新时代中国特色社会主义伟大胜利——在中国

共产党第十九次全国代表大会上的讲话［M］.北京：人民出版社，2017.

［2］I.塞曼.企业家精神：一种新常识［J］.马克思主义与现实，2016.

［3］刘志彪.建设现代化经济体系：新时代经济建设的总纲领［J］.山东大学学报（哲学社会科学版），2018.

［4］邓洁华.新时代中国企业家精神密钥——创新与社会责任［J］.中国商论，2018.

［5］李飞翔.移动互联网语境下工匠伦理精神的复兴、重塑与反思［J］.东北大学学报（社会科学版），2018.

［6］刘志彪，王建国.工业化与创新驱动：工匠精神与企业家精神的指向［J］.新疆大学学报，2018.

［7］陆铭，王亦琳，潘慧，等.政府干预与企业家满意度——以广西柳州为例的实证研究［J］.管理世界，2008.

［8］黄海艳，张红彬.新时代企业家精神内涵及培育机制研究［J］.国家行政学院学报，2018.

［9］陶希东.打造新时代企业家精神［J］.现代国企研究，2017.

［10］魏国力，邢畅.非公有制经济人士企业家精神的培育［J］.沈阳师范大学学报（社会科学版），2018.

［11］时鹏程，许磊.论企业家精神的三个层次及其启示［J］.外国经济与管理，2006.

［12］靳卫东，高波，吴向鹏.企业家精神：含义、度量和经济绩效的评述［J］.中南财经政法大学学报，2008.

［13］刘辉.熊彼特、韦伯理论与企业家精神——兼论经济伦理对发展的作用［J］.市场经济导报，1997.

［14］张维迎，盛斌.企业家：经济增长的国王［M］.上海：人民出版社，2014.

［15］黄文锋.企业家精神：商业与社会变革的核能［M］.北京：中国人民大学出版社，2018.

［16］弗兰克·H.奈特.风险：不确定性和利润［M］.北京：中国人民大学出版社，2005.

民营企业家精神培育路径研究[①]
——基于丰台区民营企业的调查

北京市丰台区社会主义学院课题组[②]

党的十九大报告指出：激发和保护企业家精神，鼓励更多社会主体投身创新创业。2017年，中共中央、国务院首次以专门文件的形式印发《关于营造企业家健康成长环境弘扬优秀企业家精神更好发挥企业家作用的意见》，充分体现了党和国家对企业家群体、企业家精神、企业家作用的高度重视。在中国经济发展进入新常态的大背景下，中国发展需要建设一支高素质的民营企业家队伍，更需要大力弘扬优秀企业家精神，鼓励、支持、引导非公有制经济健康发展。为挖掘和培养民营企业家精神，课题组以丰台区民营企业为例，通过网络问卷、交流座谈、个别访谈、实地考察等形式，对民营企业家进行了认真调查，发放并收回有效问卷121份，重点分析了民营企业家精神成长的因素、特质和内涵，积极探索适合丰台区培育和弘扬企业家精神的工作机制和方式方法。

一、丰台区民营企业家精神的现状与分析

2014年，习近平同志正式提到企业家精神："我们全面深化改革，就要激发市场蕴藏的活力。市场活力来自人，特别是来自企业家，来自企业家精神。"随着

---

① 本文为北京社会主义学院（北京统战理论研究基地）2018年招标课题，立项编号：BJSY18208。

② 课题负责人：张桂华（北京市丰台区社会主义学院副教授）。课题组成员：徐文彩（北京市丰台区社会主义学院副教授），赵阿莉（北京市丰台区社会主义学院科研处副主任），马伟忠（北京市丰台区工商联秘书长）。

经济现代化的发展，民营企业家已经成为中国经济的重要力量，中国的改革开放，需要进一步激发市场蕴藏的活力，建立一支企业家队伍，培养和保护企业家精神。

（一）培育民营企业家精神的内在因素分析

企业和市场的发展都依赖于创新实干的企业家精神，企业家精神在推动经济发展中发挥了重要作用。民营企业中，企业家是决定民营企业成长的关键要素，培育丰台区民营企业家精神既有外部因素的作用，也有内在因素的影响。

1. 爱岗敬业、尽职尽责

调查问卷显示：创业年龄在18—30岁的占29.75%，31—45岁的占60.33%，46—60岁的占9.92%。说明随着民营经济的发展，以70后、80后中青年为主的企业家，成长在改革开放时期，亲身经历了中国经济发展的时代变化，政治觉悟敏锐，工作事业心强，思维活跃，充满创新热情和冒险精神，已接替老一辈企业家的重任，成为新时代民营经济的中坚力量。北京市新发地农产品批发市场总经理张月琳是80后，大学毕业后，辞去高薪工作，投身到中国农产品物流发展事业中。在13年的任职期间，由于业绩突出，从一名普通的市场基层员工，晋升为业务经理、副总经理、常务副总经理、总经理，其间公司的业务量从2005年的110亿元上升到2011年的400亿元，净增290亿元。张月琳是改革开放后成长起来的新生代民营企业家，具有强烈的社会责任感，政治觉悟高、工作事业心强，靠毅力和能力做出成绩，先后被评为"奥运会突出贡献者"和"全国物流行业劳动模范"等荣誉称号。

2. 追求卓越、开拓进取

此次调查中具有本科及硕士研究生以上学历的民营企业家占70.24%，中共党员占29.75%，人大代表和政协委员占12.41%，说明新时代民营企业家具有较高的文化水平，甚至有着海外留学经历，具有较强的自主学习能力和接受新鲜事物的能力。对企业的长远发展有着充分的认识，能够针对企业自身长远发展准确定位，是民营企业创新发展、走向世界经济舞台的领军人物。戎威远保安公司董事长吕剑，作为一名转业军人，他提出了"军人品质，行业典范"的管理理念，多年来在企业发展中一直致力于树立行业的标杆形象，追求卓越服务品质，不断提出行业的新标准并严格实施，提高安保服务人员的职业技能和素养。吕剑作为新时代的"中国企业优秀军旅企业家"和"和谐中国十大杰出贡献人物",始终坚持坚韧不拔、不服输的精神,积极向上、追求卓越、开拓进取,努力实现个人的价值与成就。

3. 敢于担当,回馈社会

调查显示:您是否加入了光彩会,25.62%加入,13.22%未加入;您是否愿意参与光彩事业、精准扶贫、社会公益事业和应急救灾工作,愿意占58.68%,不愿意仅占2.48%。北京首资新能源科技有限公司经理朱玉华,1997年,带着3000元积蓄来北京打工,历经磨炼组建起自己的化工厂。成功以后的朱玉华热心公益事业,为豫籍进京务工人员开办了职工夜校,在驻京办成立了法务部,聘请保险、劳务、房地产等领域的权威律师20余人做志愿者,为在京务工青年帮扶维权200余起。朱玉华帮助周口600多名青年团员在北京开设新发地便民配送菜点,为来京务工青年开辟了就业岗位。企业家要随着企业的发展,注重提高层次和境界,注重加强个人素质,履行责任,承担社会责任和服务社会,先富带动后富,创造经济价值和社会价值。

4. 诚实守信,求真务实

调查显示:您所在企业所处的阶段,处于创业阶段的占18.18%,处于成长阶段的占49.59%,处于成熟阶段的占23.14%,处于转型阶段的占9.09%。民营企业在发展的不同阶段,企业家的关注点不同。在创业阶段需要艰苦奋斗精神和坚韧不拔的毅力,要把握机遇,开拓市场;在企业的成长和成熟阶段,企业家更加注重诚信守法经营,开拓创新,注重提升自身的学习能力和执行能力,培养战略眼光,引导民营企业不断发展壮大。12年前,为解决下岗女工再就业问题,身为共产党员的张桂琴带领几名纺织下岗姐妹,走上大棚种植芽菜的经营之路,创办了北京绿山谷芽菜有限责任公司。经过12年的艰苦创业,公司取得了长足的发展,始终以"信誉"为重,在企业经营中持守正道、诚信守法经营的同时,主动承担社会责任,在丰台区残联的引导下,组织和带动当地残疾人就业,协助农村贫困残疾人改善生活,用实际行动回报社会。

(二)培养民营企业家精神的外部因素分析

中国有许多优秀的民营企业家,中国独特的政治建设、社会文化、制度环境等,是影响民营企业家精神形成的外部因素。

1. 党建引领是企业家成长的主导

加强非公党建,促进非公有制经济健康发展和非公有制经济人士健康成长,提高民营企业家政治意识和政治修养,坚定政治信念,增强政治认同感,坚持正确的政治方向,引导非公有制经济人士弘扬企业家精神,提高政治觉悟和政治把握能力。戎威远党委成立于2013年5月,下设39个党支部,拥有党员420余名。戎威远始终坚持加强企业党建工作,在思想观念上不断创新党建工作思路,改进党建工作方式,提高企业党建水平,党建工作取得了显著成效。党员的党性意识不断提高,党员的政治理论素养不断加强,被授予"基层党建工作站"荣誉称号。事实证明,坚持党建引领不动摇是企业发展的根本动力,坚持创新是企业党建工作科学开展的坚强保证,由此,企业才能重新散发出生机和活力。

2. 企业文化是企业家成长的基石

调查显示民营企业家精神的形成人文环境因素影响占65.29%,历史传统因素影响占54.55%。中国有着悠久的历史和博大精深的文化,民营企业家应从中汲取先进文化,结合新时代、新思想、新理念,打造企业文化,用企业文化正己修身、诚信经营、承担责任、服务社会,把企业文化变成企业的自觉、自信、自强,变成自身发展的动力,逐步树立起民营企业家昂扬向上的精神风貌。诚天志公司创办者朱克明崇尚文化兴业,在上学时,就对中国历史文化有着浓厚的兴趣,在艰苦奋斗的同时,努力研究中外企业文化对事业发展的作用,从而确定了自己创办企业的文化取向,撰写了55000多字的企业文化手册,对员工进行持续不断的培训,将精神和文化逐渐融入企业中,影响着员工的行为和价值观。公司通过着力打造具有企业自身特色的文化品牌,让企业文化建设成为企业发展的推动力量。

3. 组织培养是企业家成长的助力

非公有制经济在发展过程中,一直得到党和政府以及社会各方面的支持和帮助,各级党委、政府对民营企业要多加关注与沟通交流,通过"党、工、青、妇"架起与党政机关紧密沟通的桥梁,让党的方针政策理论和先进文化更快、更好地深入企业,促进政策落地,同时企业发展各种困难诉求也能得到及时反映。丰台区工商联首创京城工商联会员之家,创新组织载体,不断加强两支队伍建设、加强基层商会建设、加强行业委员会建设，为中小企业服务搭建四个平台，即政企沟通平台、法律服务平台、金融服务平台、人才服务平台。大力宣传守法诚信的先进典型事例，积极倡导诚信经营理念，引导企业讲信誉、树形象，引导非公有制经济人士尊法、守法、用法，运用法制思维和法治方式开展生产经营。成立丰台区工商联"光彩会"，引导非公企业参与精准扶贫、社会公益事业和慈善救助工作，积极履行社会责任。丰台区工商联充分发挥政府管理非公有制经济的助手作用，为民营企业发展保驾护航。

4. 良好环境是企业家成长的根基

培养民营企业家精神，既有企业家自身的努力奋斗和勇于追求，也有赖于建立良好的环境来激发和保护企业家精神。丰台区马家堡街道区域内分布着以时代风帆大厦楼宇为核心的五座大型商务楼宇，入驻非公企业618家。街道工委创新机制，实现了资源的有效整合和集约化利用，实现社会服务一体化，推进政府公共服务延伸到楼宇，建立了公安、交通、工商、税务、司法政府公共服务管理站和网上公共服务平台，专门设置了"企业之窗""办事大厅"等网络服务窗口，开设了QQ及时通信、QQ视频在线服务窗、电子邮件咨询邮箱、预约现场服务等多个咨询通道，打造辖区商务楼宇"一刻钟便捷公共服务圈"。建立公共行政网络综合服务平台，在网上开展工商、交通、税务、法律等活动，实现在线咨询、表单下载、过程跟踪等服务。街道工委通过一系列工作机制，切实从环境制度和政策措施等方面，为民营企业提供成长空间和支持，让民营企业家有施展才华的舞台，有脱颖而出和成就事业的通道。

（三）民营企业家精神的时代特质和内涵

企业家精神是优秀企业家群体所共有的一种特有品质，即"爱国敬业、遵纪守法、艰苦奋斗；创新发展、专注品质、追求卓越；履行责任、敢于担当、服务社会"。建功立业新时代需要优秀的民营企业家创新创业，更加需要弘扬民营企业家精神，发挥民营企业家的积极作用，让中国的民营企业走向世界。

1. "爱国敬业、遵纪守法、艰苦奋斗"是民营企业家精神的"神"

调查问卷显示：认为企业家要具有爱国精神的占91.74%，具有诚信精神的占90.08%，具有敬业精神的占76.03%，具有艰苦奋斗精神的占56.2%。爱国是民营企业家的基本道德规范，新时代的民营企业家，要以振兴中华为己任，增强"企业兴则国家兴、民族兴"的强烈企业责任感、国家使命感和民族自豪感，自觉报效祖国，将个人奋斗融入中华民族伟大复兴的中国梦中。民营企业家要有敢于尝试、敢于实践、不怕失败的勇气，要坚定信念，始终保持艰苦奋斗、开拓进取、一往无前的精神面貌，坚持爱岗敬业、诚实守信、遵纪守法的职业操守，铸造民营企业家精神的"神"。视觉锋尚文化产业公司总经理虞承波，17岁怀揣百元闯京城，开启了艰苦的创业之路。2014年2月26日，习近平总书记视察北京并发表重要讲话，虞承波学习讲话后认为，自己生产广告牌的工厂与首都功能定位不符，毅然决然放弃了成熟的广告牌业务，忍痛关停工厂，艰难转型文化创意产业，融入北京发展，融入新时代发展。

2. "创新发展、专注品质、追求卓越"是民营企业家精神的"魂"

调查问卷显示：认为优秀民营企业家需具有强烈创新精神的占75.21%，需具有强烈市场开拓意识的占73.55%，需具有全球战略眼光的占66.12%，需具有卓越才能的占47.11%。民营企业的灵魂人物是企业家，只有具有创新思维的企业家，才能树立创新意识，追求创新发展，持续推进产品创新、技术创新、商业模式创新、管理创新、制度创新，专注品质发展，追求服务的提高和完善，打造一流产品，发展一流企业，建设活力无限的民营企业，铸造民营企业家精神的"魂"。张磊2015年初成立贝壳菁汇（北京）生态创新科技有限公司，以"成就梦想，创变世界"为使命，以孵化器为核心，以"科技＋文化"两大产业为发展定位，致力于打造全国最大的中小企业运营服务商，以定制孵化模式和产业孵化运营为着力点，建设以"创业孵化、加速器、3U创新社区、知识产权、企业服务"为一体的生态创新体系，成为丰台区"大众创业、万众创新"的标杆企业孵化器，为社会经济的发展尽力尽责，带领企业不断发展。

3. "履行责任、敢于担当、服务社会"是民营企业家精神的"根"

调查问卷显示：认为优秀民营企业家须勇于担当社会责任的占79.34%。作为一名优秀的民营企业家，要严格遵守商业伦理道德，通过诚信经营、合法纳税，为社会提供财富，为国家做出贡献。民营企业家要有家国情怀，不断增强责任意识，主动履行政治责任、经济责任、社会责任，服务社会，促进乐善好施、乐于助人的社会文明风尚的形成，铸造民营企业家精神的"根"。依文服饰股份有限公司董事长夏华女士,自2004年开始,荣任阿拉善生态协会理事会员,连续十年出资治理阿拉善区域沙漠化。汶川地震、雅安地震,积极号召企业家和知名人士一起帮助同胞重建家园,并带头向灾区捐款捐物。捐赠数百万元用于孤贫先天性心脏病患儿的手术治疗项目,与中国民间公益机构无障碍艺途合作推出一系列公益活动,并将活动收益的一定比例用于资助脑部残障人士的免费艺术潜能开发课程。2017年9月,依文获得由全国工商联、国务院扶贫办等部门联合颁发的全国"万企帮万村"精准扶贫行动先进民营企业荣誉称号。

二、丰台区民营企业家精神培育存在的主要问题

调研中,我们坚持以问题为导向,直面丰台区民营企业家精神培育存在的问题,通过深入调研、归纳梳理,集中反映的突出问题如下。

(一)培育民营企业家精神的环境氛围尚不浓厚

1. 市场环境有待完善

此次调查问卷显示:在"您认为新时代民营企业家成长中遇到的主要问题"调查中,回答"市场环境有待完善"的占到73.55%,高居第一位。访谈中,有的民营企业家认为各个层面存在不同程度的"所有制歧视"和进入壁垒问题,民营企业家很难进入某些垄断行业,直接影响了市场的公平竞争。

2. 法制环境不够健全

此次调查问卷显示:在"您认为新时代民营企业家成长中遇到的主要问题"调查中,回答"法制环境不够健全"的占到63.64%,居第三位。访谈中,创新类企业家对知识产权和产权保护缺乏应有的信心,这直接影响了民营企业的创新,也说明知识产权保护等法制环境还不够健全。

3. 社会氛围有待提升

此次调查问卷显示:在"您认为新时代民营企业家成长中遇到的主要问题"调查中,回答"社会氛围"的占到37.19%。我们在2017年丰台区工商联促进中小企业发展问卷调查中,在"您认为影响本企业经营与发展的主要环境因素是什么"的调查中,70%的企业认为是社会环境,居第一位。两次调查结果均反映出

促进民营企业家成长的社会氛围有待提升,现在尚缺乏一种激励企业家干事创业的社会氛围,影响了民营企业家创业的决心和投资的信心。

(二)培育民营企业家精神的体制机制尚不健全

1. 营商环境体制机制有待改善

营商环境问题很大程度上是政治生态问题。目前新型"亲""清"政商关系尚未完全建立,政府服务的针对性、精准性还需提高,服务的能力、质量和效率还需提升。访谈中,民营企业家认为,"融资难""融资贵"仍然是非公企业经营发展的瓶颈。北京新发地农产品批发市场在建立北京新发地农产品电子交易中心的过程中,就遇到了"融资难""融资贵"的问题,一定程度上影响了企业的快速发展。

2. 政策落实体制机制有待加强

此次调查问卷显示:在"您认为新时代民营企业家成长中遇到的主要问题"调查中,回答"政治生态环境有待改善"的占比达58.68%。我们在2017年丰台区工商联促进中小企业发展问卷调查中,在调查"贵企业是否了解国家、市、区的优惠政策,以及丰台区的企业贷款贴息政策"时,只有19%的企业非常了解,42%的企业一般了解,39%的企业不了解。这说明我们需要进一步加强政策信息宣传,以便让政策得到有效落实,让更多的企业享受政策优惠。

3. 缺乏对企业家先行先试和企业创新中的错误和失败的容错机制

企业家作为创新者,在先行先试和企业创新中出现某些失错和失败是难免的。访谈中,民营企业家谈到,由于社会的包容度不够和容错机制不健全等原因,致使一些民营企业在推进企业改革创新上迈不开步子,影响了企业的发展和创新。

(三)培育民营企业家精神的自身造血功能尚不完备

1. 民营企业家在面临"转型火山"时自身创新意识不够

此次调查问卷显示:在"您认为新时代民营企业家成长中遇到的主要问题"调查中,回答"部分民营企业家自身创新意识不够"的占比达71.9%,居第二位。访谈中,民营企业家谈到,由于自身惰性和社会因素等原因,有些民营企业家存在坐享其成、创新意识不强的问题，一定程度上影响了一些民营企业的发展。

2. 民营企业文化亟待提升

从调查访谈来看，民营中小企业生存周期短、竞争力不强，其中一个重要原因是有些民营企业对文化建设不够重视，不少民营企业在企业文化建设方面还处在初始阶段，在文化建设方面仍然存在很多问题，远远不能适应时代的要求，直接影响企业的长远发展和竞争力。

3. 民营企业家自身能力素质尚待提高

调研发现，不同时代背景下成长起来的民营企业家自身特点、意识观念和能力素质是不同的，改革开放后成长起来的新生代民营企业家已经成为民营企业家主体，他们善于学习、敢于创新，还创造了很好的业绩。但是，在理想信念、社会参与、承担社会责任、吃苦耐劳等方面，新生代民营企业家与老一代民营企业家还有一定的差距。

三、培育民营企业家精神的思考与建议

根据民营企业家精神培育的特点和规律，针对培育民营企业家精神方面存在的问题，积极探索研究培育民营企业家精神的路径，以便更好地发挥民营企业家的作用，激发市场蕴藏的活力，促进经济更好更快发展。

（一）加强党对民营企业家成长的引领培养

新时代呼唤企业家精神，而培育民营企业家精神更需要加强顶层设计，需要加强党对民营企业家成长的引领培养。

1. 加强党建引领，促进民营企业家和民营企业的健康发展

习近平总书记指出，"非公有制企业是发展社会主义市场经济的重要力量。非公有制企业的数量和作用决定了非公有制企业党建工作在整个党建工作中越来越重要，必须以更大的工作力度扎扎实实抓好"。要推动民营企业发展，必须加大力度抓好非公企业党建工作，坚持以党建为引领促进非公企业健康发展，加强政治引领、先进文化引领和宗旨引领，保证非公企业发展的正确方向。

首先,加强政治引领。在民营企业落实党的全面领导,关键在于加强党组织的政治引领,一是各级党组织要加强对民营企业出资人特别是年轻一代的教育引导,引导民营企业出资人和员工听党的话、跟着党走,在党的领导下为国家经济发展做出更大贡献。二是发挥优秀民营企业家的示范带动作用。党内表彰要统筹考虑有突出贡献的党员出资人,引导党员民营企业家发挥先锋模范作用。通过政治引领,让党组织的战斗堡垒和党员先锋模范作用在民营企业得到充分发挥,促进企业健康发展。

其次,加强先进文化引领。民营企业要健康发展,应该把党艰苦奋斗、不怕困难、积极进取、勇于创新、实事求是等先进文化融入企业发展中去,并结合企业自身特点总结提炼出自己的企业文化,影响和带动企业员工,增强企业的凝聚力和向心力,将党建文化与企业文化有机融合,形成健康向上的文化氛围,这样的企业更能在激烈的市场竞争中有冲劲、有创造力,从而立于不败之地。

最后,加强宗旨引领。民营企业党组织要牢记党的宗旨,坚持把党的宗旨融入企业社会责任中,引导和监督企业自觉履行社会责任,做好维护职工合法权益的主心骨、提供优质产品服务的把关者和投身公益慈善事业的先行者。非公企业党组织特别要积极配合民营企业,踊跃投身公益慈善事业,服务脱贫攻坚、乡村振兴、民生改善等中心大局,以实际行动践行党的宗旨、履行社会责任、展示良好社会形象,赢得广大人民群众的信赖。

2. 加强组织培养,为民营企业家的成长保驾护航

非公有制经济作为我国国民经济的重要组成部分,一直得到党和政府以及社会各方面的大力支持和帮助。工商联作为党委、政府联系非公经济人士、政府管理和服务非公有制经济的助手,要充分发挥好其政治引导和桥梁纽带作用,不断培育壮大民营企业家队伍,提升其积极正面的社会影响力,使民营企业家成为"双创"大业的领行者、扶贫攻坚的参与者、依法治国的实践者和勇于担当的中国特色社会主义事业建设者。

3. 遵循企业家成长规律,培养优秀民营企业家队伍

遵循企业家成长规律,加强党对企业家队伍建设的统筹规划引领,将培养民营企业家队伍与实施国家或地方重大战略同步谋划、同步推进,鼓励支持更多具有创新创业能力的人才脱颖而出,在实践中培养一批具有全球战略眼光、市场开

拓精神、管理创新能力和社会责任感的优秀企业家。

（二）积极营造有利于培育民营企业家精神的制度环境

针对调查中发现的问题，本课题认为培育民营企业家精神，需要政府进一步完善制度环境，强化法制建设，营造公平竞争的市场环境，建立诚信经营的竞争氛围，营造尊重企业家的社会氛围，鼓励创新，鼓励试错，激发民营企业家的积极性和主动性。

1. 积极营造有利于民营企业家干事创业的法治环境

调查问卷显示：在"您认为要培育民营企业家精神，需要的外部环境"调查中，回答"营造良好的法治环境"的占比达90.08%，居第一位。诚如商业精神的发展离不开经济大环境，民营企业家精神的繁荣也不可能凭空而来，只有进一步依法营造有利于民营企业家干事创业的法治环境，创造尊重企业家、鼓励企业家的社会氛围与机制，才能调动企业家的积极性、主动性与创造性，民营企业家精神才能在市场经济下应运而生、成长繁荣。要营造依法保护企业家合法权益的法治环境，应当切实保护企业家财产权、创新权和自主经营权，使企业家安心服务于祖国的经济建设。

2. 积极营造企业家公平竞争、诚信经营的市场环境

调查问卷显示：在"您认为民营企业家精神的形成主要受以下哪些因素的影响"调查中，回答"市场环境"的占比达85.95%，居第一位；在"您认为要培育民营企业家精神，需要的外部环境"调查中，回答"营造健康的市场环境"的占比达79.34%，居第二位。要积极营造有序竞争的市场环境，首先要实行公平竞争，形成各种经济形式和各类企业公平竞争的市场环境；其次要强化社会诚信建设，有效推动诚信体系建设，增强全社会的诚信意识，规范市场竞争秩序，打造良好的市场经营环境；最后要正确处理好市场与政府的关系，市场与政府要有清晰的界限，但政府并不是无所作为，而是要在法律规定的范围内积极作为，加快政府职能转变，形成"亲""清"新型政商关系，让企业家增强信心。

3. 积极营造尊重和激励企业家干事创业的社会氛围

激发和保护企业家精神，离不开良好的社会环境。党的十八大以来，以习近平同志为核心的党中央多次重申"两个毫不动摇"方针，要求支持民营企业发

展，强调激发和保护企业家精神，提出构建"亲""清"新型政商关系，促进非公有制经济健康发展和非公有制经济人士健康成长。调查问卷显示：在"您认为民营企业家精神的形成主要受以下哪些因素的影响"调查中，回答"社会氛围"的占比达70.25%。要为企业家成长创造良好的社会氛围，首先要重新审视民营企业家的重要地位，注意倾听民营企业家的呼声，通过舆论手段对民营企业家进行鼓励和宣传，对企业家的创新精神、担当精神等给予充分肯定；其次要积极营造尊重企业家价值、鼓励企业家创新、发挥民营企业家作用的舆论氛围，切实从法律法规和政策措施等多方面，为民营企业家提供成长空间和支持；最后要营造包容民营企业家失败的社会氛围，健全容错机制和帮扶机制，通过营造鼓励企业家创新和包容失败的政策环境和社会氛围，体现对民营企业家的呵护和支持。

（三）加强对民营企业家的激励引导，提高民营企业家素质

习近平总书记在2018年11月1日与民营企业家座谈时强调指出：非公有制经济要健康发展，前提是非公有制经济人士要健康成长。希望广大民营经济人士加强自我学习、自我教育、自我提升。

1. 加强对民营企业家的正向激励机制

调查问卷显示：在"您认为要培育民营企业家精神，需要的外部环境"调查中，认为应该"加强民营企业家正向激励机制"的，占比达74.38%。习近平指出：企业家是经济活动的重要主体，要深度挖掘优秀企业家精神特质和典型案例，弘扬企业家精神，发挥企业家示范作用，打造优秀企业家队伍。此次发布的"改革开放40年百名杰出民营企业家"名单，不仅是从一个侧面展现我国民营经济发展取得的巨大成就，也是为了弘扬优秀企业家精神，更好地激励广大非公有制经济人士"不忘创业初心，接力改革伟业"。这就要求政府宣传部门加强对企业家的正面宣传，对优秀企业家给予适当的社会荣誉激励，对企业家创新创业的勇气与精神给予鼓励和肯定，促使企业家对创新创业有信心、有决心、有担当，帮助企业家树立应有的创业自信。

2. 加强对民营企业家的保护和引导

民营企业家精神的培育，离不开对民营企业家及其团队的保护，要从保护民营企业家就是保护市场活力、保护生产力这样一个高度去认识。政府有责任保护

企业家，也有责任对企业家进行引导和提醒，督促企业家进行自我完善和提升，对有成绩、有贡献、有影响的企业家，要引导他们谦虚谨慎、戒骄戒躁，注重提高层次和境界，注重加强个人素质，有更高的责任担当和追求。引导企业家遵循市场规则和创新规律，有足够的信心和能力去成就所执着的事业和梦想。

3. 要大力提高民营企业家素质

各级党委、政府要进一步探索研究民营企业家成长规律，完善综合评价体系，形成民营企业家选拔、考核、培养、推荐的工作机制，加强分层次教育培训和指导，促进民营企业家综合素质的提高。提高民营企业家代表人士的政治地位，提供更多参政议政的机会，让民营企业家代表人士在政治上有地位、在社会上有影响、在荣誉上有体现，培养和造就一支高素质的优秀民营企业家队伍。

参考文献

[1] 中共中央、国务院关于营造企业家健康成长环境弘扬优秀企业家精神更好发挥企业家作用的意见 [EB/OL]. http://www.gov.cn/zhengce/2017-09/25/content_5227473.htm.

[2] 习近平: 在民营企业座谈会上的讲话 [EB/OL]. 中国新闻网, https://www.chinanews.com/gn/2018/11-01/8665993.shtml.

[3] 李义平. 培育企业家精神 造就优秀企业家 [J]. 西部人力资源论坛, 2017-10-16.

[4] 常修泽. 激发和保护企业家精神 [N]. 人民日报, 2017-07-03.

[5] 厉以宁. 中国发展需要弘扬优秀企业家精神 [N]. 人民日报, 2017-09-26.

大兴区自由职业人员统战工作研究[1]

北京市大兴区社会主义学院课题组[2]

做好自由职业人员统战工作的重要性日益凸显。本次调研旨在摸清自由职业人员数量规模、内部构成、行为特征和发展趋势，了解其思想状况，梳理总结工作中存在的问题，根据调研情况提出建议，为下一步有针对性地开展自由职业人员统战工作提供建议。

一、自由职业人员统战工作基础研究

首先厘清自由职业人员的概念、范围、身份界定、群体特征和开展自由职业人员统战工作的意义，为进一步深入调查研究奠定基础。

（一）自由职业人员统战概念研究

1. 自由职业人员的统战概念

2001年，江泽民在庆祝中国共产党成立80周年大会上的讲话指出，自由职业人员作为新的社会阶层的重要组成部分，是中国特色社会主义事业的建设者。2002年（十六大报告辅导读本）中指出，自由职业者（人员）可定义为不与用人单位建立正式劳动关系，有别于个体、私营经济企业主，具有一定经济实力和专业知识技能，并为社会提供合法的服务性劳动，从而获取劳动报酬的劳动

---

[1] 本文为北京社会主义学院（北京统战理论研究基地）2018年招标课题，立项编号：BJSY18209。
[2] 课题负责人：李玲（北京市大兴区社会主义学院教授、博士）。课题组成员：杨静（北京市大兴区政协研究室副主任），盖芳（北京市门头沟区社会主义学院讲师），张晓光（北京市西城区社会主义学院副教授）。

者。2005年中央统战部《关于规范使用统一战线工作中若干重要称谓的意见（试行）》中指出："自由职业者（人员），是社会学研究中经常使用的称谓。在新民主主义革命时期党的文件和领导人著作中多次对这一社会阶层做过深入分析，当时的自由职业者大致包括医生、律师、教授、记者、作家、书画家、演员等。新中国成立后，随着社会主义制度的确立绝大多数自由职业者（人员）被吸收入国有或集体企事业单位，作为一个社会阶层或群体基本不复存在。改革开放以来自由职业者（人员）作为一个新的社会阶层再次形成，人数迅速增多。自由职业者（AN）主要包括自由文化人、自由撰稿人、个体医生、各类经纪人等独立从事专业技术工作的知识分子。"

2015年《统战新语》发文指出自由职业人员为"不供职于任何经济组织、事业单位或政府部门，在国家法律、法规、政策允许的范围内，凭借自己的知识、技能与专长，为社会提供某种服务并获取报酬者"。

2. 研究中存在的难点

课题组在"知网"以"自由职业者（人员）"为篇名，搜索自2000年以来的论文共1748篇，其中来自报纸新闻报道823篇；在"读秀"以"自由职业者（人员）"为标题，搜索自2000年以来的图书仅7部。对上述资料整理研究发现存在一些难题。

一是缺少统一标准的定义。自由职业人员作为新的社会阶层的重要组成部分，出现时间较短，学术界和政府相关部门对这一人群的研究工作开展较少，其概念定义没有形成统一的标准论述。

二是缺少深入的学术分析。针对自由职业人员的文章新闻报道性偏多，学理研究性偏少，新闻报道者忠于个案描述，添加了一些文学性的色彩，缺乏深入的学术研究分析。

三是缺少可行性理论成果。尽管有一些针对自由职业人员的社会学、政治学等方面的理论成就，但是这些成果对自由职业人员的调研分析相对肤浅，从统战工作角度提出可行性的对策建议很少。

（二）本课题自由职业人员研究的范围和界定

目前，对自由职业人员这一群体的范围各界认识不同，没有达成一致，对于这一人群的身份界定也缺少强有力的理论支撑。要研究自由职业人员，必须对研究对象范围进行明确界定。根据近年来学术界和政府部门的研究探讨，从开展统战工作的角度来看，应该从以下几个方面对此进行明晰。

1. "自由职业人员"与"自由择业知识分子"的概念辨析

"自由择业知识分子"是20世纪90年代出现的一个统战称谓。2000年，《中共中央关于加强统一战线工作的决定》明确规定"将自由择业的党外知识分子纳入统战工作范围"。2006年《关于巩固和壮大新世纪新阶段统一战线的意见》中进一步明确"新的社会阶层，主要由非公有制经济人士和自由择业知识分子组成，集中分布在新经济组织、新社会组织中"，使"自由择业知识分子"的称谓得以正式确认。自由择业知识分子主要包括民营科技企业的技术人员、受聘于外资企业的管理技术人员、社会中介组织从业人员、自由职业人员等新的消费阶层中的知识分子。由此可见，自由择业知识分子的界定范围包含着自由职业人员，自由职业人员是一部分，这两个称谓不能混用或相互替代。

2. 自由职业人员与其他人员的区别

自由职业人员是具有专业知识技能，在合法范围内提供服务取得劳动报酬的人，他们主要是脑力劳动者，从事创造性工作。那些一无所长的待业人员，以及靠出卖体力获得临时工作维持生存的人，不能称为自由职业人员。

3. 统战工作中要把握的要素

自由职业人员作为统战对象，须具备以下条件：一是中国公民；二是不供职于任何经济组织、事业单位或政府部门；三是区别于个体、私营经济企业主，具有一定经济实力和专业知识技能；四是在国家法律、法规，政策允许的范围内，提供服务获得报酬。

4. 代表群体的职业类型

随着自由职业人员规模迅速扩大，职业范围涉及各行各业，统战工作中自由职业人员重点人群主要包括自由撰稿人、自由画家、演员、模特等自由文化工作者；自由经纪人等自由商业贸易类工作者；专业家庭教师等个人服务类工作者；自由科技人员等自由高科技工作者；等等。他们是在意识形态领域有重要影响的代表群体。

（三）自由职业人员群体特征分析

自由职业人员与其他社会阶层人士有着不同的群体特征，主要表现在以下几个方面。

1. 自主性

自由职业人员不属于任何单位或企业，以其个人特有的知识与技能作为谋生的基本手段，以独立劳动的方式获得合法收入，自行计划和管理自己的工作和生活。他们不受任何组织或机构的束缚、工作和生活基本处于自由状态，具有较高的工作自由度和灵活的生存发展空间；他们通常无固定工作单位、无固定工作内容，根据自己的喜好和技能自由地寻找服务对象，并根据服务对象的要求自由地安排工作时间和工作地点；他们有"工作时间""工作环境""工作内容"的自由选择支配权。

2. 专业化

经济的发展使得社会分工越来越明晰，也越来越专业，有些对特殊技能要求比较高的职业更加适合以个人的身份来完成。自由职业以其相对活跃自由的工作空间，为这些工作的从业人员提供了更多的个人选择，以及更多个性表达、兴趣发挥的宽松环境和创意范围，使他们能够拥有持续鲜活的创造力。自由职业人员作为就业形势多元化的最大实践者，特长是"船小好掉头"，可以根据特定的需求及时调整自身工作方式方法，提供符合条件的专业化服务。

3. 独立性

由于不依附于某个单位或个人，自由职业人员不仅要具备能够独当一面的专业知识和技能，而且要具有较强的市场竞争力，拥有强烈的忧患意识，对社会动态和经济风向标非常敏感。自由职业人员在脱离单位约束的同时也脱离了组织给予的保障，独自承受着比非自由职业者更大的生活压力、情感压力和工作压力。

（四）开展自由职业人员统战工作的重要性

自由职业人员是新的社会阶层人士中十分独特的一个群体，人员众多，分布广泛，具有很强的独立性和自主性。这个群体数量日益增长，其社会影响力日渐增强，必须充分认识到开展自由职业人员统战工作的重要意义。

1. 有利于巩固和扩大党的群众基础

自由职业人员是伴随改革开放成长起来的新的社会阶层。他们游离于体制外，没有组织，也不依靠某个单位，不供职于任何经济组织、事业单位或政府部门，党和政府与他们联系沟通的有效渠道十分有限。而他们都是具备一定专业知识技能的知识分子，同时是在合法范围内提供服务取得劳动报酬的人，是中国特色社会主义的建设者。通过统一战线做好这一群体的联系服务和团结引导工作，对于凝聚人心、汇聚力量、巩固和扩大党的群众基础意义重大。

2. 有利于促进社会的和谐和稳定

自由职业人员是新兴的知识分子群体，既是改革开放的受益者，也是改革开放的拥护者，但他们大多思维活跃、个性鲜明，对我国社会转型时期出现的各种现象有着独特的看法。他们从事的职业领域也大多与意识形态相关，他们的作品或产品往往有很强的传播能力和社会影响力，而网络时代的到来，使他们的作品及思想意识通过互联网得到更广泛的传播。同时，随着经济社会的发展，自由职业人员的群体规模不断增加，还出现一些自由职业人员聚集的区域。因此，通过统战工作将党的工作延伸其中，做好他们的教育引导工作，对促进社会和谐稳定意义重大。

3. 有利于自由职业人员的健康成长

自由职业人员摒弃了过去对工资、晋级、劳保、住房、户口等的传统的职业观念，改变了单纯"靠分配、等安排"的就业模式，主动走向竞争激烈的市场。他们依靠知识储备和专业技能，使自身的社会地位、工作环境、经济待遇、生活条件得到了较大的改善。但他们在"单打独斗"的过程中也遇到了各种各样的困难和问题，需要支持和帮助，渴望社会认同。通过统战工作联系服务、技能帮扶，更能使他们获得认同感和归属感，对于这一新的社会阶层群体事业健康发展和自身健康成长意义重大。

二、自由职业人员现状研究

为了进一步掌握大兴区自由职业人员群体的现状，提供有效的统战对象信息，2018年8月，课题组对大兴区自由职业人员开展了问卷调查。本次问卷调查发放问卷2000份，收回有效问卷1800份。对收回的问卷进行统计后取得了相关数据，进行了系统分析。

（一）结构特征

1. 年龄结构以中青年为主

自由职业人员以45岁以下为主，说明自由职业人员中以中青年群体为主，年轻化的自由职业人员思维普遍较为活跃，易受各种思潮影响，需要统战工作来加强教育引导。

2. 学历普遍较高

专科及以下学历仅占总数的38.89%，61.11%的自由职业人员已拥有本科以上学历。自由职业人员的学历水平较高，都是具有专业能力的知识分子，是统战工作应当团结联系的对象。

3. 整体收入存在一定差距

自由职业人员中年收入10万元以下的占总体数量的55.56%，10万—20万元的占38.89%，20万—50万元的占5.56%，50万元以上的占比较少。针对经济状况不同其可能产生的利益诉求也不同，统战工作的开展应结合不同人员的具体情况采取不同的方式。

4. 京籍人数较多

本次参与调研的大兴区自由职业人员中北京户籍人口占比为66.67%，外地户籍人口占比为33.33%，以京籍人员为主。这为开展统战工作提供了很大的空间。

5. 非中共人员较多

自由职业人员中的共产党员占比为16.67%，非中共党员占比为72.22%。自由职业人员中以非中共党员为主，对这一群体开展统战工作，在其中培养党外代表人士，是统一战线事业的一个重要组成部分。

（二）思想状况

调研样本数据显示，自由职业人员中认为应该"实现个人价值和奉献社会"的占72.22%；有16.67%的人经常参加公益活动，大部分人认为应该享受生活，有一定的经济基础后对生活品质要求有所提高；有11.11%的人追求个人财富，以自我为中心，对自身的社会责任感有所忽视；大部分人追求社会地位，渴望获得尊重和他人认可。发挥个人价值和奉献社会是新的社会阶层的主流价值导向，统战工作的开展可以围绕新形势、新需求，联系、团结和服务于其中的优秀代表人士，更好地激发和引导他们为建设社会主义贡献力量。

（三）利益诉求

1. 政治诉求

一是参与渠道诉求。调查结果显示，选互联网的占33.33%、通过与家人和朋友聊天的占55%，选通过人大政协渠道的没有。1800位受访者中没有人大代表或政协委员，也没有人选择统战部门来反映其政治诉求。自由职业人员对于传统的参政议政、表达诉求的渠道与新兴的互联网渠道认同度持平，互联网线上联系平台的建设对统战部门和统战对象的沟通交流非常重要。

本次调查发现，在"是否有参政议政意愿，您认为参政议政的目的是，您对统战工作的态度是，您对参加统战部门组织的学习、培训活动的态度是"等问题的回答中，受访自由职业者中83.33%的人没有参政议政的意愿（或者不了解参政议政），5.56%的人有参政议政的意愿或参加过，5.56%的人没有考虑过参政议政。61.11%的人参政议政的目的是更好服务，38.88%的人是希望实现自身价值。在"您对统战态度是"问题中，72.22%的人认为很有必要，16.67%的人认为不好说，不关心的人占11.11%。"对统战部组织的学习培训态度"问题中有44.44%愿意参加，态度一般的人占38.89%，16.67%的人没有参加过，或者不了解。在反映问题渠道上，55.56%的人认为渠道基本畅通。说明统战部门对于自由职业人员的统战宣传、培训工作还有很大的潜力可挖。

2. 经济、社会诉求

自由职业人员经济诉求点主要集中在收入待遇方面，社会诉求点主要集中在社会保障、住房、医疗、教育、养老等方面（表1）。本次问卷调查显示，自由职业人员对自身的家庭、工作、学习、生活、社会地位比较满意。自由职业人员最迫切的需求是提高收入，房贷支出（38.88%）对生活质量水平影响较大。对于子女教育等问题，针对"北漂"族的自由职业者，如何提供一条有效的解决途径。这些利益诉求是否能够得到政策支持很大程度上关系到党和政府在自由职业人员中的影响力和号召力。能否借鉴企业纳税奖励政策，设定一个可量化标准，对本地区的政治、经济、文化等方面做出突出贡献的自由职业者，对其子女教育、就医、住房等问题，予以解决。

表1 经济社会诉求调查问卷结果

答案选项	回复情况
房贷支出	701
行业发展速度	377
父母赡养	51
自身健康	292
子女教育	378
诉求无法表达	0
其他	1

3. 发展的诉求

本次调查样本数据显示，自由职业者作为个体，处于相对弱势。特别是在文化艺术、设计服务等方面，自由职业者在知识产权保护方面，亟待获得有效的保护。可搭建一个旨在为自由职业者提供资源对接、知识产权保护及法律援助等内容的服务平台。借助相关主管部门，如文联以及社会公益组织，积极引导自由职业者参与社会活动，在活动过程中，有针对性地加强挖掘和引导，增强其政治归属感。统筹资源向自由职业人员提供必要的帮助和一定的支持，对统战工作开展是有利的。

三、自由职业人员统战工作问题研究

自由职业人员与以往的统战对象有着不同的特点，分散性、流动性、独立性等特点将会是统战工作面临的挑战，有效开展自由职业人员的统战工作，依然面临一些问题。

(一) 工作基础相对薄弱

1. 身份厘清困难，调研工作开展不足

统战部门对自由职业人员的身份界定没有统一标准，造成群体身份不好厘清。在调查自由职业人员基数时，由于统计口径的不同导致各部门统计存在误差，对这类人群的数量规模难以摸清。统战部门对自由职业人员的情况掌握还不充分，调研工作不够深入。

2. 重视程度不够，统战工作边缘化

自由职业人员在社会上没有形成身份认同感，社会舆论只关注其工作收益等经济层面，各级部门对他们作为新的社会阶层组成部分，属于社会主义市场经济发展的重要力量认识还不够充分。统战部门在以往的新的社会阶层人士工作中，针对自由职业人员的工作也相对薄弱。

(二) 工作机制需要健全

1. 服务保障不健全，沟通联系不够深入

自由职业人员在职称评定、技能培训、个人保障等问题上较难得到政府有关部门的有效支持。政府所属的再就业中心、人才中心等服务机构主要针对企事业单位和员工服务，很少有针对自由职业人员的特色服务。自由职业人员对政府的依赖性较小，统战部门和他们的联系渠道比较少，导致他们的集体归属感弱，在个人权益诉求表达和社会保障上属于弱势群体。自由职业人员对自身利益诉求比较集中于个人生活和社会保障方面，对于政治方面不太关注，对党的统战工作不太了解，对统战工作的认知度不高。

2. 统战工作缺少抓手，部门之间协作不紧密

自由职业人员分散独立、成分复杂、数量庞大，涉及的领域广、部门多，需要多部门联动并积极发挥作用。统战部门开展统战工作通常以各阶层代表人士和组织为重点，在街道、社区等基层单位委派专职干部做自由职业人员统战工作的可操作性不大。其他吸收了自由职业人员代表人士的协会、社团组织缺少党务工作者，也没有统战干部。实际上很多基层政府部门的工作中包含了一些统战工作内容，但统战部门与相关部门之间协作的深度不够。

（三）代表人士队伍建设需要加强

1. 代表人士数量较少，社团作用有待进一步发挥

自由职业人员之间联系松散，得到群体认可的代表人士较少，有社会影响力的自由职业人员代表进入了相应行业的社团、协会组织，但是这些社团、协会组织中的主流是有固定职业的专业人士，自由职业人员代表所占比例较低。社会上专门针对自由职业人员的社团、协会组织等社会影响力小，数量也少，而且还缺少严格的规章制度、完善的组织架构、稳定的运营资金等，对组织成员的约束力弱。

2. 代表人士培养有待加强，队伍建设有待完善

自由职业人员的特殊性，导致对其沟通联系渠道不通畅，对代表人士缺乏广泛的联系，缺少针对性的机制体制。特别是在发现、培养、使用各环节上和高层次的代表人士队伍建设上都有待进一步完善。而自由职业人员在各级人大代表、政协委员中所占比例低，也不利于这支代表人士队伍的建设。

四、关于自由职业人员统战工作建议

（一）多方开展调研

通过开展新的社会阶层统战工作调研，同时借助相关单位调研成果，了解自由职业人员有关情况。建议区团委、区文联可以开展相关群体现状、发展情况的调研，并形成相关研究报告。

（二）纳入统战组织

统战部门将自由职业人员作为新的社会阶层人士的重要组成部分，加强联系和培养，其中的代表人士被吸纳为大兴区新的社会阶层人士联谊会（研究院）理事会成员。区各民主党派也可以吸纳一批自由职业人员成为统一战线成员。

（三）开展特色活动

根据自由职业人员的特点开展对这一人群有吸引力的活动，不断丰富活动的

内容，主动吸引加入。

（四）重视发挥积极作用

要积极发挥自由职业人员在专业和智力上的优势，围绕经济社会发展的重点难点问题建言献策；积极吸纳自由职业人员参加党外专家服务团，参与到统战领域社会服务工作中贡献力量；发挥他们在一定领域和行业的影响力，积极带动和正面影响更多的自由职业人员，特别是鼓励他们在互联网上正面发声，在弘扬主旋律、激发正能量上发挥积极作用。

（五）积极物色发现人才

自由职业人员随着社会转型在不断壮大，他们中的有影响、有代表性的人士大多还处于一种自然成长状态，这就要求把自由职业人员纳入到统一战线的党外代表人士队伍建设的总体规划中，进一步拓宽视野、深入基层，善于发现自由职业人员中的优秀人才，主动物色联系有影响有代表性的人士，关注他们的工作生活和思想状态，加强联系和培养。

（六）加强教育培养工作

积极安排自由职业人员参加各级各类统战培训，定期开展培训座谈活动，及时传达党的最新的政策和文件精神，了解代表人士的思想动态。充分发挥各级社会主义学院的作用，组织代表人士参加社会主义学院的培训，通过系统的理论学习，提高他们的思想政治素质和参政议政能力。将自由职业人员纳入党外代表人士挂职项目，在具体实践中提升政治素质和参政议政能力。

（七）加大政治安排力度

加大对自由职业人员代表人士进行政治安排的力度，有意识地选择一些政治素养好、专业造诣高、社会影响力大的人士，推荐到各级人大、政协中，为自由职业人员这个群体参政议政畅通渠道。这一过程中，要积极探索建立完善符合自由职业人员特点的、科学的推荐评价体系，确保推荐安排的质量。

（八）建立动态管理机制

针对自由职业人员流动性的特点，建立全区各部门信息共享型的人物数据库，使各级统战部门能及时了解、掌握、沟通重点任务的去向，形成动态管理机制，确保自由职业人员的代表性人物流动到哪里，哪里就有联络他们的渠道和机构，使他们始终处于统战工作视线之内。

（九）探索社区统战工作机制

自由职业人员"社会人"的属性，决定了他们与社区有着密切的关系。自由职业人员大都处于社区工作体系之中，这是做好这类人群统战工作的有效途径。社区工作部门贯彻落实中央、北京市统战部工作会议精神，协助统战部门开展好社区的统战工作，把自由职业人员吸纳到各种社区联络体系中。

（十）健全网络联系机制

自由职业人员思想活跃，与网络的接触普遍较多，运用互联网开展统战工作大有可为。针对自由职业人员流动特点，充分运用现代网络工具联系他们，向他们宣传相关的统战政策，可起到事半功倍的效果，依托区现有的网络平台，加强同他们的思想交流工作，提供政策、法律和信息咨询服务，充分发挥网络在开展自由职业人员统战工作方面的优势和作用。

（十一）建立联系机制

建立各类平台及时关注自由职业人员的思想动态，有效联系和服务自由职业人员。例如，团委、文联社、工委等部门借助自身平台优势通过网络平台与部分自由职业人员保持联系，定期举办线下的交流座谈会，了解动态，沟通感情。

参考文献

[1] 杨云庆.关于上海自由职业人员统战工作的调研[J].上海市社会主义学院学报，2017（4）.

[2] 辛刚国.新的社会阶层中自由职业人员的现状特征及统战对策研究[J].中央社会

主义学院学报，2007（3）.

[3]杨卫敏,许军.新的社会阶层人士分众统战研究——以浙江省为例[J].江苏省社会主义学院学报，2015（3）.

[4]李淑萍.做好自由职业人员统战工作的思考——以宁夏为例[J].黑龙江省社会主义学院学报，2017（3）.

[5]任健.贵阳市自由职业人员基本状况、存在问题及对策建议[J].贵州社会主义学院学报，2011（1）.

[6]秦佳宇.新形势下自由职业人员统战工作研究[J].山西社会主义学院学报，2017（2）.

[7]武汉大学党外知识分子统战理论研究基地课题组.新的社会阶层人士身份界定问题刍议[J].统一战线学研究，2017（4）.

[8]长春市社会主义学院课题组.长春市自由职业人员的基本状况、存在的问题及工作对策[J].吉林省社会主义学院学报，2011（1）.

大兴区新的社会阶层人士统战工作研究[①]

北京市大兴区社会主义学院课题组[②]

党的十九大报告指出,统一战线是党的事业取得胜利的重要法宝,必须长期坚持;要找到最大公约数,画出最大同心圆。[③]新的社会阶层人士规模庞大,构成复杂,思想多元,在深化改革、扩大开放的进程中,具有举足轻重的作用。习近平总书记在党的十九大报告中特别指出,要做好新的社会阶层人士工作,发挥他们在中国特色社会主义事业中的重要作用;要构建"亲清"新型政商关系,促进非公有制经济健康发展和非公有制经济人士健康成长。[④]

为了更好地推进大兴区新的社会阶层人士统战工作,课题组在大兴区深入开展了针对新的社会阶层人士的调研工作。课题组足迹遍及大兴区21个委办局、14个乡镇、8个街道办事处及2个工业园区,深入新的社会阶层人士所在领域摸清情况、找出问题、明确思路,力求能够结合大兴区基础统战工作实际,形成推动大兴区新的社会阶层人士统战工作的可操作性的意见和建议。

[①] 本文为北京社会主义学院(北京统战理论研究基地)2018年招标课题,立项编号:BJSY18210。

[②] 课题负责人:李顺华(北京市大兴区社会主义学院副教授、博士)。课题组成员:谭立铸(中国天主教爱国会研究室主任、博士),李华伟(中国社会科学院副研究员),靳辉(北京市大兴区社会主义学院讲师)。

[③] 习近平.决胜全面建成小康社会 夺取新时代中国特色社会主义伟大胜利——在中国共产党第十九次全国代表大会上的报告[EB/OL]. http://politics.people.com.cn/n1/2017/1028/c1001-29613514.html。

[④] 同上。

一、大兴区新的社会阶层人士的基本情况

"新的社会阶层人士"所涵盖的群体有一个发展变化过程。

2001年,在庆祝中国共产党成立八十周年大会上,首次提出了"新的社会阶层"的概念。①2013年,习近平总书记在第十二届全国人民代表大会第一次会议上的讲话中指出,一切非公有制经济人士和其他新的社会阶层人士,要发扬劳动创造精神和创业精神,回馈社会,造福人民,做合格的中国特色社会主义事业的建设者。②

在此,习近平总书记是将"新的社会阶层人士"作为独立群体与"非公有制经济人士"并列提出的。从这个意义上讲,"新的社会阶层人士"有广义与狭义之分,广义的包括非公有制经济人士和自由择业知识分子,狭义的仅指自由择业知识分子。

2017年2月,中央办公厅印发的《关于加强新的社会阶层人士统战工作的意见》,明确新的社会阶层人士包括以下四个群体:一是民营企业和外商投资企业管理技术人员;二是中介组织和社会组织从业人员;三是自由职业人员;四是新媒体从业人员。③

(一)类别范围

1. 民营企业和外资企业的管理技术人员

这一人群是指受聘于民营企业和外资企业,掌握企业核心技术和经营管理专门知识的人员。④

---

① 江泽民在庆祝中国共产党成立八十周年大会上的讲话[EB/OL].人民网,http://cpc.people.com.cn/GB/67481/69242/69324/4695602.html.
② 习近平在第十二届全国人民代表大会第一次会议上的讲话[EB/OL].新华网,http://www.xinhuanet.com//2013lh/2013-03/17/c_115055434.htm.
③ 关于新的社会阶层人士的疑惑,答案都在这里[EB/OL].(2018-08-13).https://baijiahao.baidu.com/s?id=1608671117924697406&wfr=spider&for=pc.
④ 王玉军.关于新社会阶层人士有序政治参与的几点思考[J].山西社会主义学院学报,2017(1).

2. 中介组织和社会组织从业人员

中介组织从业人员是指律师、会计师、评估师、税务师、专利代理人等提供知识性产品服务的专业机构从业人员；① 社会组织从业人员是指社会团体、基金会、民办非企业单位从业人员。

3. 新媒体从业人员

以新媒体为平台或对象，从事或代表特定机构从事投融资活动、技术研发、内容生产发布及经营管理活动者。②

4. 自由职业人员

自由职业人员不隶属于任何经济组织、事业单位或政府部门，在国家法律、法规、政策允许的范围内，凭借自己的知识、技能与专长，为社会提供某种服务并获取报酬者。③

(二) 规模结构

根据调查数据统计，大兴区新的社会阶层人士约13万人。其中，民企和外企管理技术人员约103700人，中介组织和社会组织从业人员8054人（仅统计在区民政部门登记组织）；新媒体从业人员约137人，自由职业人员约20000人。具体来说，大兴区民营企业约57436家，中层以上管理人员和中级以上技术人员共10万余人；外资企业约439家，中层以上管理人员和中级以上技术人员共3700余人。有中介组织572家，其中律师事务所约66家，执业律师约275人；在大兴区民政局注册的社会组织有506家，其中社会团体176家，民办非企业330家，从业人员共7779人。新媒体网站13家，新媒体从业人员137人，自由职业人员约20000人。

(三) 群体特征

调查结果显示，大兴区新的社会阶层群体具有数量多、年轻化、学历层次

---

① 唐若兰. 我国新社会阶层的特征及社会功能探析 [J]. 中共四川省委党校学报，2018 (3).
② "新阶层"的长成 [N]. 人民政协报，2018-12-18.
③ 武汉大学党外知识分子统战理论研究基地课题组. 新的社会阶层人士身份界定问题刍议 [J]. 统一战线学研究，2017 (4).

高、分布广泛、流动性强、政治觉悟较高、参政议政意愿较强、诉求多样化等显著特点。

1. 群体年轻化

调查结果显示,大兴区新的社会阶层人士主要是中青年,其中,55.56%的自由职业人员,79.63%的民营企业和外资企业管理人员、技术人员,82.66%的中介组织和社会组织从业人员,99.2%的新媒体从业人员,年龄均集中在25—45岁之间。这一群体呈年轻化特征,他们思想活跃,善于接受新事物,因此在思想上需要进行正确的引导。

2. 学历层次水平较高

调查结果显示,大兴区57.27%的民营和外资企业管理、技术人员拥有本科以上学历,68.39%的中介组织从业人员拥有本科以上学历,自由职业从业人员中本科及以上学历占比61.11%,新媒体从业人员中本科以上学历占比62.5%。

3. 行业差别较大

新的社会阶层各群体间行业差别较大,交叉内容不多,行业特色较为明显。具体而言,民营企业和外资企业管理技术人员主要集中在生物制药、信息技术服务业、制造业和房地产业,社会组织以工商服务、社会服务和科研领域为主,新媒体从业人员绝大部分集中在互联网行业,自由职业人员主要从事美术和影视演艺等(图1)。工作内容的专业性强,群体职业相对稳定,有利于开展统战工作。

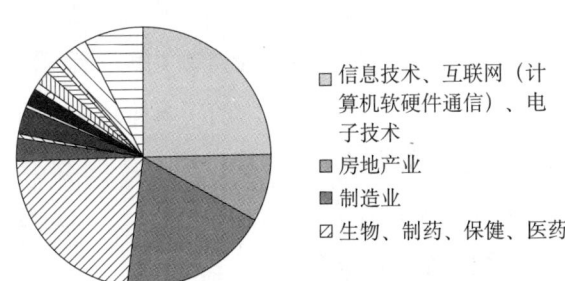

图1 新的社会阶层群体所属行业类型

4. 群体收入差异较大

调查结果显示,群体收入差异较大(图2)。针对不同群体的经济状况及其可能产生的利益诉求差异较大,关注社会问题的热点不同,因此统战工作开展应结合具体情况采取不用的方式。

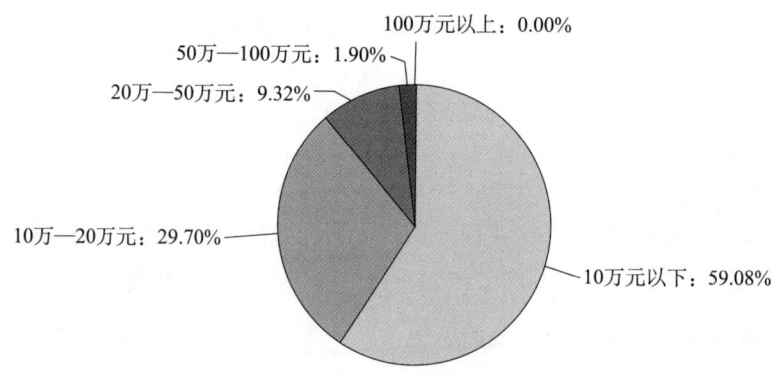

图 2 新的社会阶层群体收入情况

5.非京籍人士占比较大

调查结果显示,民企和外企的管理、技术人员中非京籍占比 56.64%;新媒体从业人员中非京籍人口占比 37.5%;社会组织和中介组织中从业人员中非京籍占比 48.7%;自由职业人员中非京籍占比 33.33%。

6.价值观与主流价值观基本一致

(1)思想没有脱离主流价值观。调查结果显示,大兴区 50.6% 的新媒体企业从业人员、61.11% 的自由职业人员、63.15% 的中介组织从业人员、63.9% 的社会组织从业人员、71.09% 的民营企业和外资企业管理、技术人员"愿意奉献社会、实现个人价值"。

(2)政治敏感度较高。85.26% 的受访者了解"中国特色社会主义制度""中国梦"和"两个一百年"奋斗目标。70.26% 的受访者了解"疏解非首都核心功能"。

(3)统战工作认知度较高。大兴区 49% 的新媒体从业人员和 42% 的自由职业人员,73.46% 的民营企业和外资企业管理技术人员,以及 82.4% 的中介组织和社会组织从业人员了解统战工作。

7.政治参与意愿强烈、个人诉求多元化

(1)政治参与诉求强烈。调查结果显示,大兴区 23.4% 的新媒体从业人员、30.40% 的自由职业者、46.30% 的中介组织和社会组织从业人员,47.59% 的民企和外企管理技术人员愿意参政议政。

(2)个人诉求多元化。调查结果显示,不同范围的新社会阶层人士诉求很不一样。例如,社会组织从业人员的诉求为提高工资收入(71.4%);自由职业人员的诉求为提高工资收入（50.7%）；民营企业和外资企业管理技术人员最迫切的需要中排在前几位的是提高工资（38.15%）、行业发展（33.17%）、自身健康（34.36%）、子女教育（47.86%）、父母赡养（27.25%）；新媒体从业人员的诉求为提高工资（74.2%）、社会保障（47.3%）；中介组织从业人员的诉求为提高工资（54.2%）、社会保障（42.8%）、住房（44.3%）、医疗（41.7%）、子女教育（41.1%）。整体来说，个人诉求多元化，但相对也有集中，重点体现在工资待遇、住房、行业发展、自身健康、子女教育、养老等方面。

二、新的社会阶层人士统战工作存在的主要问题

（一）政治参与度不高

调查结果显示，大兴区仅有23.4%的新媒体从业人员、30.40%的自由职业者愿意参政议政；政治参与度较高的民企和外企管理技术人员也仅占47.59%，即一多半的新的社会阶层人士不太愿意参政议政。推究起来，一部分原因可能是，新的社会阶层人士所在行业有所不同，各个行业虽然也有经过民政部门和其他部门批准成立的协会与社团组织，但并没有以"新的社会阶层"作为一个社会阶层构成合力进行组织化的政治参与。[①] 中央和北京市委先后出台了关于加强新的社会阶层人士统战工作的意见和实施意见，对于大兴区而言，为切实加强大兴区新的社会阶层人士统战工作，急需立足大兴区实际，出台针对新的社会阶层人士统战工作的制度、细则或管理办法，健全工作制度和机制，明确工作目标、具体措施和工作方法，积极推进新的社会阶层人士政治参与的组织性。

（二）统战工作体制机制不健全

新的社会阶层代表人士统战工作是统一战线新的着力点，人员多、分布广、思想活跃、诉求多元，对统一战线工作提出了新的挑战。目前，大兴区尚未形成有效的工作机制。大兴区区委统战部作为统一战线的工作部门，人员编制少且无科室机构，日常工作任务量大，人员力量不足，难以满足新时代统一战线工作需

---

① 张晓刚. 对构建我国新的社会阶层有序政治参与长效机制问题的思考[J]. 理论导刊，2011（5）.

求,缺乏开展新的社会阶层人士统战工作的有效抓手。新的社会阶层没有自己的相关联谊组织,未配备专门负责人员。

(三)统战政策宣传培训的力度不足

座谈过程中,许多代表人士反映,对大兴区和开发区相关的发展规划、人才政策、产业政策等并不十分了解,也缺乏了解的渠道,需要相关部门充分利用各种平台,多途径、多渠道,更大范围地加强宣传和培训。

(四)统战工作方式方法需要进一步创新

一是统战部门与统战对象在沟通过程中还存在思维方式、语言体系不一致等问题,往往是政府部门自说自话,不能达到预期效果。二是不能充分发挥新媒体平台在宣传、教育、引导方面的作用,政府部门对新媒体还存在疑虑,有时在关键时刻和重大问题上没有及时发声、回应社会舆论。三是传统的活动,如座谈会、培训会等对一些群体缺乏吸引力,导致参与活动的积极性不高。

(五)新的社会阶层代表人士队伍建设亟待加强

从抽样调查统计得出,只有6.87%的民企和外企管理、技术人员担任社会职务,1.75%的中介组织从业人员担任人大、政协等社会职务。不少人反映缺乏了解政策和表达诉求的平台和渠道。主要表现在:一是当前统战部联系的代表性人士范围有限,还应该将更多领域有影响力的代表人士纳入统战工作视野;二是代表人士人才储备不足,后备队伍建设还要加大力量;三是新的社会阶层代表人士队伍建设的工作机制还不够健全,在形成工作合力、促进代表人士作用发挥方面还要加强;四是新的社会阶层代表人士动态跟踪制度尚未建立,综合评价体系还需要进一步完善。

(六)统战干部队伍自身建设需要进一步加强

新的社会阶层人士统战工作有其复杂性和特殊性,需要在工作的思路、方式、方法和途径上不断探索创新,以适应更高要求。目前,大兴区统战工作干部队伍尚不能完全适应新时代统战工作的要求。具体体现在:一是人员编制、梯队建设等方面还有明显不足；二是干部自身能力还有待提高，尤其是掌握运用新方法、新工具，特别是运用互联网平台的能力不足，急需培训提高；三是工作视野和开展调查研究的能力还有明显不足。

三、加强新的社会阶层人士统战工作的建议

随着新机场、新航城建设加快，京津冀协同发展和"三城一区"战略布局的深入推进，将会有更多的人才汇集大兴区，新的社会阶层人士也将不断增加，也会有更多层次高、能力强、经历丰富、眼界宽阔、思维超前的代表人物逐步涌现出来。为了更好地服务新的社会阶层人士，更好地发挥他们的优势，切实推动新的社会阶层人士统战工作，应该做好如下几方面的工作。

（一）营造浓厚的参与型政治文化氛围，提高政治参与度

根据课题组的调查数据，大兴区23.4%的新媒体从业人员、30.40%的自由职业者、46.30%的中介组织和社会组织从业人员，以及47.59%的民企和外企管理、技术人员愿意参政议政。这说明很大的问题，那就是几乎50%以上的新的社会阶层人士不愿意参政议政。我们知道，浓厚的政治文化是导致积极政治参与的必要条件。美国学者阿尔蒙德和维巴把政治文化分为原始型、依附型和参与型三种类型；指出只有在参与型政治文化背景之下，公民才会既对个人与政治系统的互动关系具有深刻认识，又在行动上对政治系统做出积极的政治取向，从而使民主政治在公民普遍参与的基础上得以发展起来。[①]为此，大兴区积极营造良好的政治参与文化氛围，为基层统战工作健康有序发展打造扎实的政治文化基础。

（二）以政治安排推动新的社会阶层的有序政治参与

美国政治学家罗伯特·达尔认为："政治安排是一个国家民主化进程中的一个重要标志，应当作为一种制度保留下来。"[②]对新的社会阶层中的代表人士进行

---

① 阿尔蒙德，维巴.公民文化：五国的政治态度和民主[M].北京：华夏出版社，1989：96.

② Robert Darl. On Democracy [J]. *American Sociological Review 60*, 1999: 92.

政治安排和实职安排,是统战部门的一项基本职能,也是调动和发挥他们积极性、主动性、创造性的一种有效手段。为此,大兴区应该根据中央和市委关于新的社会阶层代表人士工作会议和相关文件要求,立足大兴区实际,制定出台符合本区新的社会阶层人士统战工作实际的指导性文件,明晰指导思想、工作原则、工作范围,明确重点任务、工作目标和工作措施,以良好的政治安排推动大兴区新的社会阶层人士在体制内的有序政治参与。

(三)构建高效的选拔、任用与退出机制

塞缪尔·亨廷顿指出:当政治参与度提高时,社会政治制度的复杂性、自治性、适应性和内聚力也必须随之提高。[①]为此,大兴区应该构建大兴区委组织部、统战部、人大、政协和新社会阶层所在单位共同参与的新的社会阶层人士培养、选拔和任用工作机制,制定工作规划,使新的社会阶层人士统战工作制度化、规范化、科学化,积极推动新的社会阶层人士政治参与。

1. 扩大视野,物色人才

注重及早纳入、广泛覆盖,有组织、有计划地物色发现新的社会阶层代表人士。充分利用开发区生物医药基地、新媒体产业基地人才优势,加强沟通联系,扩大选人视野,注重发现和储备人才行业协会、民企外企、社会组织人才。可以采取个人自荐、组织推荐等不同的形式,形成实用的挖掘人才机制。优化队伍结构,建立新的社会阶层代表人士和后备队伍数据库,实行动态管理,及时将表现突出的代表人士纳入视野、列为后备。

2. 科学使用,发挥作用

坚持以用为本、人岗相适,充分利用现有政治资源,统筹考虑新的社会阶层代表人士的政治安排、社会安排、实职安排。严格执行中央及市委关于党外代表人士在各级人大、政协、工商联(商会)组织安排比例和数量的规定,逐步加大人民团体、行业协会、行业商会等组织中新的社会阶层代表人士的安排力度。进一步加大聘请新的社会阶层代表人士担任政府部门和司法机关特约人员的工作力度。

---

① 塞缪尔·亨廷顿. 变革社会中的政治秩序[M]. 北京:华夏出版社,1998:126.

3. 建立退出机制

健全履职考核机制，帮助新的社会阶层代表人士坚定政治信念，增强"四个意识"，提升"五种能力"，形成新的社会阶层人才动态跟踪制度，建立完善新的社会阶层人士综合评价体系，建立切实可行的退出机制。

（四）构建高效的组织管理体制机制

1. 成立新的社会阶层代表人士工作机构

为切实抓好新的社会阶层人士统战工作，中央统战部成立专门的工作局，市委统战部成立了新的社会阶层处，大兴区可以增加统战部人员编制，建立职能科室，或者成立党外代表人士服务中心。明确主管领导、确定专人负责新的社会阶层人士工作，划拨专项经费，为开展新的社会阶层统战人士工作奠定基础。

2. 建立新的社会阶层联席会议制度

在区委区政府领导下，由区委统战部、开发区工委组织部牵头，建立由各有关部门和社会团体共同参与的联席会议制度，明确分工，加强合作，建立常态化联动工作机制，形成新的社会阶层人士统战工作合力。

3. 建立基层工作网络

把新的社会阶层人士纳入各级党政部门、行业协会、社会组织、企业、园区、楼宇统战工作的范围之内，形成"纵向到底、横向到边"的组织网络。以党建组织为依托，本着"简单易行、便于操作、长期坚持"的原则，建立基层统战工作的制度和措施。

4. 成立新的社会阶层人士联谊会

由新的社会阶层人士自发组织，成立大兴区新的社会阶层人士联谊会，同时也可以结合不同的界别范围和特点，成立分会，如新媒体从业人员联谊会、民营企业和外资企业管理及技术人员联谊会、自由职业代表人士联谊会、中介组织和社会组织代表人士联谊会等，加强自我发展、自我管理。区委统战部、组织部等部门，从政治方向把握、业务指导、工作地点、活动经费、活动组织等方面给予领导和支持。

（五）构建高效的服务机制

强化服务理念，创新工作方式方法，加强与新的社会阶层代表人士的联系与合作，认真研究新特点，探索新的社会阶层人士统战工作的新渠道、新方法，增强服务实效。

1. 转变沟通交流方式

结合新的社会阶层人士的思想特征，以他们能够接受的方式进行沟通交流，做到接地气、更融洽，增强人性化与可信度，提高沟通效果。

2. 充分发挥新媒体作用

建立以网络为媒介的联系渠道，根据新的社会阶层人士的行业和生活特点，利用网络媒介开展线上交流。充分利用"爱我大兴社区网""大兴这些事儿"等载体，加大对大兴区各方面政策的宣传，以及对新的社会阶层代表人士的宣传力度，扩大社会影响。

3. 创新活动的方式方法

与推进行业健康发展、加强人才队伍建设、促进相互间交流与合作相结合，开展贴近并有利于新的社会阶层人士健康成长的各项活动，建立常态化活动机制，提升新的社会阶层人士统战工作的影响力和凝聚力。

4. 切实为新的社会阶层代表人士办实事

形成不定期座谈制度，认真倾听新的社会阶层人士的呼声，并进行及时有效的回应。充分整合各方面的政策，帮助他们解决群体关心的、关注的难题，对政策范围内尚不能解决的问题，及时解释清楚，并帮助他们想办法，以真心、真情、办实事来凝聚人心。

5. 加强联谊交友

把新的社会阶层代表人士纳入联谊交友范围，建立各级党政领导干部、各有关部门列名联系制度。明确交友重点，深交一批关键时刻经得起考验、起得了作用的挚友、净友。

（六）构建学习提高机制

构建学习提高机制，[①]加强新的社会阶层代表人士队伍建设，提高其参政议政素质。第一，发挥大兴区社会主义学院主阵地的作用，加强政治培训。借助传

---

① 周笑梅，张政.新时期新社会阶层统战工作研究[J].沈阳师范大学学报（社会科学版），2014（2）.

统媒体和新媒体手段，打造平台载体，创新培训内容和方式，提高大兴区新的社会阶层人士教育引导工作实效。第二，注重实践锻炼，将新的社会阶层代表人士纳入党外代表人士挂职安排。

（七）加强统战工作者自身队伍建设

1. 加强统战部门领导班子建设

努力提高领导班子在基层统战工作方面的履职能力和整体合力，把领导班子建设成坚强的基层统战工作领导集体。定期组织开展包括新的社会阶层统战工作理论政策内容的专题培训和学习等活动，培养干部队伍拥有过硬的思想政治素养和扎实的理论水平。

2. 加强基层统战干部队伍建设

一是以大兴区社会主义学院为基地，结合新的社会阶层统战工作实际逐步完善课程设置，及时开展统战理论、统战知识、统战政策与统战方法的培训，及时宣传统战方针政策，让基层统战干部切实抓住不同范围新的社会阶层的特征，总结出符合新的社会阶层特点的工作方法，提高工作的针对性和实效性。二是加强交流学习，拓宽基层统战工作干部的视野，增强干部适应新的社会阶层结构和内涵的新变化、新要求的工作能力；有意识地提高与新的社会阶层人士沟通交流的能力，做实、做细新的社会阶层人士统战工作，不断增强新的社会阶层人士统战工作的实效性。

3. 加强作风建设

以"两学一做"为契机，不断强化党性教育，不断加强作风建设，转变基层统战工作者的工作作风，强化基层统战工作者的服务意识，不断增强基层统战工作者中党员干部勤政廉政意识，振奋精神，扎实工作，为新的社会阶层人士多办实事，多办好事。

随着十九大精神的不断贯彻深入、落地生根，大兴区的经济社会文化事业会持续不断地快速发展；在新的社会阶层人士统战工作领域，大兴区也会面临更多的挑战和问题。那么，我们就有必要不断地总结以往的经验，持续地推动新的社会阶层人士统战工作创新，继续完善新的社会阶层人士统战工作的体制、机制，采取各种措施努力提高新的社会阶层人士统战工作水平，更加充分发挥统一战线优势，更好地服务大兴区发展、服务京津冀一体化发展。

参考文献

［1］习近平.决胜全面建成小康社会　夺取新时代中国特色社会主义伟大胜利——在中国共产党第十九次全国代表大会上的报告［EB/OL］.http://politics.people.com.cn/n1/2017/1028/c1001-29613514.html.

［2］全国新的社会阶层人士统战工作会议在京召开　俞正声出席会议并讲话［EB/OL］.新华网，http://www.xinhuanet.com/politics/2017-02/24/c_1120526889.htm.

［3］陈兴国.基层统战进基层社区的路径选择［J］.广东省社会主义学院学报，2017（3）.

［4］罗亚林.成都市新的社会阶层人士统战工作问题研究［D］.西南交通大学硕士论文，2011.

［5］吕力.关于加强基层统战工作的研究［J］.天津市社会主义学院学报，2015（2）.

［6］李建英.关于做好新的社会阶层人士统战工作的调研报告［J］.内蒙古统战理论研究，2009.

［7］刘吉林.加强规范化建设　夯实基层统战工作基础［J］.中国统一战线，2011（3）.

关于石景山区新的社会阶层人士政治参与问题研究①

北京市石景山区社会主义学院课题组②

新的社会阶层人士政治参与是指新的社会阶层人士以民主选举、民主协商、民主决策、民主管理、民主监督等多种方式直接或间接地影响政府决定或政府活动的政治行为。这是我国统一战线工作的一项重要内容，中央和地方政府高度重视此项工作，出台了一系列有关政策文件。2017年2月，中央办公厅印发《关于加强新的社会阶层人士统战工作的意见》，指明了新的社会阶层人士统战工作的原则和任务，提出了21条具体政策措施。2018年1月，全国统战部长会议提出，进一步加强党外知识分子特别是新的社会阶层人士统战工作，创新工作思路，完善机制载体，增强政治参与的有序性、组织起来的有效性；加大党外代表人士培养使用力度，加强党外代表人士的梯队建设，推荐优秀党外干部担任领导职务，加强对党外干部的管理，帮助党外干部健康成长。2018年1月，北京市召开新的社会阶层人士统战工作会议，市委常委、统战部部长齐静指出，要加强党外代表人士队伍建设，科学安排使用，多渠道引导新的社会阶层人士有序政治参与。

对新的社会阶层人士政治参与进行深入研究具有重要的理论和实践意义，是

---

① 本文为北京社会主义学院（北京统战理论研究基地）2018年招标课题，立项编号：BJSY18211。
② 课题负责人：侯宝华（北京市石景山区社会主义学院常务副院长）。课题组成员：柴亚洲（北京市石景山区委统战部副部长、北京市石景山区工商联党组书记），方南火（北京市石景山区社会主义学院校务委员），唐伟（北京市石景山区社会主义学院科研处主任），刘景柱（北京市石景山区委统战部综合科科长），牛彦营（北京市石景山区社会主义学院教务处副主任）。

学习贯彻落实党的十九大、中央统战工作会议、全国新的社会阶层人士统战工作会议精神和《国家中长期人才发展规划纲要（2010—2020）》的生动实践，是新形势下搞好统战工作，发展中国特色社会主义民主政治，提高我国政治稳定性，加快政治文明进程的客观要求，是立足北京实际、突出首都特色、推动统一战线理论政策创新的现实需要。

课题组通过到区统战工作示范企业调研，邀请多位隶属新的社会阶层人士的区政协委员、区人大代表、区工商联人士参与座谈，以及个别访谈、资料查找等多种形式，了解到全区新的社会阶层人士政治参与特点，总结了全区加强新的社会阶层人士政治参与的主要做法，分析了全区新的社会阶层人士政治参与存在的主要问题，并提出了相应的对策建议。

一、石景山区新的社会阶层人士政治参与特点

（一）石景山区新的社会阶层人士概况

全区新的社会阶层人士涉及领域广泛，主要分布在金融、互联网、文化创意、高新技术和服务行业等非公经济领域，是各行业各领域的佼佼者，他们社会联系广、流动性强、舆论影响面较大，在国家政治稳定、社会进步、经济发展方面发挥着独特的作用。

目前，全区有私营企业28655家，私营企业管理技术人员约6.5万人；有外资企业499家，外资企业管理技术人员约4000人；中介组织中，会计师事务所11家，注册会计师139人；资产评估企业4家，注册资产评估师44人；律师事务所33家，注册律师221名；全区登记注册社会组织78家，民办非企业单位201家，社会组织从业人员约2000人，具有散、弱、小的特点。全区新的社会阶层人士总体规模约为8万人，约占全区就业人口的25%，其中代表人士128人。

（二）石景山区新的社会阶层人士政治参与特点

1. 政治参与热情高

全区新的社会阶层人士总体学历较高，思维活跃，创新意识强，普遍拥有较强的经济实力和专业能力，普遍认同党的领导，具有积极的政治态度，大多积极

参与区委统战部组织的新阶层代表人士座谈会活动,在政协、人大等任职的新的社会阶层人士也积极建言献策,表现出较强的参政议政能力。

2. 政治诉求差别化

全区新的社会阶层人士教育背景、学历层次、工作特点均不同,思想往往多元化,有的组织归属感较弱,身份认知不够清晰,政治参与多以价值型参与为主,同时兼有一定的补偿型、功利型和理想型参与。调查发现,新的社会阶层人士利益诉求和政治参与态度不同,民营企业和外商投资企业管理人员的政治参与热情较高,而中介组织和社会组织从业人员、自由职业人员、新媒体从业人员的政治参与热情偏低。

3. 政治参与绩效低

全区新的社会阶层人士往往缺乏对自身角色和政治参与的清晰认识,常常不了解政治参与的具体渠道、手段、方法,加之有关政治参与的组织、制度、平台、考核等方面都还不够完善,新的社会阶层人士政治参与整体上呈现广度偏窄、强度偏弱、效度偏低的特点,整体效果还有待提高。

二、石景山区加强新的社会阶层人士政治参与的主要做法

近年来,全区统战部门高度重视新的社会阶层人士政治参与工作,出台了《石景山区关于在新的社会阶层中加强统一战线工作的意见》,并在推进教育宣传工作、举办主题实践活动、拓展政治参与渠道等方面进行了有益的探索和实践。调研发现,石景山区新的社会阶层人士政治参与情况整体较好,公众认可度较高。

(一)推进教育宣传工作

党的十八大以来,区委统战部结合实际,开展理想信念教育实践活动,推进教育培养工程。编印坚持和发展中国特色社会主义主题活动专报200多期,拍摄7部以"文明诚信,创业创新"为主题的企业守法诚信宣传纪录片,引导广大新的社会阶层人士守法诚信经营。举行"优秀中国特色社会主义工作者"评选,树立新的社会阶层人士的模范典型。

另外,全区各系统通过网站、广播、电视台、微信平台宣传党的十八大、

十九大精神、习近平总书记系列讲话，介绍改革开放40年来取得的巨大成就，宣传全区的具体做法，使社会阶层人士了解市情、区情，为参政议政提供了条件。

（二）举办主题实践活动

贯彻"双融入、双服务"的工作理念，将新的社会阶层人士纳入组织工作范围，强化活动组织，提升引导效果。以党建为统领，依托新的社会阶层人士开展了"一学两大"活动（学习习近平总书记在看望出席全国政协会议工商联委员时的重要讲话精神和深入新的社会阶层人士中大走访、大调研），进一步教育引导广大新的社会阶层人士坚定理想信念，做合格的中国特色社会主义事业建设者。

（三）拓展政治参与渠道

区委统战部门设有《统战信息》刊物，及时反映社情民意。统战部门定期召开座谈会、研讨会，广泛征求新的社会阶层人士的意见和建议并提交给区委决策层，每年组织新的社会阶层人士在区两会上提出提案、建议案，并占有一定的比例，效果较好。

区工商联设有企业直通车，企业有什么诉求和情况，可以将意见直达区委书记和区长，还设有"在商言政"品牌，企业家通过此渠道给政府提出意见。

2010年，成立全区新的社会阶层人士联谊会，目前正在建立新的社会阶层人士数据库。另外，区委统战部与区工商联成立了两新组织管理服务机构，为两新组织中大量新的社会阶层人士政治参与提供了有效渠道。

构建石景山区统一战线信息化智能服务平台暨"共筑中国梦"移动直播平台，以PC网站、微信公众号、网络电视直播、APP移动直播等为推送终端，探索运用网络的语言、时代的语言开展思想交流，引导新的社会阶层人士正确发声，传播正能量。另外，开发"创城随手拍"APP、"家园石景山"等手机平台，大大拓展了新的社会阶层人士参政议政的途径。

三、石景山区新的社会阶层人士政治参与的主要问题

近年来，全区一批德才兼备的新的社会阶层人士脱颖而出，积极参政议政，

为全区发展做出了较大贡献。但同时，新的社会阶层人士政治参与的目标定位还不够明确，成效还不够明显，政治参与的广度、深度还有待拓展，主要表现在以下几个方面。

（一）政治参与平台有待拓展

目前，新的社会阶层人士政治参与方式有些被动，参政议政平台过于狭窄，不够畅通，缺少加入政协、人大、政府、共产党、民主党派、工商联、社会团体、协会的机会，缺少挂职参政、调研咨政、建言献策的平台。另外，针对新的社会阶层人士的制度性安排还比较少，其在各级政治安排中的体量不大，与群体总量呈现出一定反差。整体上，新的社会阶层人士参政议政作用发挥还比较有限，其对政治参与的满意度偏低。

（二）管理服务机制有待健全

基层管理力量有待加强。当前，北京市委统战部设立了新的社会阶层人士工作处，但全区统战部门人员编制偏少、任务繁重，专业力量还有待加强。

一是互动参与机制有待建立。由于自由职业人员和新媒体从业人员较为分散，流动性更大，目前尚未形成有效机制将其紧密团结起来。统战部门与新的社会阶层人士互动交流偏少，联谊活动频率偏低、规模偏小，联系沟通实际效果有待提升。

二是联席会议机制有待加强。联席会议机制初步建立起来，但具体运行机制还不完善，岗位职责还不够明确，覆盖面还不够广泛，召开不够及时，沟通协调不够顺畅高效，对新的社会阶层人士政治参与的支持力度还不够。

三是服务群众机制有待完善。一定程度上还缺乏新的社会阶层人士到基层调研、精准帮扶、沟通联系、服务认领、服务评估等系列制度，其在把握群众需求、帮助群众排忧解难、提供优质服务方面的能力显得有些不足。

（三）教育培养机制有待规范

新的社会阶层人士组成复杂，具有一定特殊性和局限性，政治参与意识逐渐增强，但还不够成熟，认识不够清晰；政治参与的积极性与日俱增，但参与动机多元化，更多的专注于自己的业务提升、公司管理、技术研发等事情，而对政治参与投入精力相对较少，有的还缺乏社会责任感；有的对国家方针政策不够了解，参政议政能力有待提高。部分人士存在享乐主义、消费主义、普世价值等多元错误思想，出现诚信缺失、道德滑坡，不利于社会发展。另外，与党员干部相比，有关新的社会阶层人士教育培养的规划设计、组织实施、考核评价等方面缺乏规范性、科学性、专业性，难以满足其提升政治参与能力的需要。

（四）政治参与制度有待完善

近年来，有关的规章制度中缺乏对新的社会阶层人士政治参与的具体规定，没有明确数量比例、参与渠道、配备时间、操作流程等内容，全区也尚未出台具体的实施细则，在新的社会阶层人士干部配备、政治安排覆盖面、实践锻炼上与现实需要存在一定差距。

（五）评价指标体系有待构建

调查表明，有关新的社会阶层人士政治参与的评价指标体系还不够健全，缺少政治参与广度、强度、效度等指标体系，难以对政治参与情况进行科学、合理、精准的评价。

（六）考核推荐机制有待增强

现实中，有关新的社会阶层人士的考核推荐机制还不够完善，推荐标准、选拔程序、考核办法、组织实施等方面还不够明确，对其往往难以量化考核，缺乏硬约束力，参与对象内生动力不足。同时，有些单位过分依赖专业部门的监管，而忽视了与群众监督、舆论监督的有机融合。

四、推进石景山区新的社会阶层人士政治参与的对策建议

（一）搭建参政议政平台

一要发挥新联会举荐作用。通过新的社会阶层人士联谊会推举优秀人才担任人大代表、政协委员或常委、社团"掌门人"、特约检察员、教育督导员、行风

评议员和政府职能部门的特约监督员等，将政治坚定、代表性强、有参政议政意愿和能力的人推荐到合适岗位，为党和政府建言献策。

二要建立媒体参政平台。统战部门通过网站专区、微信专栏、手机 APP 等新媒体和《决策咨询》刊物、线下的论坛、沙龙、讲坛、座谈会等渠道搭建"诉求表达直通车"，新的社会阶层人士通过"直通车"表达自己的意见建议和诉求。

三要加强社团协会建设。加强社团、协会、工会等部门的组织建设，引导新的社会阶层人士参与这类组织，增强组织归属感，并引导其积极介入基层政治，参加基层选举，通过各类新闻网络媒体积极发声。另外，加强非公企业和两新组织党建工作，为新的社会阶层人士参与政治提供舞台和机会。

四要完善挂职参政机制。要加大岗位交流力度，形成基层和重要岗位定期交流的机制，使新的社会阶层人士经历多岗位锻炼，实际参与政治，提高政治素质。要加强基层历练，有计划地安排新的社会阶层人士到基层一线挂职、任职、参政，重点安排到"疏解整治促提升"专项行动、大气污染防治、对口援建、精准扶贫、棚户区改造、冬奥会、招商引资等方面工作，帮助其掌握在基层参与政治的要领并在"危难险急"的任务中锤炼政治参与能力。

五要探索调研参政模式。探索通过民主协商、智库建设、"建言直通车"等形式，搭建建言献策渠道。要紧紧围绕区域热点、难点问题提出选题指南，组织新的社会阶层人士申报各类课题，配足课题资金，要通过入户走访、集体座谈、问卷调查、查阅资料等形式开展调研，了解社情民意，掌握一手资料，把准问题症结，发挥创新能力，提交高质量咨政报告，为政府提供决策参考。

（二）健全管理服务机制

一要增强专业管理力量。统战部门要增加编制和人员负责新的社会阶层人士工作，积极做好社会服务、法律服务、金融支持服务工作，为新的社会阶层人士的政治参与提供保障。进一步融合、创新、提升、发挥组织平台优势，聚合品牌活动资源和创新发展动力。

二要强化互动交流服务。要制定年度互动交流计划，提供必要的经费，主动通过走访、谈话、设置意见邮箱、开设服务窗口、服务热线等方式收集新的社会阶层人士的意见建议，把握其思想动态，定期开展座谈交流会、建言献策、文艺会演、书画展等系列活动，针对不同主题精准邀请相关人员参与，增强归属感和凝聚力，提高联系沟通实际效果。

三要完善联席会议机制。区委统战部，区委组织部，区人大，区政协，区工商联，民盟、民进等各民主党派等部门定期召开联席会议，合理安排工作内容、具体职责，共同推进新的社会阶层人士发现、培养、考核、举荐工作。

四要完善服务群众机制。要围绕解难题、办实事，强化新的社会阶层人士帮扶代理、服务认领、督导考核三项措施，引导其在为民办事过程中，提高服务群众本领。一是建立对口帮扶机制。按照街道、社区、户三级网格化管理运行机制要求，群众的实事、难事、急事可交由新的社会阶层人士代理，并建立台账。通过面对面、电话、邮箱、信件、微信、网络视频等形式，搭建沟通桥梁，为群众解决实际困难。二是探索服务认领机制。建立"新的社会阶层人士为民服务"APP平台，制定服务群众目标责任制，对服务进行项目化管理，要将群众的难点、热点问题作为服务项目，由新的社会阶层人士主动认领。三是完善服务评估机制。明确责任清单，以能否把群众的事办好、办实作为考核标准。要利用监督热线、网络、微信、手机APP等渠道为群众监督搭建有力平台。同时采取入户抽查、电话询问等形式主动调查，发现问题及时处理，并纳入实绩档案。

（三）规范教育培养机制

一要制定培训规划。把新的社会阶层人士的教育培养工作列入党外人士培训计划，制订年度计划，提高其政治参与意识和觉悟，培养其政治参与的愿望，提高其参政议政能力和对社会热点的观察把握能力；对已进行政治安排和实职安排的人士分层次进行培训，提高其政治参与的意识和能力；对拟做政治安排和实职安排的人士，要有针对性地加强培训，使其更有针对性地聚焦于社会、民生问题，掌握参政议政的方法，弄清政治参与的渠道。

二要设置培训内容。课程以习近平新时代中国特色社会主义思想理论为主，包括理论教育、方针政策、参政议政方式方法、提案撰写及组织管理等内容，突出政治协商能力和社会管理服务能力培养。课程还包括"老街坊"品牌、社区治理、留白增绿、银行保险园发展、长安金轴等区域特色课程。另外，还要引入红色基因内容。组织研读《战争记忆》《红色基因艺术作品文集》等红色书籍，研讨《京西那一片晚霞》《京西老镇北辛安》等剧本及有关红色基因的曲艺、诗词、歌曲、书画、视频等作品，开展讲党课、民主评议、演讲比赛、知识竞赛、撰写征文、品德人品大讨论、微党课、红色基因文艺展演等活动，引导其传承红色基因。

三要创新培训方式。一是细化集体学习。认真制定学习计划，严格抓好落实。把"单元式"的专题学习研讨作为主要形式，精心设计学习主题，精心组织专题讲座，认真安排重点发言，把专题学深、学精、学透。二是改进现场教学模式。组织新的社会阶层人士接受八宝山革命公墓"红色"教育、首钢工业遗址"历史"教育、模式口古镇"传承"教育，组织其到沂蒙、古田、西柏坡等革命老区接受红色教育，接受精神洗礼。三是拓展网络培训模式。在北京干部教育培训网中精选适合新的社会阶层人士的网络课程资源，开辟新的社会阶层人士学习版块。另外，借助 MOOC（慕课）免费的网络资源开展网络培训，扩大培训的覆盖面。

（四）完善配套规章制度

一要制定规章制度。探索出台《新的社会阶层人士伦理规范》，建立诚信档案，通过法规手段，培养其政治伦理人格和政治本色。另外，在深入调研基础上，出台有关规章条例，明确政治参与的运行程序、参与渠道、配备时间、政治安排覆盖面、实践锻炼等内容，明确在人大、政协选举中新的社会阶层人士界别和数量比例，提高各级领导对其政治参与的重视程度，同时定期督查，保障政策落地，并将其纳入政府考核考评工作。

二要形成诉求保护机制。对新的社会阶层人士提出的建议、议案、提案由专门的部门进行跟踪督办反馈，保证及时落地生效，保护其参政议政的热情。

三要保障合理待遇。解决好人大、政协等领导班子中的新的社会阶层人士享受同等待遇问题，消除一定的偏见，充分调动其参政议政的积极性。

（五）建立评价指标体系

一要构建政治参与广度指标。政治参与广度指标包括新的社会阶层人士参加人大、基层群众自治组织选举中的参选率或投票率，在人大、政协任职人数占总任职人数比例，议案、提案提交率，加入政党人数的比例，加入行业协会的比重，在媒体上发声人员的比重等。

二要构建政治参与强度指标。政治参与强度指标包括新的社会阶层人士政治安排的人数占总人数比例，在人大、政协任职比例，议案提案的提出率，参加政党的人数比例，在咨询性机构任职比例，政府法律顾问参与率，在人民团体中任职率，在行业协会任职的比重，社会公益活动的参与率，等等。

三要构建政治参与效度指标。政治参与效度指标包括新的社会阶层人士参加人大、政协相关会议及活动的发言率和采用率，议案提案的采纳率、解决率，党派协商出席率，行业座谈会建议采纳率，等等。

对上述指标设定不同的权重，进行测评打分，既可以定性分析，也可以定量分析，具体直观地反映出实际情况。

（六）建立考核推荐机制

一要建立识别储备机制。统战部门与组织人事等部门合作，通过集体培训、挂职考验、考察座谈、单位推荐、民主推荐、查阅实绩档案等形式发现储备一批优秀人才，形成合理的梯次结构。要采用"建档立卡、写实材料、考核了解、建立联系、互通情况、充分信任、大胆使用"的工作方法，建立新的社会阶层人士名单，要参照党内后备干部的形式建立健全不同层次的新的社会阶层人士数据库，涵盖年龄、教育背景、收入层次、业绩等信息，重点建设中青年后备库，并定期更新、动态管理，新提拔的干部原则上从后备库中选择。

二要健全举荐使用机制。要强化推荐使用，有计划增加新的社会阶层人士的政治安排和实职安排数量，发挥其政治潜力，在政协选举中要设置"新的社会阶层人士"界别。要建立能上能下的机制，促进人才合理流动，形成良性循环。要定期组织开展"新的社会阶层优秀人士"评选活动，并将优秀人员推荐到北京市和全国参加评选，通过树榜样、立标杆，传播正能量。

三要建立科学评价机制。要规范举荐条件、举荐数量、举荐流程，明确单位举荐、民主举荐与个人自荐，年度举荐与日常举荐相结合的方式，对新的社会阶层人士的政治参与素质、能力、绩效进行科学评价。

四要设立实绩档案。重点了解德、能、勤、绩，主要包括政治素养、政治担当、品德人品、工作作风、为民服务、诚信守法、依法办事、履职成效、急难险重任务完成等情况。要全面记录在急难险重任务和日常工作中正、反两方面的表现，为选贤任能、奖优罚劣提供重要参考。

五要坚持"三结合"考评原则。一是坚持定性考核与定量考核相结合。定性考核主要考察完成工作任务、措施、绩效情况。定量考核主要考察理论学习、为民服务、工作绩效、诚实守信、违规违纪等情况。二是坚持定期考核与日常考核相结合。将每年或每季度的总评与日常动态考核相结合。三是坚持民主测评与组织考评相结合。构建由专家考核、群众评判、组织考核相结合的多重评估体系，使考核更加公平公正。

五、结语

引导新的社会阶层人士有序参与政治是新形势下搞好统战工作，维护意识形态安全和社会和谐稳定，巩固党的执政基础的客观需要。在实践中，要搭建参政议政平台，提供参与机会；要健全管理服务机制，提高服务能力；要规范教育培训机制，提高参与能力；要完善配套规章制度，提供制度保障；要建立评价指标体系，提供考评依据；要完善监督考核机制，提供强力保障。要多措并举，全面提升新的社会阶层人士政治参与的效果，为经济社会发展提供坚实的人才智力支持。

参考文献

［1］同言.新时代要有新作为！全国统战部长会议定调2018［EB/OL］.中国统一战线新闻网，（2018-01-17）.http://tyzx.people.cn/n1/2018/0117/c396781-29770759-2.html.

［2］北京市委统战部.北京召开全市新的社会阶层人士统战工作会议［EB/OL］.中央统战部网站，（2018-01-18）.http://www.zytzb.gov.cn/tzb2010/xinwen/201801/439833d5c76948c6b3d2a8a5767f3731.shtml.

［3］牛彦营.关于石景山区无党派人士队伍建设的研究［M］//学习贯彻党的十九大精神做好新时代党外知识分子工作——2017统一战线前沿问题研究文集，北京：学苑出版社，2018.

［4］张涛.社会新阶层统一战线工作研究［D］.西南大学硕士学位论文，2009.

［5］魏丽萍.新的社会阶层与知识分子的分化及其统战工作思考［J］.中央社会主义学

院学报，2004（6）.

［6］姚海霞，李桂艳.新的社会阶层人士统战工作的途径与方法［J］.高等农业教育，2008（4）.

［7］王心旭.社会新阶层统战工作研究［D］.湖南师范大学硕士论文，2006.

［8］郭文俊.统一战线中的新阶层工作［J］.平顶山学院学报，2008（2）.

［9］冯永昌.社会分层与社会流动及其对统一战线的影响［J］.湖北省社会主义学院学报，2010（4）.

［10］李磊.新时期新的社会阶层统一战线工作研究［D］.吉林大学硕士学位论文，2009.

［11］刘峰.新阶层统战工作的创新研究［J］.重庆社会主义学院学报，2007（10）：8.

［12］刘元珍.新的社会阶层的基本特征［J］.山东行政学院山东省经济管理干部学院学报，2007（10）.

首都郊区街乡党（工）委统战工作研究[①]
——基于延庆区3个街道、6个乡镇的调查

北京市延庆区社会主义学院课题组[②]

当前，首都发展进入新阶段，为实现北京市"四个中心"的城市功能定位、构建"高精尖"经济结构的发展要求和建设国际一流和谐宜居之都的奋斗目标，必须充分发挥北京市丰富的党外人才资源，扩大首都统战工作领域，将首都统战工作范围向基层延伸。乡镇（街道）统战工作是爱国统一战线的一个重要组成部分，是各级统战工作的基础，做好乡镇（街道）统战工作事关基层各项建设事业的发展和社会的稳定，有十分重要的意义。近年来，北京市基层统战工作进入了全面发展的新阶段，各级党政领导对统战工作重视程度明显提高，加强了组织领导，统战工作制度逐步健全，服务领域不断延伸，自身建设得到加强，履行职能水平有了提高，但基层统战工作依然面临很多挑战。2018年，延庆区社会主义学院专门组成调研组，先后到3个街道、6个乡镇就统战机构设置、工作人员数量、经费保障、工作开展等情况进行专题调研，对做好新形势下的街乡党（工）委统战工作进行探索与思考。

---

① 本文为北京社会主义学院（北京统战理论研究基地）2018年招标课题，立项编号：BJSY18212。

② 课题负责人：杨国柱（北京市延庆区社会主义学院常务副院长）。课题组成员：邓国军（北京市延庆区社会主义学院讲师、博士），魏慧梅（北京市延庆区社会主义学院学员管理处主任），焦丽艳（北京市延庆区社会主义学院学员管理处副主任），刘冬慧（北京市延庆区社会主义学院讲师）。

一、延庆区乡镇（街道）党（工）委统战工作的现状

（一）构建系统领导机制，提高党对统战工作领导力

延庆区设立"中共延庆区委统一战线工作领导小组"，指导乡镇（街道）统战工作。各个乡镇（街道）党委书记是统战工作领导小组的成员，也是统战工作第一责任人，乡镇（街道）党委副书记是小组的联络员，负责具体工作。党委副书记具体负责统战工作，改变了以前由宣传委员负责统战的职责分工，在实际工作中提高了统战工作的地位，体现出乡镇（街道）党委更加重视统战工作。在落实、开展相关工作时，大部分乡镇（街道）是由副书记领导的党建办公室来承担，也有个别单位根据工作量的多少，安排副镇长、宣传委员、工会主席或妇联主任等干部承办具体统战工作。目前来看，延庆区各个乡镇（街道）虽然还没有设立统战部，没有配备专职统战干部，但在实际工作中形成党委书记履行第一责任人，副书记抓好统筹协调，领导班子成员和党建办公室执行的基层统战工作格局。

（二）创新统战工作方式，增强党对统战工作影响力

针对乡镇（街道）统战工作面广（覆盖区域、统战对象类别广）、规模小（统战对象数量小）、个性强（统战对象专业性、集聚性）等特点，各乡镇（街道）根据统战工作要求，牢牢把握政治底线要求，坚持区别对待、分类工作，提高统战工作的效果。

1. 广泛开展各类统战工作

调查显示，乡镇（街道）根据自身情况开展各类活动（图1）。其中，政治学习、座谈交流、专家讲座是较多采用的活动形式；而调查研究、参观考察、志愿服务在乡镇（街道）开展统战工作时采用的比较少。每个乡镇（街道）都组织了统战知识专题学习，邀请区委统战部副部长讲解如何做好统战工作，邀请专家讲解新的宗教事务条例；乡镇（街道）每年安排辖区的各企事业单位共同召开座谈会，征求大家对政府工作的意见和建议；统战工作人员对企业和民族村等开展调查活动，对企业运营、信教群众数量等情况也基本掌握；积极开展各种志愿活

动，延庆镇协助区基督教"三自"爱国领导小组组建"志愿者公益活动"，开展长期志愿环保活动。街道多次协助民盟、民建、民进、九三学社、农工党等区级组织开展爱心捐赠、定点帮扶、基层义诊等社会公益活动。

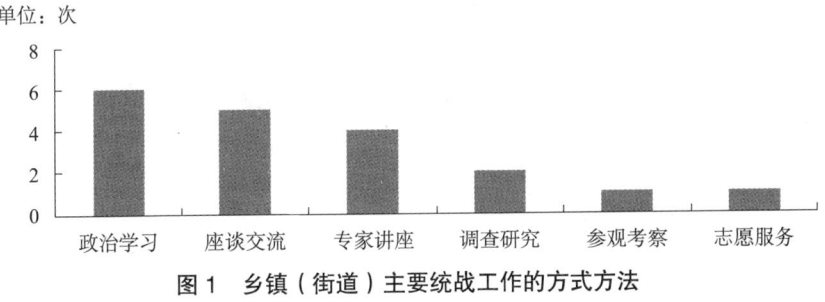

图1 乡镇（街道）主要统战工作的方式方法

2.加强与非公经济人士沟通

随着延庆区经济发展，乡镇（街道）非公有制经济的规模和民营企业家的队伍都不断壮大，非公经济人士不断增加。延庆区乡镇（街道）不定期组织开展非公企业家座谈交流活动，听取非公有制经济人士对地区发展的意见建议；同时，部分乡镇（街道）到企业走访调研，了解经营困难与发展诉求，帮助企业解决问题；在非公企业较多的香水园街道，建立了非公企业联合党支部，定期开展党支部活动，加强宣传教育，发挥非公企业党员的政治作用；组织非公经济人士座谈，进行面对面交流，了解企业需求，畅谈地区发展前景。这些活动拉近基层政府与非公企业的距离，对地区经济发展具有较好的推动作用。

3.密切与信教群众的联系

延庆区少数民族和宗教信众遍布全区，乡镇联系宗教群众的工作任务比较大，尤其是山区宗教信众情况更为复杂。整体来看，全区四大宗教有15414信众，其中领居士证、领洗、受洗、公安局登记信众共计2114人，还有大量没有登记的信众。为了掌握具体的信众情况，需要乡镇（街道）开展大量的走访调研活动。重点关注那些没有登记也没有固定组织的信众，长期保持联系，实时掌握不断变化的信教人数。在偏远的千家店镇，有十几名信仰基督教的群众，主要是年纪较大或患有慢性病的村民，有一名"带头人"到距离千家店镇约40千米的延庆区基督教教堂参加活动，然后回到千家店镇，在自己家中向其他信教群众传达学习，组织活动。千家店镇加强与这些村民的联系，定期与相关的信众、村民、村两委干部谈话，了解掌握情况，增进感情，确保稳定。

（三）逐步提高乡镇（街道）统战队伍建设

根据调查，目前延庆区3个街道、6个乡镇都按照区统战部要求指定兼职统战干部，从事统战工作的人员情况如表1所示。

延庆区3个街道、6个乡镇共有23名兼职统战工作人员，平均每个乡镇（街道）3名左右，女性居多。这些工作人员一般都是乡镇（街道）机关里的骨干人员，在重要岗位任职，同时被安排有各种其他兼职；年龄搭配较为合理，40岁以下和40岁以上的基本持平，形成老中青衔接的年龄梯队；学历比较高，都是大学本科以上学历，有4名硕士研究生（含在职学历）；但从事统战工作的时间较短，从事统战工作时间2年以下的有14名，占比达到61%；专业性不高，对统战知识和方法的了解、掌握程度不高，2017—2018年，延庆区统战部安排领导干部到各个乡镇（街道）开展统战工作专题讲座，对乡镇（街道）统战工作人员等进行业务培训，这也是很多兼职干部第一次参加统战工作的培训，了解统战知识的内涵。

表1 统战兼职工作人员情况

项目	性别		年龄			学历		统战工作时间	
	男	女	30岁以下	31—40岁	41—50岁	大学本科	硕士研究生	2年以下	2—5年
人数	8	15	3	8	12	19	4	14	9

二、延庆区街乡党（工）委统战工作中存在的问题

调查中发现，延庆区乡镇（街道）统战工作还处于一个起步阶段，没有形成一个"有章可循"的成熟模式，还存在主观性、碎片化、随意性等问题。统战工作兼职人员认为开展统战工作遇到的主要困难是：统战干部人手少、工作缺少抓手、经费投入不足；此外，还有少部分认为自身存在着统战认识不足、开展工作中创新不够等问题。

（一）缺少专职工作人员，统战组织建构较单薄

延庆区乡镇（街道）统战工作机制尚未完全建立起来，没有设置专门机构从事统战工作，统战职能分散。由于基层统战工作面广量大，且工作范围和工作对象不断发生变化，需要一个强有力的组织确保统战工作的扎实开展。根据《中国共产党统一战线工作条例（试行）》，"统一战线工作任务重的乡（镇、街道）党组织应当明确专人负责统一战线工作"。延庆区目前没有专职的统战工作人员，也没有设置兼职统战职务，只是指定党委副书记和党建办工作人员作为兼职的统战工作人员。党委副书记和党建办工作人员，平时承担了大量的党建、人事等工作，任务繁重，没有更多的时间和精力开展统战工作，对统战工作显得底气不足，客观上影响了统战工作的开展。

（二）缺少统战工作载体，统战工作活动未规范

目前，延庆区乡镇（街道）开展统战工作还没有形成有效的载体，缺乏开展统战工作活动的基本组织载体。

在联系民主党派方面，没有与民主党派组织对接。延庆全区共有民主党派成员184人，分布在6个民主党派组织（2个总支、4个支部），各个民主党派党组织直接与区统战部联系。乡镇（街道）很少和民主党派党组织联系，开展活动都是与民主党派成员个别沟通。

在联系非公经济人士方面，乡镇（街道）干部和非公企业人士、各类代表人士大部分都相互认识，了解程度也比较深，有更加多元的沟通联系渠道，更有利于开展统战工作（表2）。但乡镇（街道）的非公经济人士没有固定组织，人员也很难确定，开展工作没有着力点。延庆只在全区范围内成立了商会，共有会员54名，理事39名，各个乡镇（街道）都没有成立商会。如何组建好基层商会，使其充分发挥作用，以及基层如何与非公经济人士联系等还有待于进一步探索。在各个乡镇成立的各类农民合作社虽然有一定的数量，但合作社工作思路不明晰、品牌打造不够明显，有些合作社处在停止运营的状态，能够发挥组织带动农民的比较少。乡镇对农村专业合作社发展的指导和支持力度也不够，农业合作社的经济作用和统战作用的发挥有待提高。

表2 乡镇（街道）统战对象数量

街道、乡镇	百泉街道	儒林街道	香水园街道	延庆镇	旧县镇	沈家营镇	八达岭镇	康庄镇	千家店镇
非公有制企业	15	45	89	17	25	16	10	33	0
合作社	-	-	-	28	4	0	4	15	3
社员人数	-	-	-	1928	130	0	247	1391	32

在党外干部队伍建设方面，乡镇（街道）中的领导干部绝大部分是中共党员，在调查中只有一名副镇长是民主党派成员，副科级以上党外干部数量很少，且大部分是群众身份，基层党外干部在安排和使用上有断层现象（表3）。

表3 延庆区乡镇（街道）党（工）委党外干部数量

街道、乡镇	百泉街道	儒林街道	香水园街道	延庆镇	旧县镇	沈家营镇	八达岭镇	康庄镇	千家店镇
党外干部（副科级及以上）	0	1	1	3	3	2	0	3	0

在宗教管理方面，有组织的信众少，没有登记的信教群众多，人员构成复杂、年龄层次偏高、分布广泛，还存在大量没有宗教人士长期居住的小寺庙等小型宗教场所。在旧县镇，几乎每个村都有一个小寺庙，时不时会有村民去烧香拜佛，但没有长期居住的专业宗教人士。如何管理这些没有组织的信教群众和宗教场所，是一个亟须解决的难题。

在统战文化建设方面，一些乡镇（街道）的群众虽然比较活跃，喜欢组织和参与文体、公益等活动，但普遍缺乏有效的组织和引导，没有统筹安排，尚未形成统战文化团体。

（三）缺乏完善统战工作制度，统战工作机制不健全

延庆区乡镇（街道）开展统战工作，目前主要依靠区委会议精神要求，尚未形成长期的工作机制，没有建立相应的规章制度，缺乏一整套标准的管理和服务机制。统战工作人员的培训也是随机安排，需要完善学习制度，开展长期系统性的统战理论知识培训。在如何让党外人士参与基层政治协商方面，缺少具体工作

程序和相关制度，基层政治协商容易成为"慰问会"或"通报会"，没有能够实现相互协商的目的，党外人士的积极性也会因此受到打击。没有制度作为保障，乡镇（街道）在开展联谊交友等统战工作时会有后顾之忧，担心被别有用心的人指责违反党纪。没有考核检查机制，在一定程度上挫伤了统战工作人员的积极性，不利于统战工作的长期发展。

（四）缺少专项统战工作经费，统战工作物质保障不足

延庆区各个乡镇和街道都没有专门的统战工作经费。被调查的乡镇（街道）认为开展基层统战工作没有相应经费也是一个较大的障碍。和非公企业代表人士的交流，开展各种联谊活动，担心触犯相关廉政规定；培育文化艺术团体，加强基层统战文化建设等也是有心无力。

三、街乡党（工）委统战工作存在问题的原因剖析

（一）对基层统战工作面临的新形势认识不到位

乡镇（街道）对统战工作的认识需要进一步加强。经济社会转型期，人们价值取向、行为方式日趋多元，利益诉求更加多样，基层统战协调关系、化解矛盾、维护稳定的任务比任何时候都更加重要。少数乡镇（街道）的领导干部对统战工作认识并不到位。一种是把统战工作理解为是中央和市委、区委的事情，做的是高层人士的工作，与乡镇（街道）关系不大、与广大群众无关。一种认为统战工作是虚活，没有严格的可以执行的工作要求，只要确保治安稳定就是做好了统战工作，不用投入太多的人力、物力。

（二）乡镇（街道）统战工作阵地的缺失

乡镇（街道）在非公企业开展统战工作的主导作用发挥不够，造成统战工作的知晓率、影响力较小。统战工作中相关政策规定缺乏刚性的实施细则，乡镇（街道）缺乏针对小型企业主、个体工商户、信教群众等普通的统战成员交流联系平台、诉求表达渠道和教育培训机会。乡镇（街道）中新的社会阶层刚刚兴起，人数较少，社会影响有限，统战工作还没有涉及，一些自由择业党外知识分

子被边缘化而不能及时跟进。在信教群众集中的广大农村地区，基层党组织与宗教活动场所和教职人员的沟通联系少，党的基层组织的独特优势、引导宗教和社会主义社会相适应的作用发挥不够。

（三）统一战线工作方法缺乏创新

新时期基层统战工作中的新情况、新变化是一个缓慢的过程，乡镇（街道）开展统战工作处于基础阶段，统战工作的影响力、经验、队伍建设等各个方面没有能力跟上最新形势的发展。统战工作人员在实际工作中创新意识不强，工作方式方法相对滞后，对如何加强基层协商民主工作、做好经济领域统战工作没有投入精力去思考和解决问题，在实际工作中习惯于以行政手段代替协商民主，不善于做引导协调工作。

（四）统战干部队伍建设薄弱

乡镇（街道）统战工作人员水平参差不齐。乡镇（街道）统战兼职工作人员从事统战工作的时间比较短，从表1中可以看到，23名统战兼职工作人员中，有9人有2—5年的统战工作经验，14人的统战工作时间是2年以下。调查中，工作人员认为自身对统战业务知识不熟，对统一战线方针、政策了解不深，对当前基层统战工作出现的新情况、新问题也把握不够。另外，统战工作人员流动快，有些刚接手统战工作，还没完全明白统战工作是怎么一回事，就被调动到另一个工作岗位上。工作人员统战理论知识不足、层次提升不快、创新意识不强，面对新情况、新问题及突发事件的应对能力不足，统战干部队伍的工作能力与实际需求有一定的距离。

四、加强延庆区乡镇（街道）统战工作的建议

首都郊区街乡有不断壮大的新的社会阶层队伍，统战对象遍布各个行业、各条战线。提高统战工作，凝聚共识、吸纳智慧，发挥人才资源，对促进延庆区经济发展和社会进步起到重要作用。

（一）加强培训宣传，提高统战理论水平

提高乡镇（街道）对统战工作的理论认识是开展好基层统战的首要问题。改变碎片化、临时性的培训现状，建立统战工作人员系统化、长期性的培训教育体系，定期开展培训，不断提高统战干部理论素养和业务能力。举办统战干部研修班，对统战工作历史、政策、经验、方式方法等课程进行全方位的讲解，提升统战干部专业理论水平。针对郊区经济发展特点，举办非公经济发展、宗教工作提升等专题研讨班，加强统战政策宣传，帮助统战干部明晰工作思路。综合运用各种宣传工具和手段，对乡镇（街道）、农村（社区）的党员干部进行统战宣传教育，打牢统一战线的人才基础。营造良好的统战工作氛围，在乡镇（街道）成立统战文化团体，通过文艺会演、健身游戏等形式，宣传党的统战工作方针、政策和统战工作的重要意义及街道统战工作的内容，扩大统一战线的影响。

（二）强化组织机构建设，打造专业统战队伍

在强化现有统战领导体制的基础上，建立健全区、乡镇（街道）、村（社区）三级统战工作网络，落实各级统战工作责任制。根据郊区各个乡镇（街道）实际情况配备统战干部：在非公经济规模较大、信教人数较多等统战任务重的乡镇（街道），配备专职统战委员，同时配备1—3名统战干事；其他乡镇（街道）配备兼职统战委员和统战干事。在信教群众比较集中的村（社区）配备统战工作联络员，负责与宗教信众、群众团体等沟通联系，扩大统战工作的信息来源，解决目前村（社区）统战工作空白的问题，形成区级统战部门主导，各部门、各乡镇（街道）分工协作，农村（社区）积极参与的基层统战工作完整工作机制。

（三）完善制度建设，为基层统战提供"工作手册"

推进乡镇（街道）统战工作规范化、制度化建设是基层统战工作成长的必然要求。由区委统战部明确乡镇（街道）统战职责，规范区委统战工作领导小组、统战工作联席会议等组织体系与乡镇（街道）统战工作之间的运转规范和工作流程，使乡镇（街道）统战工作覆盖到各个方面，同时又要避免区级和乡镇（街道）对同一对象重复联系。进一步完善多党合作制度化、规范化、程序化在乡镇

（街道）党委层面落实的细则，制定邀请民主党派和无党派人士参加座谈会、情况通报会、征求意见会等会议的程序细则，充分发挥各民主党派、工商联、无党派代表人士参政议政、民主监督的作用。建立和完善乡镇（街道）党委重大事项通报制度、协商制度、座谈制度、走访慰问制度、信息报送制度、维稳预案制度等一系列统战工作制度；建立统战工作档案制度，完善乡镇（街道）统战成员资料档案，做到心中有数、有的放矢，确定重点联系对象，实行动态管理。制定统战工作人员的培训学习制度、考核检查制度，打造高素质统战队伍。通过建章立制，进一步克服乡镇（街道）统战工作中的盲目性和随意性，确保统战工作开展有计划、有安排、有章可循。

（四）建立健全统战工作载体，搭建交流平台

充分利用各乡镇（街道）统战资源，搭建统战成员活动平台。

一是要积极引导基层商会建设。帮助乡镇（街道）区域内的非公有制企业建立地区商会，对一些企业较多的农村（社区）也要成立专业商会。通过与有组织的商会联系，加强同非公有制经济人士的联谊与沟通，确立地区非公有制经济发展的重点、亮点，发挥非公有制经济人士在促进地方经济发展中的作用。

二是设立宗教联系点。加强与各宗教活动场所以及辖区内的宗教界代表人士的联系；对于没有加入宗教组织的信教群众，建立动态宗教联系点，配备好村级统战工作联络员，发挥他们作为联系广大信徒的桥梁和纽带作用，以便更好地引导广大信徒走爱国爱教之路。

三是积极打造工作平台，开展群众喜闻乐见的宣传活动。加强经常化管理工作，发挥各类商会的平台作用，为企业家提供经济论坛、融资、招聘等沟通渠道，更好地发挥统战的服务功能。定期开展中秋茶话会、迎春联欢会、运动会等联谊活动，加强与民主党派成员、非公经济人士、信教群众等统战成员的感情交流。发挥一切积极因素开展社会服务，以及抗灾济贫等慈善公益事业，使统战工作"进家、到人、入心"。

（五）坚持与时俱进，推进统战工作创新

推动乡镇（街道）统战工作信息化、现代化。充分利用现代信息技术和传媒

手段，围绕新形势下统战各领域工作的特点和面临的问题，广泛开展调查研究，了解统战工作的真实情况，探索创新乡镇（街道）统战工作的新方法、新途径。充分利用先进的移动通信媒介，通过对不同数据的分析研究，关注新发展起来的代表人士，扩大统战朋友圈，及时传达交流统战政策、信息。加强制度创新，鼓励统战工作人员拓宽思路，在观念、机制、方法创新方面进行探索，适应统战工作的社会化、社会发展和各种利益群体多元化方面的创新。

后　　记

　　自2009年以来，在中共北京市委统战部的指导下，北京社会主义学院借助北京统战理论研究基地平台，每年围绕统一战线重大理论问题和首都统一战线实践工作难点问题，组织开展课题研究。10年来，课题管理制度建设逐步完善，课题数量日益增多，课题成果质量不断提高，北京社会主义学院、北京统战理论研究基地在整合科研力量、推动首都统一战线理论研究方面的作用也愈加显现。2018年，北京统战理论研究基地共立项课题23项，为集中展现课题研究成果，实现研究人员更有效的交流，充分发挥科研资政作用，我们选编课题成果集成《统一战线理论研究（2019）》一书，以期为统一战线理论研究献绵薄之力，为统一战线实践工作者提供参考。

　　中共北京市委统战部、北京社会主义学院的领导高度重视文集的选编工作。学院科研管理部承担了文集的编选、校对工作。中共北京市委统战部副部长，北京社会主义学院党组书记、常务副院长吕仕杰对全书内容进行了审阅把关。

　　本书的出版得到了学苑出版社大力支持，特此致谢。

编　者
2019年11月